U0942012

辽宁民营经济发展改革研究报告
(2017)

李秀林　张满林　苏明政等　著

中国财经出版传媒集团

图书在版编目（CIP）数据

辽宁民营经济发展改革研究报告．2017／李秀林等著．
—北京：经济科学出版社，2018.8
ISBN 978-7-5141-9642-9

Ⅰ.①辽…　Ⅱ.①李…　Ⅲ.①民营经济-经济发展-研究报告-辽宁-2017　Ⅳ.①F127.31

中国版本图书馆CIP数据核字（2018）第189250号

责任编辑：宋艳波
责任校对：王苗苗
责任印制：李　鹏

辽宁民营经济发展改革研究报告（2017）
李秀林　张满林　苏明政等　著
经济科学出版社出版、发行　新华书店经销
社址：北京市海淀区阜成路甲28号　邮编：100142
总编部电话：010-88191217　发行部电话：010-88191522
网址：www.esp.com.cn
电子邮箱：esp@esp.com.cn
天猫网店：经济科学出版社旗舰店
网址：http://jjkxcbs.tmall.com
北京季蜂印刷有限公司印装
710×1000　16开　17印张　280000字
2018年8月第1版　2018年8月第1次印刷
ISBN 978-7-5141-9642-9　定价：52.00元
（图书出现印装问题，本社负责调换。电话：010-88191510）

本书编写人员

辽宁省民营经济发展分析（2017）

报告撰写人：李秀林　张满林　苏明政

专题报告一：民营经济与辽宁经济增长

报告撰写人：徐　雷

专题报告二：辽宁民营经济发展新模式研究

报告撰写人：李秀林

专题报告三：辽宁民营企业代际传承研究

报告撰写人：李秀林

专题报告四：新形势下辽宁省民营经济产业转型升级研究

报告撰写人：卢剑峰

专题报告五：辽宁省科技创新型中小企业发展研究

报告撰写人：陈佳琪

专题报告六：辽宁民营经济发展的金融支持策略研究

报告撰写人：苏明政　朱方圆

专题报告七：辽宁省民营经济发展营商环境研究

报告撰写人：张满林

专题报告八：辽宁及各市促进民营经济发展的措施与政策

报告撰写人：张满林　苗长青　苏明政

序

改革开放40年来，我国民营经济从无到有，从小到大，从弱到强，从国内到国际，实现了快速发展，经济实力大大提升，竞争地位不断提高，在国民经济中的作用显著增强，已经发展成为社会经济发展的重要支撑力量。数据显示，民营经济对我国GDP贡献率高达60%以上，提供了80%的城镇就业岗位，吸纳了70%以上的农村转移劳动力，新增就业90%在民营经济，来自民营经济的税收占比超过50%。民营企业具有产权明晰、机制灵活、市场敏锐、决策高效等特点，在高效配置资源、激发市场主体活力、改善供给结构等方面具有特殊优势。这些都充分说明，民营企业不仅已在中国经济版图中占据“半壁江山”，更是推进供给侧结构性改革的主力军。因此，新常态、新任务下要更加重视抓好民营企业发展，把发展民营经济作为稳增长、调结构的战略性举措，作为推进供给侧改革的重要抓手，以民营企业发展壮大推动综合实力不断提升。

目前，辽宁经济正处于结构调整与转型升级的关键时期，经济下行压力仍未完全消除。截至2016年底，全省私营企业、公有制企业主体结构比例达到86∶14，民营经济成为辽宁经济发展的生力军。而近几年，辽宁省投资特别是民间投资增速大幅下滑，进一步凸显发展民营经济、激活民间资本的紧迫性。可以说，壮大民营经济既是推进辽宁省供给侧结构性改革的必然要求，也是东北经济再次振兴的重要因素。

《辽宁民营经济发展报告（2017）》主要内容包括九个部分：主报告“辽宁省民营经济发展分析”在明确民营经济地位与作用的基础上，主要阐述了辽宁省民营经济发展的现状，重点分析了制约辽宁民营经济发展的因素，并提出了促进辽宁民营经济发展改革的建议；“民营经济与辽宁经济增长研究”对民营经济发展与辽宁经济增长之间的关系进行系统研究，对民营经济发展的促进因素进行实证考察，进而提出促进民营经济发展推动辽宁全面振兴的政策建议；“辽宁民营经济发展新模式研究”在比较分析民营经济发展的不同模式的基础上，提出了构建辽宁民营经济发展新模式的原则、目标及主要内容；“辽宁民营企业代际传承研究”重点关注了民营家族企业的传承问题，认为本省民营企业进入代际传承的高峰期，而由于普遍缺少代际传承规划，企业的持续发展受到严重影响，为此研究提出顺利实现民营企业代际传承所需要做的主要工作；“新形势下辽宁省民营经济产业转型升级研究”重点分析了辽宁民营企业转型升级的机遇和挑战，同时介绍了部分城市在辽宁民营企业转型升级中的做法，并使用实证研究分析了影响民营企业转型升级的主要因素，最后提出促进本省民营企业转型升级的主要措施；“辽宁省科技创新型中小企业发展研究”以锦州市为例对2015年和2016年认定的29户科技创新型中小企业开展了深入调研，从基本情况、经济运行情况、科技创新情况及发展特征和成效等方面进行了详细的数据分析，对各科技创新型中小企业存在的问题有了较全面且深入的了解；“辽宁民营经济发展的金融支持策略研究”在分析辽宁省金融支持民营经济现状基础上，重点提出了辽宁省金融支持民营经济存在的问题以及成因，并给出辽宁省营经济发展的金融支持策略；“辽宁省民营经济发展营商环境研究”从全省整体的营商环境评价入手，重点分析了全省改善营商环境的举措以及取得的主要成效，并提出继续优化辽宁省营销环境的措施与建议；“辽宁省及各市促进民营经济发展政策”以文件汇编的形式介绍了本省以及各市最近提出的促进民营经济发展的政策措施。

《辽宁民营经济发展研究报告（2017)》是渤海大学民营经济研究院的年度成果。今后，我们将每年定期出版正式报告，并不断丰富充实报告内容，提高研究成果的质量和水平。我们的报告可以说是抛砖引玉，很多研究还很肤浅，很多认识还不深刻，我们希望能借此向大家传播更加丰富的信息，激发广大读者开展更深层次的思考，为辽宁民营经济的快速发展贡献智慧和力量。我们也希望大家能够对报告出现的问题给予及时的批评指正，帮助我们不断提高研究水平。

报告的撰写得到了辽宁省政府相关部门、企事业单位和社会友人的大力支持，在此一并表示衷心的感谢！由于时间仓促和自身水平限制，我们的研究成果可能还存在偏误，希望广大读者给予批评指正，为推动辽宁民营经济的健康发展、实现辽宁老工业基地全面振兴做出共同的努力！

李秀林

2018 年 3 月 18 日于渤海大学

目　　录

主报告

专题报告

主报告

辽宁省民营经济发展分析（2017）

一、民营经济的地位与作用日益增强

（一）基本概论界定

1. 民营经济

民营经济是指包括国有民营经济、集体所有制经济、个体经济、私营经济、合资经济、混合所有制经济等类型的多种所有制经济的统称，不包括国有和国有控股企业、外商独资和控股的合资企业。按照辽宁统计制度的规定，第一产业不计入民营经济的统计范围。

2. 非公有制经济

非公有制经济是相对于公有制经济而言的，是指除了公有制经济以外的所有经济形式，包括个体经济、私营经济和外资经济三部分。在辽宁省的统计制度上，非公有制不包括外商独资或绝对控股企业。

3. 私营经济

私营经济是指以生产资料私有和雇工劳动为基础，并以营利为目的和按资分配为主的一种经济类型。私营经济是个体经济发展的必然趋势，是一种私有制的经济形式。私营企业的组织形式可分为三种：独资企业、合伙企业和有限责任公司。

4. 中小微企业

中小微型企业是中型企业、小型企业、微型企业和个体工商户的统称。中小微企业的界定，对制定和运用中小微企业政策十分重要。

2011 年 6 月，中华人民共和国工业和信息化部（简称工信部）等四部委发布的《中小企业划型标准规定》中，首次增加了微型企业标准，中小企业类型中包括中型、小型和微型三种划分类型。以工业企业为例，从业人员1000人以下或营业收入4亿元以下的为中小微型企业。从业人员300人以上且营业收入2000万元及以上的为中型企业；从业人员20人以上且营业收入300万元及以上的为小型企业；从业人员20人以下或年营业收入300万元以下的为微型企业。新的划型标准将个体工商户纳入中小微企业标准范围，在享受政策和进行管理等方面，参照新的划型标准执行。

5. 民营经济、非公有制经济、中小微企业之间的关系

中小微企业是包括各种所有制的企业，但基本上是民营性质；民营经济包括公有制经济的集体企业，但是不包括国有及国有控股、外商独资和外商控股企业，还不包括第一产业企业；非公有制经济则包括大部分民营经济；私营经济不包括集体经济。

关于四者的数据统计问题。目前我国还没有民营经济、非公经济、私营经济和中小微企业的统计制度安排。辽宁省目前执行的是经省统计局批准的民营经济统计制度，范围包括除国有企业以及外商独资企业以外的所有第二、第三产业经济活动单位（含个体工商户）。

辽宁省目前有民营经济的统计制度，但还没有非公有制经济、私营经济的统计制度，中小微企业统计也只是包含在民营经济统计之中。对中小微企业的经济运行情况，一般是通过国家统计局各级调查队按照统一的抽样调查方法，通过对固定的样本企业进行点调来反映的。据有关部门推测，在辽宁省非公有制经济、民营经济、私营经济和中小微企业在经济总量的统计上，总量接近，总体重合。

6. 小型微利企业的界定

小型微利企业的界定，对企业掌握和运用国家的税收优惠政策十分重要。根据2007年12月出台的《企业所得税法实施条例》的规定，所谓小型微利企业，是指从事国家非限制和禁止行业，并符合下列条件的企业：

（1）工业小型微利企业，为年度应纳税所得额不超过30万元，从业人数不超过100人，资产总额不超过3000万元；

（2）其他小型微利企业，为年度应纳税所得额不超过30万元，从业人数不超过80人，资产总额不超过1000万元。

7. 规模企业的界定

营业收入2000万元及以上的企业为“规模以上企业”，2000万元以下的为“规模以下企业”。“规模以上企业”也可以包含小微企业。

（二）中国民营经济的发展历程[①]

改革开放近四十年来，党和国家促进民营经济发展的政策体系不断完善，民营经济在稳定增长、增加就业、推动创新、出口创汇、改善民生等方面发挥着越来越重要的作用。回望来路，中国民营经济从小到大、由弱变强，大致经历了四个阶段。

第一阶段，理论上的“有益补充”与实践中的初步发展（1978～1992年）。从1978年邓小平提出“要允许一部分地区、一部分企业、一部分工人农民，由于辛勤努力成绩大而收入先多一些，生活先好起来”，到党的十二大提出“鼓励和支持劳动者个体经济作为公有制经济的必要的、有益的补充”，再到党的十三大提出“私营经济也是公有制经济必要和有益的补充”，标志着我们党开始认识到市场因素对调节经济利益进而促进经济发展的作用，政府对民营经济发展采取了稳妥的、有限度的政策支持。这一时期，“草根创业”开始兴起，柳传志、鲁冠球、年广久等中国第一代民营企业家群体正式诞生。全国个体经济从业人员从1978年的14万人快速增加到1992年的2467.7万人，私营企业第一次被纳入官方统计数据，达到13.9万户。

第二阶段，理论上的“重要组成部分”与实践中的快速发展（1992～2002年）。这一阶段，国家更加重视保障、引导非公有制经济发展。1992年邓小平南方谈话提出“三个有利于”，党的十五大把“公有制为主体、多种所有制经济共同发展”确立为中国社会主义初级阶段的一项基本经济制度，第一次明确提出“非公有制经济是社会主义市场经济的重要组成部分”，出台了《股份有限公司规范意见》等一系列改革举措，为民营经济蓬勃发展注入了巨大活力，全国掀起了一场以体制内人群下海经商为特征的创业浪潮。民营经济表现抢眼，现代企业制度开始真正建立起来，这一时期，全国个体工商户增长了54%，从业人员增长了92%；私营企业达到243.5

① 辜胜阻、韩龙艳：《中国民营经济发展进入新的历史阶段》，载于《求是》2017年第4期。

万户，增长了16.5倍，税收贡献976亿元，增长了243倍。

第三阶段，理论上的“毫不动摇”与实践中的跨越式发展（2002～2012年）。党的十六大提出“必须毫不动摇地鼓励、支持和引导非公有制经济发展”，党的十七大提出“坚持平等保护物权，形成各种所有制经济平等竞争、相互促进新格局”。“非公经济36条”《企业所得税法》《物权法》等政策法规密集出台，促进非公有制经济发展的政策体系和法律体系日益完善。这一阶段，中国加入世界贸易组织（WTO）、互联网创业浪潮的兴起等也都为民营经济提供了更多机遇。全国个体工商户首次突破4000万户，10年间私营企业增长了3.46倍，从业人员增长了1.03倍，民营经济占GDP的比重、民间投资占固定资产投资的比重双双超过60%。

第四阶段，理论上的“三个平等”与实践中的转型发展（2012年至今）。从党的十八大提出“要保证各种所有制经济依法平等使用生产要素、公平参与市场竞争、同等受到法律保护”，到党的十八届三中全会提出“坚持权利平等、机会平等、规则平等，废除对非公有制经济各种形式的不合理规定，消除各种隐性壁垒，制定非公有制企业进入特许经营领域具体办法”，再到2016年3月习近平总书记在民建工商联委员联组会上，强调我国基本经济制度必须坚持“两个毫不动摇”，重申非公有制经济“三个没有变”，进一步坚定了民营企业转型发展的信心。“鼓励社会投资39条”“促进民间投资26条”等政策的出台，为民营经济发展营造了更加公平、开放、宽松的环境。到今天，民营经济占GDP比重、税收占全国税收比重、民间投资占全社会固定资产投资比重都超过半壁江山。华为公司等一批大型民营企业崛起为世界级企业，全世界有1/3的人口在使用华为的产品和服务。

党的十九大报告就鼓励支持民营经济发展作出许多新的重大论述，为我国民营经济持续健康发展规划了新蓝图。重申坚持“两个毫不动摇”，必须坚持和完善我国社会主义基本经济制度和分配制度，毫不动摇巩固和发展公有制经济，毫不动摇鼓励、支持、引导非公有制经济发展。第一次提出要支持民营企业发展，要支持民营企业发展，激发各类市场主体活力，要努力实现更高质量、更有效率、更加公平、更可持续的发展。加强对中小企业创新支持，深化科技体制改革，建立以企业为主体、市场为导向、产学研深度融合的技术创新体系，加强对中小企业创新的支持。进一步激发和保护企业家精神，鼓励更多社会主体投身创新创业。建设知识型、技能型、创新型劳动者大军，弘扬劳模精神和工匠精神，营造劳动光荣的社会风尚和精益求精的敬业风气。强调构建“亲”“清”新型政商关系，构建“亲”“清”新型政商关系，促进非公有制经济健康发展和非公有制经济人士健康成长。这些重要论断，既指明了党中央支持民营经济发展的一贯立场，又及时回应了社会重大关切，为我国非公有制经济发展指出了光明前景，标志着我国民营经济发展迎来了新的历史机遇。

（二）民营经济的地位与作用

民营经济是社会主义市场经济的重要组成部分，也是稳定就业和推进技术创新的重要主体、国家税收的重要来源、经济持续健康发展的重要力量、企业家成长的重要平台，是解决就业和再就业的主渠道和生力军。从全国情况的看，截至2013年底，我国注册登记的民营企业（中小微企业）户数为1253.9万户，个体工商户为4436.3万户。工商注册登记的中小企业占全部注册企业99%以上。统计显示，目前我国民营经济贡献了超过50%的税收、60%的GDP、62%的固定资产投资、75%的技术创新和80%的城镇就业。据统计，全国至少有19个省级行政区民营经济贡献GDP总量超过50%，其中广东省超过了80%。民营经济的发展对于平衡区域经济结构、促进科技创新、提供就业岗位、满足社会需要具有重要作用。

2017年8月24日，由全国工商联主办的“2017中国民营企业500强发布会”召开，中国民营企业500强入围门槛已经达到120.52亿元，较上一年增加了18.77亿元。其中，华为、苏宁、魏桥、海航、正威、联想、华信、京东、万达、恒力等公司位列榜单前10名。有六家企业营业收入突破3000亿元大关，有16家企业入围世界500强，较上一年增加了4家。民营企业500强营业收入总额达到193616.14亿元，户均387.23亿元，较上一年增长19.84%。资产总额为233926.22亿元，户均467.85亿元，增长35.21%。税后净利润总额为8354.95亿元，较上一年增长19.76%，为2011年以来最高增长率。销售净利率为4.55%，与2015年持平。总资产周转率为91.73%，与2015年相比降低8.8个百分点，受此影响，资产净利率由2015年的4.03%下降至3.57%；净资产收益率由2015年的13.32%下降至12.40%。2016年民营企业500强有7家企业发生亏损，比2015年减少8家。2016年，民营企业500强纳税总额达7995.75亿元，比上一年增长24.53%，创历史新高。华为、万科、恒大、大连万达和吉利控股等5家企业纳税额均超过200亿元。

民营企业500强进行海外投资的企业数量从2015年的201家发展到2016年的314家，增幅为56.22%。民营企业500强出口总额大幅上涨，出口总额为1495.40亿美元，较2015年增加395.79亿美元，增幅为35.99%，创历史新高。民营企业500强出口总额占我国出口总额的比重达7.17%，比上年增加2.12个百分点。

2016年，民营企业500强员工人数为888.17万人，同比增加7.40%，占全国就业人员比重为1.14%。其中，阳光保险集团股份有限公司成为员工人数最多的民营企业，员工人数达22.98万人。与此同时，民营企业500强通过多种方式积极履行社会责任。数据显示，2016年，有216家企业发布社会责任报告，占43.20%，较上年提升3个百分点；有463家参与了社会捐赠，占92.60%；358家企业参与扶贫开发，占71.6%。

二、辽宁民营经济发展现状

（一）辽宁民营经济的基本情况

近年来，按照习近平总书记“积极发展民营经济”的要求，辽宁省委、省政府出台了一系列政策措施，大力整治营商环境，民营经济的发展出现了良好的势头。民营经济不仅是辽宁经济发展的生力军，更是辽宁经济崛起的主力军。2016年，辽宁省民营企业户数158.3万家（其中个体工商户122万家，规模以上民营企业7100家）。2016年，辽宁省地区生产总值为2.2037万亿元，民营经济增加值为1.1054万亿元，民营经济占地区生产总值50.2%，达到了“二分天下有其一”。

1. 民营企业增速迅猛

2015年，辽宁省政府印发《辽宁省发展民营经济实施方案》，让民营经济为辽宁省经济发展助力。根据规划，到2020年，辽宁省民营经济单位总数将达到230万家，民营经济增加值年均增长11.8%，占地区生产总值比重达到70%。2017年，辽宁颁布实施了全国首部优化营商环境省级地方法规——

《辽宁省优化营商环境条例》。营商环境的不断改善，使民营企业的经济活力不断增强。辽宁省工商部门的数据显示，2014～2016年，辽宁商事制度改革的三年里，市场主体存量由223.7万家增长到296.8万家，年增长基本保持在两位数左右。企业存量由50.3万家增长到70.5万家，累计增长了40%以上；2017年全省新登记市场主体62.9万家，平均每天新增1722家。每天新登记的企业数为341家。截至2016年底，全省私营企业、公有制企业主体结构比例达到86∶14，2017年，辽宁还成立了首家民营银行，企业资本市场直接融资1380亿元。

2. 民营经济的贡献日益增强

从总体上看，辽宁民营经济在支撑区域经济增长、促进创业创新、扩大居民就业、增加税收、改善民生、促进社会和谐稳定等方面，发挥了越来越重要的作用。民营中小微企业数量占全省全部企业数量的99%，从业人员993.9万人，全省民营经济从业人员占全省第二、第三产业从业总数的75%左右，全省新增就业的85%来自于民营经济。2016年增加值11054亿元，营业收入41555亿元，出口交货值1170亿元，利润总额2580亿元，上缴税金1397亿元，民营经济上缴税金占全省税收的40%。固定资产投资4445亿元，占全省固定资产投资的比重为66.1%。

大连市民营企业约15万家（2017年6月数据），从业人数约200万人，2015年民营经济实现增加值4400亿元，占GDP比重57%；上缴税金512亿元，占全市税收总额47%。盘锦市注册民营企业108190家（2016年12月数据），占全市企业总量的94.56%。2016年，民营经济实现12%的增速，新增各种经济实体18629家，比上一年增长31%，带动就业34400多人。营口市民营企业达到6.6万家（2016年底数据），占全市企业总数的99%，民营经济占全市经济总量的77.6%，财政收入占65%，固定资产投资占70%以上，就业占比达85%以上。鞍山市有福鞍股份等6家企业主板上市，20多家民营企业在新三板市场成功挂牌，2017年新增规模以上工业企业86家，民营经济占全市经济比重提高到68%。锦州市民营经济快速发展，全市各类市场主体达到17.36万家（2017年10月数据），注册资本（金）1280.35亿元，分别占全市市场主体总量和注册资本（金）总额的94%和64.2%，民营经济占锦州市经济总量的78%，占就业总量的80%，已经成为经济发展的重要支撑、吸纳就业的主要渠道和创业创新的主体力量。

就目前总体情况而言，社会大环境导致民营企业特别是中小企业生存艰难，政府个别部门对中小企业重视不够。辽宁民营经济仍然总量偏小、层次偏低、整体竞争力弱，需要在发展改革上进行创新。

从图1可以看出，以500强企业为例，辽宁省民营企业经营收入增速处于逐年下滑趋势，甚至在2014年、2016年增速低于0，说明辽宁省民营企业经营能力有待提升；而从图2看出，辽宁省民营企业营业收入占社会商品零售总额的比重并不稳定，且占比始终维持在30%左右，说明本省民营经济有待提振。

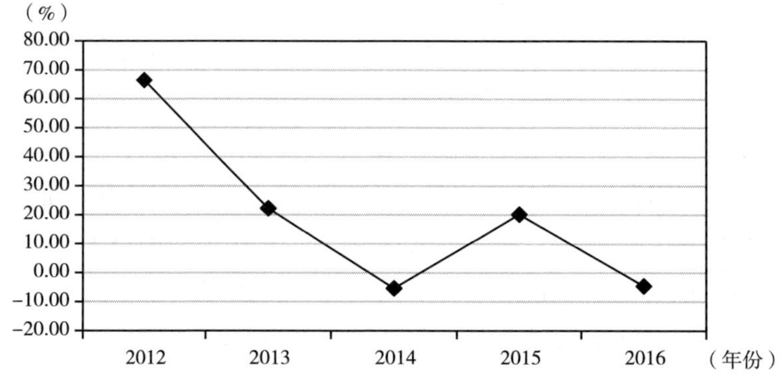

图1　2012～2016年辽宁省500强民营企业营业收入增速情况

数据来源：作者根据历年500强民营企业数据整理计算。

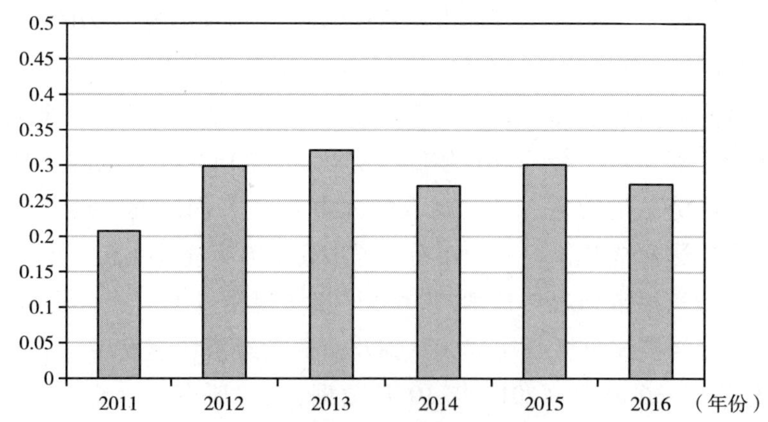

图2　2011～2016年辽宁省500强民营企业营业收入占社会零售商品总额情况

数据来源：作者根据历年500强民营企业数据整理计算。

（二）辽宁民营经济存在的问题

辽宁省民营经济规模虽然早已超过“半壁江山”，但企业“小”“散”“弱”、创新不足、缺乏龙头带动等问题突出。2014 年 6 月，习近平总书记对辽宁经济发展问题作出重要批示。批示明确指出，辽宁当前遇到的困难和问题，归根结底仍然是体制机制问题，是产业结构、经济结构问题。辽宁民营经济发展不充分，一些企业特别是中小企业经营困难，营商环境还存在诸多薄弱环节。

1. 结构性矛盾突出，产业结构不合理

（1）对资源的依赖性较大。对资源的依赖造成了技术落后、产能过剩的问题比较突出，这种不合理的状况将严重影响民营经济的可持续发展。根据对本溪、朝阳、阜新、鞍山及海城等地的调研情况，表明这方面问题比较突出。

（2）工业特别是重工业占比大，服务业占比小。2012 年，全省民营经济第二、第三产业比重为 68∶32，在民营经济增加值当中，工业占 63%，服务业占 37%。

（3）中间产品占比大，最终产品占比小。大多数民营企业为大企业配套，其产品基本以中间产品形态进入大企业生产线，缺少生活消费的终端产品。

（4）出口产品占比小，内销产品占比大。企业产品市场主要在国内，内销与外销为 97∶3，而且，出口产品又以农副产品和原材料产品为主，机械产品和产成品比重不高。

（5）沈大沿线 5 市民营经济总量占比大，其他各市总量占比小。沈阳、大连、鞍山、营口、辽阳 5 市的民营经济之和占全省民营经济总量的 60%，其余 9 市只占 40%。

2. 税费支出偏高

据企业反映，民营企业交纳的各种税费占其营业收入的 20%，有的行业达到 30%。全国民营企业税费负担为营业收入的 15%，全省民营企业税费负担高于全国平均水平的 5% 以上。社保费用大，民营企业抱怨社保负担过重——“公司近一半的利润都被社保吃掉了”。

3. 融资难、融资贵

融资难、融资贵问题日趋严重，有超过 2/3 的中小企业反映融资难、融资贵。一是企业抵押物不足，获得贷款十分困难；二是一些企业在管理上存在缺陷，向银行提交的贷款申请难以通过审核；三是审批时间长，评估、审计等贷款手续较为复杂；四是融资贵问题，各商业银行对中小微企业客户普遍采取了在基准利率基础上上浮30%甚至50%的政策，有些企业还要加上担保费及各种中介费，导致企业负担较重。据辽宁省银监局测算，目前民营企业银行贷款成本（利息、担保费、评估费、保险费、公证费、抵押物登记费，以及其他的办理手续费用）高达12.75%，企业则反映超过15%，高于企业年利润率。而对国有大型企业执行的是基准利率，有的甚至下浮。

4. 生产成本上升过快

据调查，企业反映成本上升，主要是人工成本上升过快。近几年来，全国各省基本都上调了最低工资标准。辽宁的大部分企业工资增长都在20%以上。工资支出的增长导致企业社保缴费等支出同步增长，致使成本上升加快。在用工贵的同时，用工难和人才匮乏的问题也十分突出。与此同时，物流费用、房租等成本上升较快，原材料及能源购入价格不同程度的持续上涨，这些都进一步压缩了企业的利润空间。

5. 应收货款拖欠严重

中小微企业货款被拖欠情况严重，55%的企业货款回笼超过半年以上，应收账款回收率大都只有60%~70%，造成企业流动资金紧张。据2012年的调查，全省小微企业被大企业拖欠的销售款总额，保守地估计约为1400亿元，涉及省内外大企业近1500家。这都大大地压缩了企业的盈利空间，使企业的生产经营举步维艰。

6. 市场需求不足，停产半停产有扩大的趋势

由于上述外部因素以及政策调整、辽宁产业结构等问题，加之企业自身因素，致使中小微企业停产半停产情况日趋严重。2016年上半年，全省规模以上工业企业停产半停产率为8.6%；据对千家规模以下工业企业停产半停产的情况调查，停产半停产率为26.2%。从行业分布情况看，停产半停产企业主要集中在采矿业、装备制造业、金属冶炼及压延业；从地区分布情况看，规模以上工业企业停产半停产率较高的市为朝阳、丹东、抚顺、本溪，均高于全省平均水平。据实地调研，海城的停产半停产率实际上到达了50%。据辽宁省工商联调查，全省民营经济发展现状不容乐观。调查的500家企业的业务量的动态情况令人担忧：与上年同期比较，业务量持平的占10%左右，

上升的也仅占约10%，而下降的高达80%以上。

7. 企业不大不强，缺少大型龙头企业，经营稳定性有待提升

据2015年8月全国工商联公布的全国民营企业500强名单，进入其中的辽宁民营企业只有6家，而浙江为138家、江苏为91家；据2016年8月全国工商联公布的中国民营企业500强名单，进入其中的辽宁民营企业有7家，浙江134家、江苏94家；另据2017年8月全国工商联公布的中国民营企业500强名单，进入其中的辽宁民营企业也只有6家，与内蒙古和山西并列，而浙江为120家、江苏为82家。此外，辽宁民营龙头企业的经营能力与稳定性也有待提升。

8. 企业家信心不足，缺少发展的激情

一是发展信心不足。在目前经济环境下，大多数企业经营困难，融资难、用工难、成本高，利润空间越来越小，加之环境上的问题，使得不在少数的企业家信心指数减少。

二是责任意识淡化。由于上述原因，一些企业家规避对社会和职工所应担负的责任。

三是缺乏发展激情。由于信心和责任意识的缺失，一些企业家觉得挣的钱够几辈子花的了，不想再挨累遭罪，有的将资产转移到国外，自己不干也不希望下一代接着干。

三、辽宁民营经济与南方发达省份的差距与原因

（一）与发达省份的差距越来越大

通过比较，我们发现，辽宁省与东南沿海发达省份民营经济发展的差距在逐渐扩大。2017年8月，全国工商联合会正式发布2017中国民营企业500强榜单。据榜单显示，华为投资控股有限公司、苏宁控股集团、山东魏桥创业集团有限公司蝉联三强。据悉，2016年民营企业500强入围门槛为120.52亿元，增加了18.77亿元；民营企业服务业100强入围门槛达150.37亿元，增加了26亿元；民营企业制造业500强的入围门槛为53.55亿元，上升8.35亿元。2016年，民营企业500强营业收入总额达19.4万亿元，户均387亿元，增长

19.84%。资产总额为23.4万亿元，户均468亿元，增长35.21%。税后净利润总额为8355亿元，较上一年增长19.76%，为2011年以来最高增长率。销售净利率为4.55%，与2015年持平。

如上文所述据2015年8月全国工商联公布的全国民营企业500强名单，进入其中的辽宁民营企业只有6家，而浙江为138家、江苏为91家；据2016年8月全国工商联公布的中国民营企业500强名单，进入其中的辽宁民营企业有7家，浙江134家、江苏94家；另据2017年8月全国工商联公布的中国民营企业500强名单，进入其中的辽宁民营企业也只有6家，与内蒙古和山西并列，而浙江为120家、江苏为82家（见图3）。

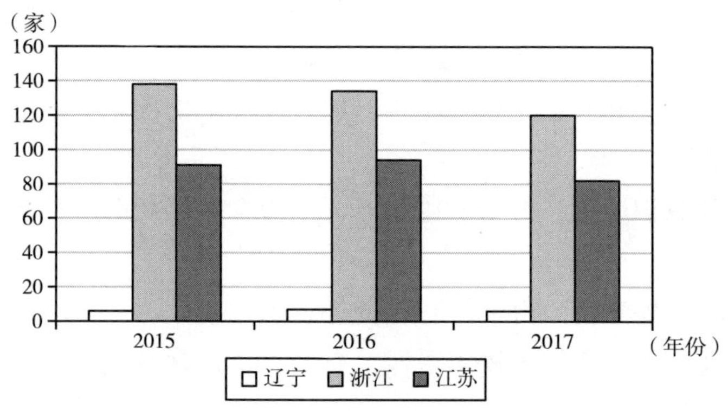

图3　2015～2017年辽宁、浙江、江苏民营企业500强数量

数据来源：作者根据历年500强民营企业数据整理计算。

2016年，辽宁共有7家企业上榜民企500强，除环嘉集团外其余6家为上一年度500强榜老面孔，其中大连万达由上年度的第7位上升1位，亿达集团、同益实业和沈阳远大分别较上年度下降18位、8位和108位，而盘锦北方沥青、锦联控股分别上升63位和45位（见表1）。

表1　2016年中国民营企业500强名单（辽宁省）

排名	企业名称	所属行业	营业收入总额（万元）
6	大连万达集团股份有限公司	房地产业	29016000
171	亿达集团有限公司	房地产业	2646729
225	盘锦北方沥青燃料有限公司	石油加工	2037682
357	环嘉集团有限公司	批发业	1402582

续表

排名	企业名称	所属行业	营业收入总额（万元）
417	锦联控股集团有限公司	水上运输业	1208869
475	同益实业集团有限公司	化学原料	1057224
476	沈阳远大企业集团	建筑安装业	1056499

2017 年中国民营企业 500 强榜单中，辽宁省上榜企业共 6 家。其中，大连万达集团股份有限公司排名第一，2016 年营收达 2549.8 亿元。

表 2　　2017 年中国民营企业 500 强名单（辽宁省）

排名	企业名称	所属行业	营业收入总额（万元）
9	大连万达集团股份有限公司	综合	25498000
147	环嘉集团有限公司	批发业	3536400
158	盘锦北方沥青燃料有限公司	石油加工	3309700
351	大连金玛商城企业集团有限公司	租赁业	1684500
452	兴隆大家庭商业集团有限公司	零售业	1324500
457	锦联控股集团有限公司	水上运输业	1307300

通过与发达省份的比较，我们感到，辽宁省民营经济发展不够充分的问题比较突出。

1. 经济总量较小

辽宁民营经济增加值为 11054 亿元，在全国排名第 8 位，民营经济增加值为广东的 54.2%、江苏的 54.8%、山东的 64.8%、浙江的 65.6%。值得注意和研究的是，辽宁民营经济增加值在全国排第 8 位，与辽宁省地区生产总值在全国的位次大体相同；全国民营经济增加值排名前 7 位省的顺序，与其地区生产总值在全国的位次也基本相同。

2. 企业数量较少

辽宁中小微企业注册数量为 158.3 万家，而在 2012 年的广东 487.5 万家、江苏 484 万家、山东 345.6 万家、浙江 327.3 万家、四川 297.4 万家、河南 260.9 万家、湖北 236 万家，2012 年时辽宁为 184 万家。

3. 企业规模较小

辽宁民营企业注册资本（金）为 9079.4 亿元，居全国第 9 位。辽宁民营企业户均注册资本（金）242.7 万元，低于全国平均水平，全国为 286.4 万元。江苏为 322.2 万元、浙江为 310 万元、山东为 288.1 万元、广东为 244.5 万元，均高于辽宁省水平。

4. 社会贡献较少

一方面，从业人员较少，辽宁省民营经济从业人员为 1134.47 万人，广东为 2929.11 万人、江苏为 2232 万人、河北为 1937.1 万人；另一方面，上缴税金较少，辽宁省民营经济上缴税金为 1962.19 亿元，占全省税收的 41%。广东为 6467.82 亿元，占 49.1%；江苏为 4901 亿元，占 56.3%；河北为 2342.6 亿元，占 67.3%。

5. 外向度较低

辽宁民营经济实现出口交货值占全省出口的 30% 左右。山东占 51.9%，河北占 46.4%。由于广东、江苏等省外资企业比例较高而占据了较大的出口份额，故其民营经济出口比重与辽宁省基本相同，但出口额却大大高于辽宁省水平，分别是辽宁省的 5.75 倍和 3.05 倍。

需要说明的是，辽宁省城乡居民平均收入与东南沿海先进省份相比较低。而民营经济不充分，中小企业和个体户数量少，“小老板”不多，创业和就业不充分，这是辽宁省城乡居民平均收入落后于东南沿海发达地区的关键所在。

（二）差距产生的原因

1. 市场化程度低

市场化程度低，造成开放度不够，传统的计划经济思维定势比较明显，往往过分强调政府的作用而忽视市场的推动，束缚了民营经济和中小微企业发展的活力。

2. 经济结构、产业结构不合理

（1）辽宁民营经济在地区生产总值中占比小，一般来说，民营经济占比不达到 80% 以上，说明市场化程度不够高。

（2）辽宁民营经济和中小微企业的发展受重化产业结构的影响较大乃至过度依赖，以现代服务业为主的第三产业不发达，直接面对消费者的消费型终端产品比重小。

3. 体制机制不灵活

民营经济发展的体制机制障碍较多，进入门槛高，审批手续繁杂，简政放权不够，政府部门监管方式缺少活力。

（1）环境不宽松。一是管理部门乱检查、乱执法问题比较严重。据辽宁省工商联调查显示，问及"您认为当前我省法治环境如何"时，51%的企业回答"一般"，27%回答"差"，只有15%回答"好"，7%回答"不清楚"。回答"一般"和"差"的总计占78%，可见所调查的企业对法治环境的总体评价不高。二是政务环境不宽松，市场公信力不足，中小企业的合法权益难以得到保障。三是有的部门及其工作人员失于担当，不负责任，门好进了，脸好看了，但是事还是不好办。

（2）政策不到位。一是鼓励民营经济政策支持的力度不到位，在许多方面尚有支持的空间。在不久前制定创业基地建设政策时，深感出台优惠政策之艰难。二是对发展民营经济政策的宣传不到位，企业对有关扶持政策不了解，政策知晓率不到20%。知晓率低也造成了优惠政策的普惠制不到位。三是现有的政策的落实不到位，这是最主要的问题。由于缺乏具体的配套实施办法以及各级政府部门的密切配合，使政策措施难以落到实处（如专项资金的配套等）。

4. 创业意识薄弱

城乡居民传统的轻商意识和依赖政府的观念较重，创业意识不强，一些部门工作人员缺乏重商理念，培育"小老板"的氛围不浓。

四、制约辽宁民营经济发展的因素分析

当前，影响制约本省民营经济发展，最为关键核心的是体制机制问题。主要存在以下几方面问题。

（一）领导机制仍不够顺畅

一是管理民营经济发展部门较多，目前辽宁省的中小企业管理机构主要有设在经信委的中小企业局（负责工业企业）、工商行政管理局（负责个体

私营经济）、科委（负责民营科技企业）、商务厅（负责商贸流通企业）以及工商联（负责政府与民企的沟通）等，他们分别从行业类型上对民营企业进行管理，而没有作为一类需要扶持的企业加以管理。二是部门间各自为政，对民营经济缺乏统筹规划和系统引导，还未形成推动民营经济发展的合力。三是各部门间缺乏沟通，各种规章不能相互衔接、相互补充，造成基层无所适从，难以落实。四是政府职能转变不到位。一些本由商会来完成的经济职能被部分政府部门把持，不但增加了政务成本，而且给企业带来麻烦。

（二）市场竞争机制仍不够公平

在市场准入、土地使用、人才引进政策等方面，对民营企业是公平的，不存在歧视问题，但由于缺乏具体的实施细则，一些领域虽然没有了政策上的准入限制，但依然存在准入门槛，市场准入制度中的所有制歧视现象仍在执法层面普遍存在。“玻璃门”“弹簧门”“旋转门”“进门易、竞争难”“没门”的现象依然存在。一些部门认为民营企业落实政策风险大，担心政策失误被追责，往往采取非常谨慎的态度，致使国有企业政策享受多，而民营企业享受政策少。

（三）统计体系仍不够科学

本省各市的民营经济统计由各市中小企业局牵头负责，所收集的数据包含民营企业和个体工商户的产品产量、固定资产投资、实缴税金等情况，采取抽样分析预测的方法，不是按照统计局的标准和统计模式得出的数据，存在统计制度不健全、统计指标体系不完善、统计数据零散，统计数据发布不规范、不及时，数据缺乏可靠性和法律效力等问题，导致民营经济底数不清，情况不明。

（四）金融、财税机制仍不够灵活

金融业“大门虚开、小门未开”，金融服务较为僵化、缺乏针对性。有些商业银行在贷款时，要求贷款的条件越来越多，门槛越来越高，许多民营企业都很难满足要求，无形中推高了民营企业融资成本，民营企业的直接融资比例不到10%，贷款的实际利率一般都在15%左右。虽然企业税项大幅减少，很多不合理收费项目被取消，但企业反映，目前的税费负担依然较重，税收占企业营业收入的40%以上。“五险一金”普遍高于北京、深圳、杭州、苏州等地。

（五）审批机制仍需改进

一些部门目前取消、下放的审批事项中“含金量高”的项目还不够多，企业感到还不够“解渴”。行政运行不够规范、不够透明，目前一些部门保留的审批事项，有的实际操作还不够规范，审批随意性和自由裁量权大，手续繁、效率低。政府管理理念和管理方式有待转变，政府机关和工作人员重审批、轻监管的问题尚未根本改变。

五、对辽宁民营经济发展改革的建议

（一）营造民营经济发展的良好环境

1. 积极做好民营经济改革示范工作

2017年1月，国家发改委、国家工信部等部门联合印发《关于开展东北地区民营经济发展改革示范工作的通知》，正式公布盘锦市与大连、哈尔滨、牡丹江、长春、鞍山、营口、辽阳、通化、白山、辽源、七台河、通辽共13个城市成为“东北地区民营经济发展改革示范城市”。重点在政策环境、金融环境、创新环境建设领域开展示范工作。其中，辽宁省内共有大连、鞍山、营口、辽阳及盘锦5座城市入选。

2. 建立“亲”“清”新型政商关系

发展辽宁的民营经济，必须按照习近平总书记的要求，推动建立“亲”“清”新型政商关系。辽宁查处“4.30”贿选案后，各级领导干部和广大企业家深刻吸取拉票贿选案惨痛教训，政治生态得到净化，营商环境得到改善，为辽宁建立“亲”“清”的新型政商关系奠定了坚实的基础，也提供了最佳的契机。当前需要解决的一个问题是，我们的领导干部要在守住底线、把好分寸的前提下，应该同民营企业家建立和保持正常的交往，倾听他们的诉求，解决他们的困难，保护他们的合法权益。辽宁省积极开展企业帮扶，切实减轻企业负担，取消调整收费政策 38 项，减轻社会负担 43 亿元，降低企业用电成本 25 亿元，2017 年全省纳税人申报各项税收减免 1288 亿元。

3. 优化营商环境

辽宁省着力优化营商环境，以商事制度改革为重心，立足“放得更活”，着眼“管得更好”，注重“服务更优”，消除市场主体生产经营活动中的羁绊，破除生产要素合理流动与有效配置的障碍，全力促进民营经济发展。2017 年 2 月 1 日，辽宁省出台《辽宁省优化营商环境条例》，此前辽宁省将原中小企业局人员编制划转成立全国唯一的省级营商环境建设监督局，并且全省 14 个市组建专门营商环境建设监督机构，省直各部门指定处室负责此项工作。聚焦社会最关心的热点难点问题，开展营商环境专项整治活动，集中整治突出问题。需要审批、审核的事项，尽量简化程序、减少环节、节约企业成本，细化、量化政策措施，制定相关配套举措，推动各项政策落地、落细、落实，让民营企业真正从政策中增强获得感。取消调整 315 项行政职权，推进工商登记全程电子化，全面实行“二十六证合一、一照一码”，工商登记前置审批事项减至 32 项，实现在线申报、网上审批服务事项 323 项。对于内企和外企，政府要高度重视、一视同仁，加强对内企发展状况的调研，多服务少管理，不能越位，通过送政策服务、促融资服务、解难题服务，为有发展潜质的内企制定中长期发展规划，精准帮助与支持内企发展。

（二）树立民营企业与国有企业融合发展的新理念

民营经济与国有经济并非此消彼长的关系，要从“国进民退”或“民进国退”的思维定势中走出来，进一步解放思想，破除制约民营经济发展的思维桎梏，最大限度凝聚改革共识，形成国企民企、大小企业相得益彰、共享发展的机制。

要支持民营企业与国有企业开展深度合作与融合发展，探索民营企业与国有企业合作发展的途径和模式。特别是要按照“促融合”的要求，建立健全促进地方民营企业与驻辽央企协同发展、融合发展的政策，探索建立利益共享机制和激励机制。

（三）探索民营经济发展的新模式

要在深入研究苏南、温州、珠江、重庆、中关村以及“三城”等国内民营经济发展模式的基础上，认真指导和研究国家发改委等四部委确定的辽宁省大连、鞍山、营口、辽阳和盘锦五市开展民营经济发展改革示范工作，通过实施结构性改革创新举措，健全和完善促进民营经济健康发展的体制机制，优化民营经济发展环境，推动建立“亲”“清”新型政商关系，在产业转型升级和技术创新发展机遇，力求经过5年左右的时间，探索形成具有辽宁区域特色的民营经济发展新模式，即建立民营企业与国有企业融合发展、大小企业协作配套、政商关系实现“亲”“清”、经济结构和产业结构趋于合理、体制机制较为完善的民营经济发展之路。

（四）形成大小企业配套的新格局

辽宁民营经济发展不充分的主要原因之一，就在于辽宁本地的大小企业配套率不高。辽宁的民营企业基本上是配套型的中小企业，中小企业配套率低，必然使民营经济难以做大做强。配套率低的原因，就中小企业而言，有能力问题；就营商环境而言，有“灯下黑”问题；就政府推动而言，则有政策引导问题。建立大小企业协作配套机制体系，是实现区域民营经济发展的现实选择之一，这在辽宁有着特殊的意义。在尊重市场规律的前提下提高本地配套率，应该成为辽宁民营经济发展的重要特色。

据调查，辽宁大企业配套每年外协和采购额合计约4500亿元，配套率为25.5%。按国际发达国家的经验，当地配套率一般高于40%。如果辽宁省内配套率在现有25.5%的基础上能提高15个百分点，同时考虑生产服务业的配套倍增，则每年约可增加营业收入2500亿元，约增加税收近80亿元，增加就业30万人。如果省内配套率能达到35%，即提高10个百分点，则每年约可增加营业收入1700亿元，约增加税收近50亿元，约增加就业20万人。

（五）完善民营经济发展的新机制

完善促进民营经济健康发展的体制机制和政策体系，改善民营经济发展的环境，对民营经济发展至关重要。

1. 进一步推进行政审批制度改革，加大简政放权力度

优化行政审批流程，提高审批效率。建立在民营经济领域的权力清单、责任清单和负面清单，清理和修改制约民营经济发展的地方法规、规章和规范性文件，取消各种形式的不合理规定，抓紧修订《辽宁省促进中小企业发展条例》。

2. 激发创业潜力，推动大众创业、万众创新

要优化创业环境，拓宽创业条件，强化引导和扶持，激发潜在创业者蕴藏的潜力和产业激情。完善保护私有产权与维护民营企业的合法权益，鼓励市场主体的创新精神，充分动员民营经济参与市场竞争和经济活动过程，增强“内源型”经济实力，完善市场培育机制。

3. 推进民营企业建立现代企业制度

进一步提升民营经济的发展能力和水平，实现持续健康发展。推进国有企业改革，积极发展混合所有制，以此催生众多民营企业。

4. 加大对社会民生福利的投入力度，完善城市基础服务设施提供

促进产城融合，增加养老、失业等方面的公共服务支出，并通过减税清费等方式减轻企业和居民负担，真正实现服务型政府的目标。

（六）打造产学研合作的新领域

辽宁民营经济的发展缺乏有力的技术支撑，而高等院校和科研院所的大量科技成果却不能在辽宁本地民营企业中实现转化。因此要大力推进民营企业与高校和院所的协同创新。一方面，要鼓励有实力的民营企业与高校合作办学，与科研院所合资建设关键技术、核心产品的研发中心，组建产业与技术创新联盟，促进科技成果转化与产业化发展。另一方面，要扎实推进高等教育供给侧结构性改革，切实促进校企深度合作、协同发展，高校要依托校企联盟面向民营企业，主动出击，寻求合作，大学科技园要充分利用高校的

人才、学科和技术优势，孵化科技型中小企业，加速高校技术转移和科技成果的转化与产业化。应该看到，校企联盟不仅可以推动高校的转型发展和创业就业，同时也可以在提升民营企业质量的同时增加民营企业的数量，是辽宁民营经济发展的一个新的重要渠道。在制度上可以通过贴息、补助等方式激励企业开展各层次的合作，加快完善产学研协同创新机制，推动企业、高校、科研院所形成创新利益共同体。

专题报告

专题一　民营经济与辽宁经济增长

辽宁省是国家老工业基地，一直以来，辽宁民营经济的发展都是老工业基地的一块短板。辽宁民营经济发展迟缓，未能对老工业基地全面振兴提供更多助力，其原因在于：一是国有经济在辽宁工业化进程中占据了十分高的比重。但随着改革开放的不断深入，国有经济在竞争性行业中的弱势导致其成为辽宁经济发展的阻碍因素，但由于国有经济在辽宁占比高、体量大，关系到百姓生活和社会稳定，使辽宁不得不在国有经济领域投入更多资源，挤占了民营经济发展空间。二是计划经济体制下的思考和行为方式仍对辽宁经济发展产生着重要影响。尽管我国已经确立了社会主义市场经济体制，对民营经济在社会主义建设中的重要作用也给予了多次肯定。但在辽宁，人们普遍还存在着对民营经济的歧视。在沿海地区的创新创业浪潮席卷而来的时候，辽宁却难以激发人们的创新创业热情，这使民营经济的发展缺乏坚固的根基。从数据来看，尽管辽宁商事制度改革后民营经济发展出现了较大幅度增长，但仍落后于沿海发达省份。以城镇私营企业和个体就业人员数占总就业人数的比例看，2016 年，辽宁该指标仅排在 31 个省（直辖市、自治区）的 23 位，为 17.7%，而沿海地区的浙江、江苏、广东、北京、福建、上海则分别以 42.9%、42.4%、40.4%、36.4%、34.4% 和 30.1% 排在第 3、第 4、第 5、第 6、第 7 和第 8 位，可见辽宁民营经济发展尚存在一定差距。三是辽宁经济增长乏力。图 1 展示了 2005 ~2016 年辽宁与沿海或近海地区（北京、上海、江苏、浙江、福建、广东）城镇私营企业和个体就业人员占比的变化趋势。从图中可以看出，在 2005 年，辽宁在该指标上还处在中游水平，以 14.8% 排在全国的第 7 位，前六位为西藏、青海、北京、上海、新疆和江苏，辽宁的排名甚至还高于沿海的浙江、福建和广东。然而，其他地区增长较快，尽管辽宁有所增长，但增势较为迟缓。2014 年，辽宁已被其他地区超越，且出现了负增长态势，与其他地区差距开始扩大。到 2016 年，辽宁该指标为 17.7%，仅排在全国 23 位。

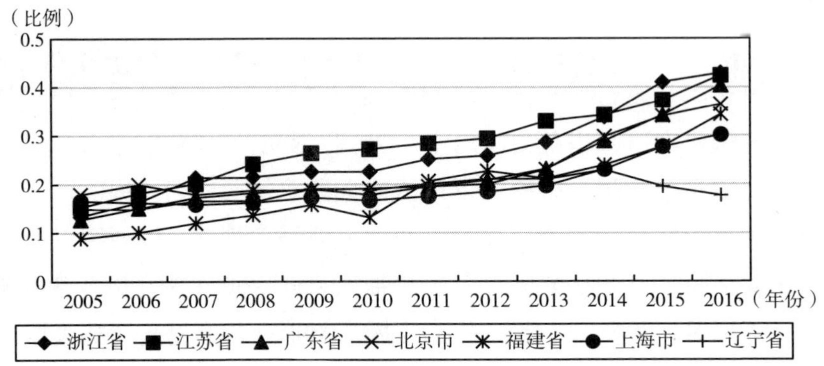

图 1　辽宁和沿海地区私营企业和个体就业占比

数据来源：国家统计局。

由此可见，民营经济是市场经济最富活力、最具潜力、最有创造力的重要力量，是繁荣城乡经济的有力支撑，是推动经济发展的重要力量。民营企业在吸纳就业、创造税收、促进经济发展等方面发挥了重要作用。

在我国经济进入新常态的背景下，民营企业成为近年来经济发展领域的亮点，数据显示，民营企业对我国 GDP 贡献率高达 60% 以上，提供了 80% 的城镇就业岗位，吸纳了 70% 以上的农村转移劳动力，新增就业 90% 在民营企业，来自民营企业的税收占比超过 50%。因此，辽宁要实现全面振兴，一定要发展好民营经济，让民营经济发挥出其应有的作用和贡献。本部分研究将对民营经济发展与辽宁经济增长之间的关系进行系统研究，对民营经济发展的促进因素进行实证考察，进而提出促进民营经济发展、推动辽宁全面振兴的政策建议。

一、辽宁各市实际经济总量测度

GDP 作为衡量一个国家或地区经济状况和发展水平的重要指标，其数据的产生有着标准的核算方法和严格的统计体系。不过，与发达国家相比，发展中国家 GDP 的核算方法和统计体系整体上比较落后，加上政府的统计设施也不够完善，从而导致 GDP 数据质量相对较低。事实上，外界长期怀疑中国官方 GDP 数据的真实性，一个重要的原因就是中国使用的统计方法较为陈旧（Movshuk，2002）。中国的国民经济统计核算体系最早使用的是苏联的物质产品平衡表体系（MPS），1985 年开始采用联合国国民经济核算体系（SNA），1993 年正式进入 SNA 体系发展阶段。目前，中国是按照《中国国民经济核算体系（2002）》的要求进行 GDP 核算的，该体系采纳了 SNA（1993）的基本核算原则和方法。和 20 多年前相比，中国的 GDP 核算体系已经得到很大的完善，统计的真实性和准确度有较大的提高，但仍存在统计口径不一、价格指数不够准确等问题（徐康宁等，2015）。

多年来，地方 GDP“增速高于全国、总量大于全国”的统计乱象引发公众质疑。相形之下，东北三省部分地方数据造假之风尤甚，不仅误导中央和地方的规划决策，且已演化为破坏党风政风、损害政府公信力的腐败推手。辽宁在 2015 年后着力对 GDP 等统计数据进行了大规模的挤水分，与经济下行趋势相互叠加，使辽宁经济出现了罕见的负增长（见图 2）。

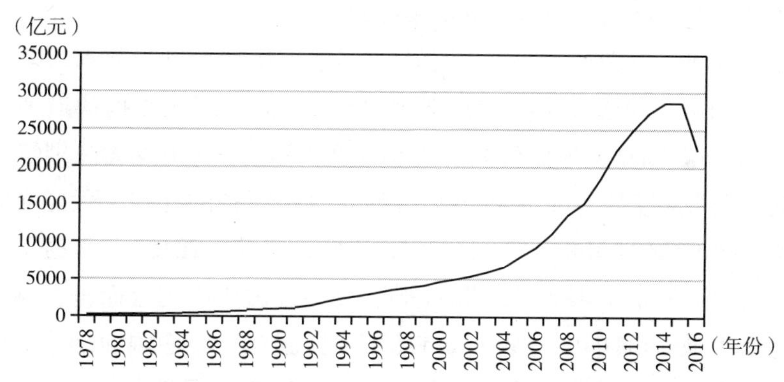

图 2　辽宁 GDP 增长趋势（1978～2016 年）

数据来源：国家统计局。

因此，为了能够实证检验民营经济对辽宁经济增长的作用，我们首先要对辽宁的经济总量进行准确的测度。

（一）测度方法与数据说明

1. 测度方法

对于如何准确测度一个地区的经济总量，经济学家们更为关心的是能否寻找到一个更为客观的指标来替代 GDP，或用更为客观的数据来弥补 GDP 统计核算的不足。值得庆幸的是，技术总是在不断进步的，不断涌现的更具有技术含量的大样本数据有可能弥补人工统计的不足。近年来，美国国家海洋和大气管理局（NOAA）发布的全球夜间灯光（night time light，NTL）数据受到学界的关注。该数据是由美国空军气象卫星从外太空所观察到的地球不同地区在晚间八点半至十点之间的灯光亮度（消除了云、月光及火光等偶然因素影响）。相对于 GDP 统计数据而言，全球夜间灯光数据显得更加客观，最大限度地消除了人为因素。在现代社会中，所有经济活动都会存续于夜间表现，而灯光是夜间表现的显性信息，经济活动强度越大，夜间表现也一定强烈，灯光的亮度也会越明显（徐康宁等，2015）。目前，已有学者将此数据用于研究不同国家或地区经济活动的表现，他们发现夜间灯光数据可以作为一个国家或地区现行统计指标比较好的替代指标，较亮的夜间灯光照明与较高的 GDP 紧密相连，用一个地区灯光的卫星观测数据可以更为准确地揭示当地的经济发展水平（Chen & Nordhaus，2011）。

当然，夜间灯光数据也存在其相应的问题，例如，灯光数据可能存在取值上限（top coded）或天花板（ceiling）问题。由于灯光数据的取值范围为 0 ~ 63，如果一个国家或地区灯光亮度值达到 63 时，将出现无法继续增加的现象，这与经济增长没有上限是不相符的。这一问题的存在，可能会降低灯光数据与真实 GDP 之间相互匹配的程度（徐康宁等，2015）。富裕国家可能会遇到灯光数据取值上限问题，但对于绝大多数发展中国家而言，灯光取值上限则完全不是一个问题。Storeygard（2013）就认为，中国和南非这样的国家很少存在取值上限问题。Bamn-Snow et al.（2013）同样也认为，灯光数据在中国内部几乎不存在取值上限的问题。因此，我们假定，中国的夜间灯光亮度远未达到发达国家的水平，灯光亮度取值上限问题在中国省级层面并不存在。事实也是如此。

从图 3 可以看出，总体上看 NTL 增长率与实际 GDP 增长率的趋势是一致的，但两者也表现出了较大差异，实际 GDP 增长率普遍高于 NTL 增长率。这一差异最大的地区为北京和上海，这也许是由于这两个地区以第三产业为主的经济结构所导致的。差异较小的地区为福建、浙江和江苏，这说明该三个地区经济增长的质量较好。该图反映出，如果仅以 NTL 判断各地区经济总量的话，那么各地以 GDP 测度的经济总量都会出现高估的现象，这一方面说明

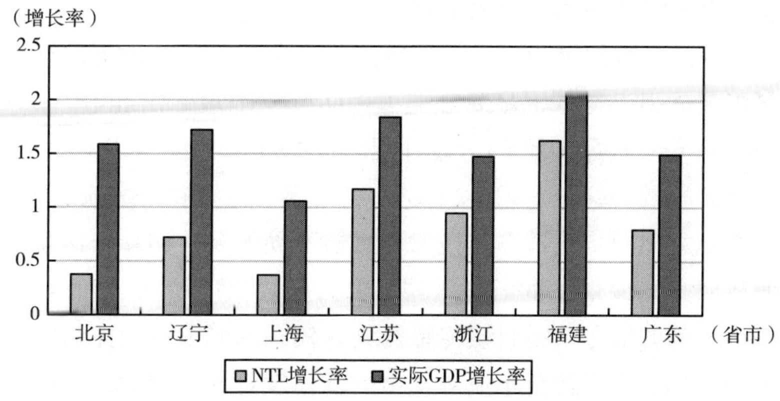

图 3　2005～2013 年辽宁与沿海省份 NTL 增长率与实际 GDP 增长率比较

用 NTL 表示经济总量会出现偏差，同时也表明省级 GDP 高估并不是个别现象。继辽宁省首次承认 GDP 数据注水后，内蒙古和天津等省区市也自曝了 GDP 注水问题，并相继开始了挤水分的工作。统计造假，是一场博弈的过程。在此过程中，如果风险小于收益，那么按照经济理性人的推论，造假就变成了一项“可以做的买卖”。造假的收益是什么呢？显然，主要就是政绩的动力。理论上说，经济统计数据应当是为正确决策做参考的依据，也是外界参考和评价的标准；但在一段时间内，“唯 GDP 论英雄”的考核机制，则给了地方官员以追逐数据的动力。“数字出官，官出数字”的调侃，指向即在于此①。

因此，不论是技术上的问题还是人为的因素，为了修正用 GDP 测度经济总量所存在的偏差，我们将首先对辽宁省 14 市的真实经济总量进行估计，并运用修正后的数据对民营经济与经济增长间的关系进行实证分析。我们借鉴徐康宁等（2015）的方法，设立真实经济总量的估计模型如下：

$$GDP_{it} = \beta_0 + \beta_1 NTL_{it} + \lambda CV_{it} + \eta_i + \kappa_t + \mu_{it} \quad (1)$$

在模型（1）中，*GDP* 为被解释变量，表示国内生产总值，*NTL* 为夜间灯光亮度，*CV* 为一系列控制变量，包括 η 为不可观察的城市效应，κ 为时间效应，μ 为误差项。下标 i 和 t 分别表示城市和年份。以该方程回归结果为基础，我们将能够得到辽宁 14 个城市经济总量的拟合值。

---

① 侠客岛：《几省份自曝 GDP“注水”压力都来自哪里》，载于《新浪财经》2018 年 1 月 15 日，http：//finance. sina. com. cn/china/gncj/2018－01－15/doc-ifyqqieu6518659. shtml.

2. DMSP/OLS 夜间灯光亮度数据说明

全球夜间灯光数据（以下根据需要简称灯光数据）是由美国空军一系列气象卫星观测所得，这些卫星属于美国国防气象卫星计划（defense meteorological satellite program，DMSP）。该计划源自 1976 年发射的 F-1 卫星上首次搭载（operational linescan system，OLS）传感器，运行在距离地球表面约 830 公里的近极地太阳同步轨道。与一般传感器不同的是，OLS 传感器的设计目的是观测夜间月光照射下的云（云层分布、云顶温度等），而非获取太阳光辐射地表后反射的信号，因而该传感器具有较高的光电放大能力，可探测到城市夜间的灯光、火光乃至车流等发出的低强度灯光。因此，夜间灯光作为人类活动的表征，可以作为人类活动监测研究的良好的数据来源（Elvidge et al.，2007）。

早期 DMSP 卫星数据主要是照片形式发布，1992 年由美国国家海洋和大气管理局（NOAA）的国家地理数据中心（NGDC）对原始数据进行处理并建立数字格式文档，同时对外提供全球夜间灯光数据产品。目前，NOAA 对外发布的灯光数据产品包括平均可见灯光（average visible）、稳定灯光（stable lights）、能观察的无云覆盖次数（cloud free coverage）以及平均灯光（average lights）四种灯光数据。

NOAA 提供的四种数据中，目前使用较多的是稳定灯光数据。该数据剔除了短暂的亮光，且背景噪声也被识别并用 0 替换，最终包含了城市、城镇和其他相对稳定的灯光。数据的灯光灰度值（DN 值）范围均为 0~63，且灯光数据均为无云数据。一个国家或地区的灯光亮度是其区域内部所有栅格灯光亮度的总和，其中每一个栅格单元表示 30 秒度（30 秒经玮格网），覆盖的经度范围为 -180 度至 180 度，纬度范围为 -65 度至 75 度。

（二）辽宁 14 市真实经济总量测度

从 2005 年和 2013 年辽宁全省夜间灯光亮度，可以直观地看出，亮度的增长是十分明显的。首先，从辽宁中部城市群看，沈抚同城化取得了显著进展，两个城市已经实现紧密衔接。鞍山和辽阳的扩张较为明显，同城化趋势也十分显著。大连地区西南部即旅顺地区亮度增长明显，其他县域地区亮度增长显著。营口和盘锦的连接已经形成，这成为两个年份灯光亮度图最明显的差异。辽西地区锦州向南站地区、沿海地区和凌海市的扩张较为明显，显示出该市建设辽西中心城市正在稳步推进。其他地区均有不同程度的增长。

我们依据模型（1）对辽宁14市2005~2013年的经济总量进行估计，表1显示了估计结果。其中，ln*inv* 为投资率（全社会固定资产投资除以GDP）对数值，ln*gpd*（-1）为滞后一期GDP的对数值，ln$(n+r+g)$ 为劳动力增长率、资本折旧率、技术进步率之和的对数值。我们之所以采用回归方程（1），是因为如果不考察NTL的影响，式（1）类似于Mankiw et al.（1992）基于新古典经济增长理论所发展的实证经济增长模型，现已成为实证经济增长文献的标准模型之一。这里，需要说明的一点是，在实证分析中，我们参照王贤彬等（2009），假设 $r+g=0.10$。这样设定可能有点武断，但基于经济增长核算文献的相关发现，改变这个设定并不会对后面的实证结果带来实质性影响。

表1　　辽宁14市真实经济总量回归结果

变量	(1)	(2)	(3)	(4)	(5)	(6)
NTL	0.0266*** (19.20)	0.0326*** (7.47)	0.0288*** (6.20)	0.0303*** (6.48)	0.0298*** (6.25)	0.0258*** (5.12)
ln*inv*			-849.19** (-2.11)			-1071.60** (-2.30)
ln*gdp*（-1）				-1235.66* (-1.78)		-1732.46** (-2.42)
ln$(n+r+g)$					-33.92 (-0.36)	-3.0150 (-0.03)
City	—	Control	Control	Control	Control	Control
year	—	Control	Control	Control	Control	Control
Adj-R^2	0.7462	0.9098	0.9128	0.9244	0.9218	0.9271
F 值 (Prob > F)	368.61 (0.0000)	58.33 (0.0000)	57.86 (0.0000)	62.68 (0.0000)	60.47 (0.0000)	59.86 (0.0000)
Observation	126	126	126	112	112	112

注：表中未对常数项进行报告；（）中显示的为 *t* 值；***、** 和 * 分别表示回归系数在1%、5%和10%的水平上显著。

从表1的回归结果可以看出，夜间灯光亮度与GDP具有很强的正相关关系。我们在6个回归方程中加入不同的控制变量，NTL均在1%水平上显著，且回归系数十分稳定，可见，用夜间灯光亮度拟合经济总量是可行的。第（1）列中，我们仅以NTL作为解释变量而不加入其他控制变量，结果显示，NTL的 个标准误变化（50671 89）将使GDP变化1348亿元。在第（2）列中，我们加入了城市和年份虚拟变量用以控制不可观测的地区和年度差异，回归结果显示，NTL对GDP的影响得到了提高。在第（3）到第（5）列中，我们分别加入控制变量lninv，lngdp（-1）和$\ln(n+r+g)$，结果显示，这些控制变量的加入并未对NTL回归系数和显著性产生重要影响。最后，我们同时将这些控制变量全部加入，NTL对GDP的回归系数仍显著为正。在控制变量方面，投资率的对数值和上一期GDP对数值的回归系数显著为负，而$\ln(n+r+g)$则对GDP未产生显著影响。

根据这样的回归结果，我们选择表1第二列的回归方程（2）作为辽宁14市真实经济总量的拟合方程。这是因为，首先，加入其他控制变量并未对回归结果产生重要的改善，不论是$adj\text{-}R^2$还是F值均未有大的变化。其次，由于数据虚报不仅是GDP的虚报，也包括其他统计指标，因此，为了最大限度排除数据虚报的影响，我们放弃了其他控制变量。

二、民营经济与辽宁经济增长

（一）全国范围内的经验证据

首先，民营经济占一个地区经济总量的比重能够反映一个地区的经济活力。这里，我们以城镇私营企业和个体就业人员与城镇单位就业人员的比例作为私营和个体经济部门比重的代理变量，以GDP的对数值作为经济绩效的代理变量。由图4可以看出，二者间呈现了显著的正相关关系，说明私营和个体经济部门确实促进了经济绩效的提升，验证了我们的观点。

民营经济能够促进经济绩效的提升，那么，民营经济自身的发展又受到什么因素的影响呢？通过对现有研究成果的分析与整理，我们认为，市场经济倡导自由竞争，而政府应避免对市场行为的不必要干预和过多的管制。管制（regulation）是管制者依照某种规则对被管制者的限制，而政府管制是指具有法律地位、相对独立的政府机构对被管制者（企业、个人、团体等）活

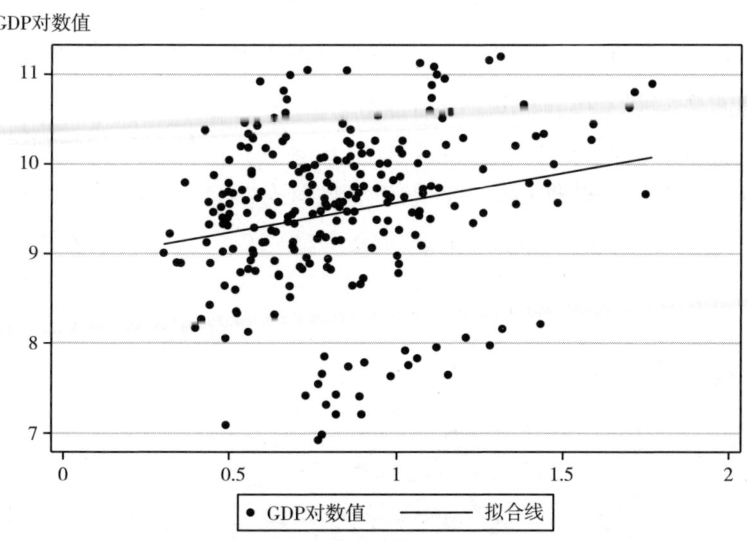

图 4　GDP 对数值与私营企业和个体就业人员比例

动的直接的、行政性的管理和监督（于立和肖兴志，2001；曾国安，2004）。一般认为，适当的政府规制是合理的、必要的。管制是政府纠正市场失灵的手段，市场失灵产生于公共物品（public goods）、外部性（externalties）、垄断（monopoly）和破坏性竞争（destructive competition）。由于市场失灵的存在，导致了过度的污染、失业、食品和药品安全乃至贫富两极分化等经济社会病症（茅铭晨，2007）。因此，政府干预经济就成为弥补市场不足的重要手段，在管制条件下使市场达到新的均衡，纠正资源错配。

然而，在我国地方政府管制的实践中，相当比例的管制条例和实施办法仍传承于计划经济时代，掌权部门缺乏变革激励，各级政府依然垄断了大量资源的配置，维系着广泛的对行业准入的审批和限制，以及对企业经营活动的管制和干预（陈志武，2009）。甚至一些权力部门借此设租，受管制的一方的寻租问题就自然出现，他们可能逃避管制对自己利益的侵害，也会有人利用管制行为为自己服务，更有甚者以自己的目标作为管制目标使管制机构为自己的利益服务。Klitgaard（1988）曾提出著名的腐败动力公式，“corruption = monopoly + discretion power – accountability”（腐败 = 垄断 + 自由裁量权 – 责任）。因此，当官员掌握大量的自由裁量权，而又缺乏完善的正式制度对官员责任进行清晰阐述的条件下，腐败就不可避免了。因此，过多的管制会损害营商环境，阻碍民营经济的发展，进而降低经济绩效。

在图5中，我们以罚没收入占政府财政预算收入的比例作为政府管制强度的代理变量绘制了民营经济发展与政府管制强度间的散点图和拟合线。结果显示，政府管制强度的确阻碍了民营经济发展，印证了我们的观点。下面，我们将以辽宁的经济数据对以上问题进行实证分析。

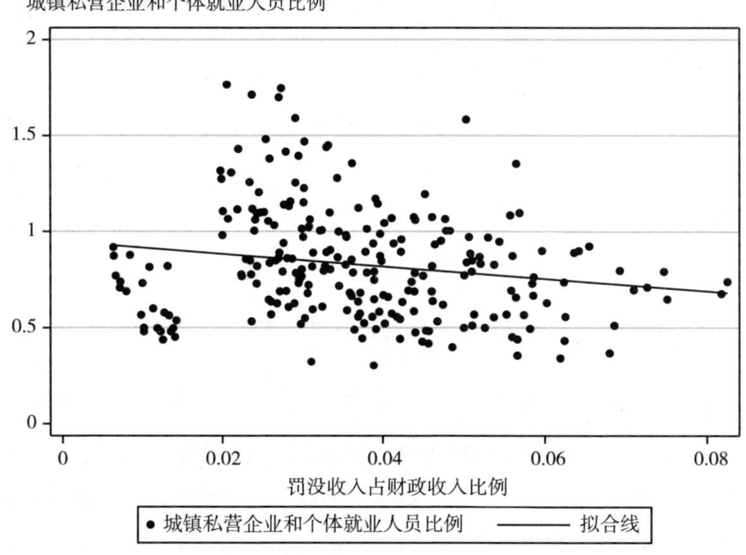

图5　城镇私营企业和个体就业人员比例与罚没收入占财政收入比例

（二）民营经济与辽宁经济增长

在前面的分析中，我们已经证明从全国层面上看，民营经济比重越高，地区经济发展水平也就越高，二者之间存在着较为显著的正相关关系。那么，这样一种正相关关系在辽宁是否也存在呢，这一部分将对此进行实证检验。

这里，我们以城镇私营企业就业人员数与城镇就业人员总数的比例作为一个地区民营经济比重的测度指标。第一，图6给出了城镇私营企业就业人员比例与GDP对数值之间的散点图。从图中可以看出，两个指标间呈现了明显的正相关关系，拟合线斜率严格为正。

第二，为了更加准确地考察民营经济发展与经济总量之间的关系，图7给出了由模型（1）得出的经济总量拟合值与城镇私营企业就业人员比例间的散点图，图中可见，两个指标间仍表现出明显的正相关关系，拟合线斜率依旧严格为正。这表明，民营经济所占比例的提升能够提高一个地区的经济总量，对经济发展具有促进作用。

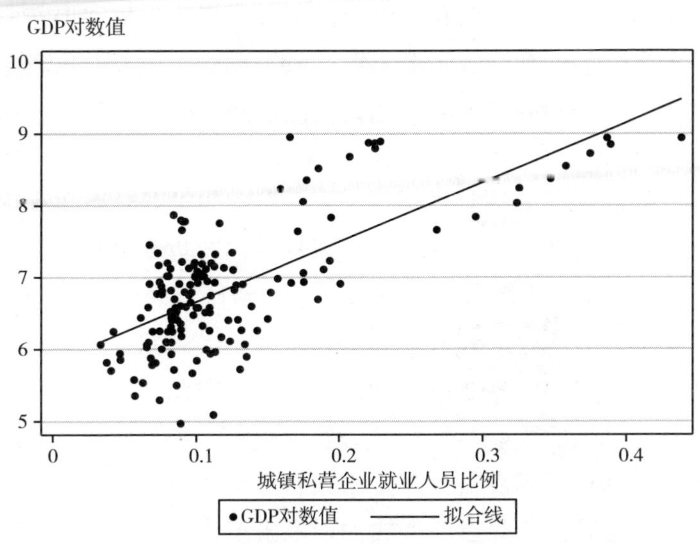

图 6　城镇私营企业就业人员比例与 GDP 对数值

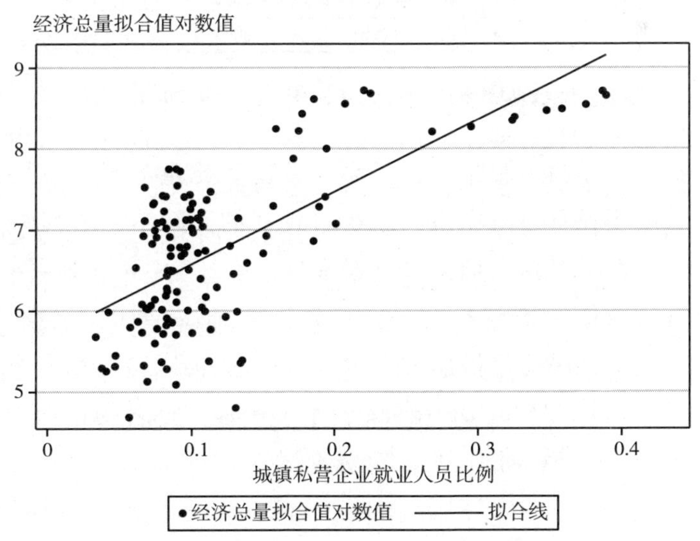

图 7　城镇私营企业就业人员比例与经济总量拟合值对数值

第三，为了更进一步地分析民营经济比重与经济发展水平间的关系，我们需要考察其与人均经济总量间的关系。图 8 给出了人均 GDP 对数值与城镇私营企业就业比例的散点图。该图显示出，二者间依然存在着较为明显的正相关关系，拟合线斜率验证为正。由此，我们可以看出，民营经济发展水平及其在一个地区经济总量中所占的比例，对地区经济发展是有促进作用的，不论是经济总量上看还是从人均量上看，这种促进作用都是十分明显的。因此，努力发展民营经济对辽宁振兴具有十分重要的意义。

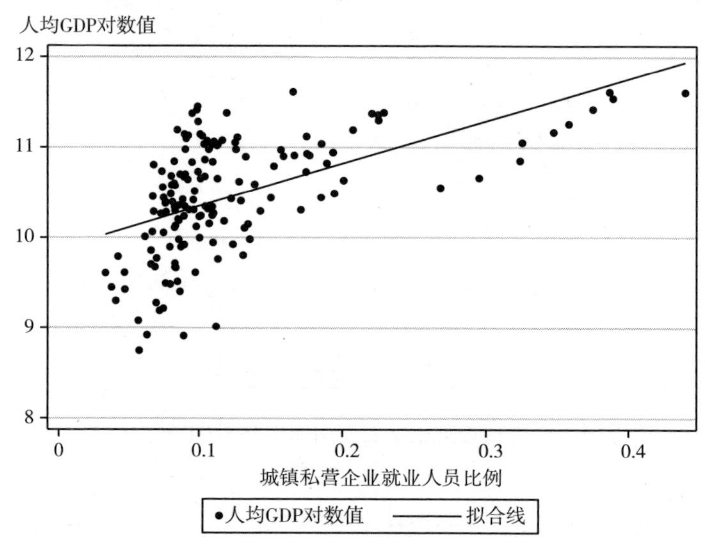

图 8　城镇私营企业就业人员比例与人均 GDP 对数值

下面，我们继续利用回归分析考察民营经济比重与经济发展水平间的关系。表 2 给出了民营经济比重与经济总量间的回归结果。其中，第（1）列和第（2）列以 GDP 对数值为被解释变量，第（3）列和第（4）列以拟合的经济总量对数值为被解释变量。首先，第（1）列中，在不加入任何控制变量的情况下，民营经济所占比重（prieco，仍以城镇私营企业就业人员比例测度，下同），对 lnGDP 在 1% 的水平上具有显著的正向影响。回归系数为 8. 3252，即民营经济比重一个标准误（0. 0732）的变化会导致 lnGDP 变化 0. 6094。在第（2）列中，加入了相应的控制变量，即投资率的对数值和劳动力增长率、折旧率及技术进步率三者之和的对数值后，民营经济比重仍在 1% 的水平上对 lnGDP 具有显著的正向影响，回归系数为 7. 6688，并未产生重大变化，说明二者间的关系是比较稳健的。第（3）列中，我们以拟合的经济总量对数值作为被解释变量，回归系数仍然显著为正。第（4）列中，加入两个控制变量后，回归系数依然显著为正。由此，可以更加明确地说明，民营经济比重对经济总量具有正向影响，且这种影响程度是很显著的。

表 2　　　　经济总量与民营经济占比的估计结果

变量	被解释变量：lnGDP		被解释变量：lnETO	
	(1)	(2)	(3)	(4)
prieco	8.3252*** (12.13)	7.6688*** (11.16)	8.9110*** (10.19)	7.5929*** (8.99)
ln*inv*		0.4894*** (2.83)		0.7025*** (0.2109)
$\ln(n+r+g)$		−0.1635* (−1.91)		−0.0550 (−0.45)
$Adj\text{-}R^2$	0.4883	0.5221	0.4512	0.5043
F 值 (*Prob* > *F*)	147.03 (0.0000)	51.62 (0.0000)	103.77 (0.0000)	38.64 (0.0000)
Observation	154	140	126	112

注：表中未对常数项进行报告；（）中显示的为 *t* 值；***、** 和 * 分别表示回归系数在 1%、5% 和 10% 的水平上显著。

为了进一步考察民营经济是否影响了地区经济增长速度，我们再次利用回归分析考察经济增长与民营经济比重间的关系。表 3 给出了回归结果。其中第（1）列和第（2）列以 GDP 增长率为被解释变量，第（3）列和第（4）列以拟合的经济总量的增长率为被解释变量。首先，第（1）列的回归结果显示出，民营经济所占比重在 1% 的水平上对 GDP 的经济增长率产生了显著的促进作用，回归系数为 24.2816，表明民营经济比重一个标准误的变化（0.0732）将使 GDP 增长率产生 1.7774 个百分点的变化。第（2）列加入了两项控制变量，这并未使回归结果产生重要变化。在第（3）列和第（4）列中，尽管显著性水平不高，但回归系数仍均为正，表明民营经济比重与经济总量间存在正相关关系。

表 3　　　　经济总量增长与民营经济占比的回归结果

变量	被解释变量：gGDP		被解释变量：gETO	
	(1)	(2)	(3)	(4)
prieco	24.2816 *** (2.89)	23.9690 *** (2.82)	26.89 (1.38)	23.43 (1.19)
ln*inv*		2.6959 (1.6304)		0.0609 (1.57)
ln(*n* + *r* + *g*)		−0.1259 (−0.16)		0.0212 (0.98)
ln*GDP* (−1)	−3.5996 *** (−5.01)	−3.8677 *** (−5.22)		
ln*ETO* (−1)			−0.0780 *** (−5.18)	0.7764 *** (.1056)
$Adj\text{-}R^2$	0.1459	0.1505	0.2302	0.2441
F 值 (Prob > F)	12.87 (0.0000)	7.15 (0.0000)	17.59 (0.0000)	9.96 (0.0000)
Observation	140	140	112	112

注：表中未对常数项进行报告；( ) 中显示的为 *t* 值；*** 、** 和 * 分别表示回归系数在 1% 、5% 和 10% 的水平上显著。

以上两项回归结果表明，民营经济比重不仅与经济总量、人均经济总量之间存在正相关关系，也对经济总量的增长具有促进作用。可见，民营经济所占比重确实对本省经济发展具有重要影响。那么，又是什么因素对民营经济的发展产生影响呢？下面，我们将对该问题进行实证探讨。

（三）辽宁民营经济发展的促进因素实证研究

我们已经指出，政府管制在市场失灵的领域是必要的，但过多的管制会造成权力寻租，这将对一个地区的营商环境产生破坏。在全国层面的研究中，我们已经发现，政府罚没收入占公共财政预算总收入的比例能够代表一个地区的政府管制强度，该指标对民营经济比重具有负向影响。那么，在辽宁 14 市中，这种关系是否也存在呢。下面，我们将对此进行实证分析。

我们仍以城镇私营企业就业人员数占城镇就业人员总数的比例测度一个地区的民营经济比重，以政府罚没收入占公共预算财政总收入的比例测度政府管制水平。图 9 给出了这两个指标间的散点图。从图中可见，民营经济比重与管制水平之间呈现了明显的负相关关系，拟合线斜率严格为负，说明辽宁的情况与全国总体情况是相一致的，即政府管制强度的提高降低了民营经济的发展水平。

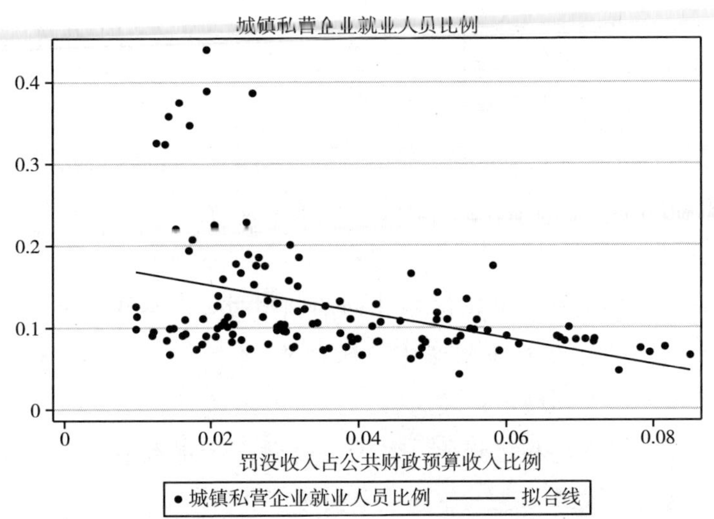

图9　罚没收入占公共财政预算收入比例与民营经济比重

我们进一步进行回归分析来确认两者之间的相关性，表4给出了回归结果。第（1）列和第（2）列中，我们以城镇私营企业就业人数比例测度民营经济比重。两列的回归结果均显示，政府管制强度在1%的水平上对民营经济比重产生负向影响。为检验结果的稳健性，在第（3）列和第（4）列中，我们以私营企业和个体经济投资额占全社会固定资产投资总额的比例测度民营经济比重。回归结果显示，政府管制强度依然在1%的水平上对民营经济比重产生负向影响。且在第（3）和第（4）列的回归结果中，调整后的R^2值有显著提升。由此可见，在辽宁，由政府罚没所代表的政府管制强度对民营经济发展造成了损害。

表4　罚没收入占公共财政与算总收入的比例与民营经济发展的回归结果

变量	被解释变量：城镇私营企业就业人数比例		被解释变量：私营和个体投资额对数值	
	(1)	(2)	(3)	(4)
punfee	−1.6142*** (−4.84)	−1.5023*** (−4.44)	−28.6380*** (−7.53)	−24.9368*** (−7.34)
ln*inv*		0.0347 (1.50)		1.4585*** (6.26)
$\ln(n+r+g)$		0.0080 (0.78)		−0.1165 (−1.13)

续表

	被解释变量：城镇私营企业就业人数比例		被解释变量：私营和个体投资额对数值	
	(1)	(2)	(3)	(4)
$Adj\text{-}R^2$	0.1519	0.1607	0.3080	0.4675
F 值 ($Prob > F$)	23.38 (0.0000)	8.98 (0.0000)	56.64 (0.0000)	37.59 (0.0000)
Observation	126	126	126	126

注：(1) 表中未对常数项进行报告；(2) ( ) 中显示的为 t 值；*** 、** 和 * 分别表示回归系数在 1% 、5% 和 10% 的水平上显著。

图 10 给出了 2015 年辽宁 14 城市政府罚没收入占公共财政预算收入的比例。其中，该比例最高值为本溪市，达到 5.82%，而最低值为鞍山市，为 2.43%。可见，辽宁各城市在政府管制强度上的差异还是比较大的。应着力提升政府管制的科学化和法制化，着力提升政府管制水平，让政府管制更好地服务于民营经济发展和老工业基地全面振兴。

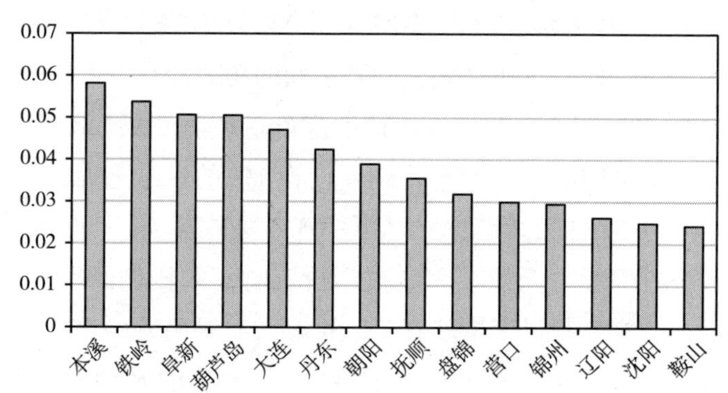

图 10　2015 年辽宁 14 市政府罚没收入占公共财政预算收入总额比例

数据来源：《辽宁统计年鉴》(2016)。

三、促进民营经济发展推动辽宁全面振兴的政策建议

（一）进一步深化国有企业的产权制度改革

大力推进国有企业的混合所有制改革，引导民营经济在参与国有企业混

合所有制改革中健康发展。对于已经完成股份制改革，但国有股一股独大的国有控股企业，要推进新一轮以混合所有制为重点的产权制度改革。着力引进规模大、有实力、有社会责任感的民营企业、外资企业等社会资本，成为企业的“二股东、三股东”等。这些大股东所占股份之和可以超过国有股份，以能够真正行使股东权利，参与企业的生产、经营、用人等事务。这是一个很好的制度创新，它不改变国有资本占主体的地位，避免了政府部门改变企业性质的“政治风险”，但却能够在很大程度上解决体制机制存在的问题。对于国有独资企业，在产权制度改革中要更加注重混合所有制的改革，或在股份制改革中同时推进混合所有制改革。

（二）通过创新发展带动产业走向中高端

完善以企业为主体、市场为导向、“政产学研用”相结合的产业创新体系。创新是发展的根本动力，要围绕产业链部署创新链，围绕创新链配置资源链，以系统设计技术、控制技术与关键总成技术为重点，加大研发投入，加快提高企业的自主创新和研发能力，尽快实现核心技术和系统集成能力的重点突破，加速科技成果产业化，提高关键环节和重点领域的创新能力，激发区域创新活力。

为人才提供更好的发展环境，着力改变沈阳高端人才流失的局面。通过促进传统产业转型升级、大力发展新经济等途径，增强产业发展吸引人才的能力。为高端人才提供青年公寓、安家补贴、子女入学、家属就业等方面的优惠措施，鼓励用人单位为高端人才提供更高的收入。赋予创新领军人才更大人财物支配权、技术路线决策权。实行以增加知识价值为导向的分配政策，提高科研人员成果转化收益分享比例，鼓励人才弘扬奉献精神。激活各类创新主体的潜力，通过加大对科技人员奖励、技术入股、销售比例提成等多种方式提高技术人员的积极性。支持企业引进国外高端人才和技术团队，完善建设国际学校等国外人才配套服务，力争能把国外人才引进来、留得住、用得好。沈阳应把培育制造业“工匠”作为完善人才结构的重点内容，并以此为核心，打造特色人才基地，带动老工业基地产业转型升级取得新突破。

（三）进一步推进行政体制改革

在经济新常态背景下，构建高效、精简、廉洁、法制的政府公共治理模式尤为迫切。进一步强化政府的社会管理和公共服务职能，积极从全能型、管制型政府向服务型、法制型政府转变。进一步厘清政府和市场的界限，政府要致力于做优吸引投资、安商养商的环境，减少对微观经济主体的干预，在招商引资中避免做难以落实的承诺。在淘汰落后产能、解决僵尸企业过程中，政府应承担责任，敢于作为，让市场能够通过优胜劣汰实现出清。

加快转变政府职能，建立行政问责制，构建政府绩效评价体系，推进政务公开。解决"为官不为"、懒政怠政的问题，建立完善的考核评价和激励机制，选拔想干事、能干事、敢担当、善作为的优秀干部，鼓励创新，鞭策落后，允许试错，营造想改革、谋改革、善改革的浓郁氛围。全面提升窗口单位一线公务人员的整体素质，加强业务培训，通过建立服务能力奖惩机制、窗口服务星级评价机制、服务态度监管机制等激励公务人员增强服务水平，彻底改变"门难进、脸难看、事难办"的现象。

进一步简政放权，深化行政审批制度改革。通过简政放权、放管结合、优化服务，规范政府行为，为企业松绑减负，为大众创业、万众创新清障搭台。在"简"和"放"之间，沈阳更应重在"简"，清除不必要的审批项目，优化审批流程，降低交易成本，提高办事效率，充分调动广大人民群众参与经济建设的积极性、主动性、创造性，增强全社会的创造活力，形成"让一切劳动、资源、技术、管理、资本的活力竞相迸发，让一切创新财富的源泉充分涌流"的发展环境。

（四）大力发展新经济，促进新一代信息技术与传统产业深度融合

拓展网络经济空间。积极落实"互联网+"行动计划，促进产业组织、商业模式、供应链、物流链创新，支持基于互联网的各类创新。积极推进网络提速降费行动，超前布局下一代互联网。利用"互联网+"带动产业生产方式和管理模式变革，促进生产与需求对接、传统产业与新兴产业融合，有

效汇聚资源推进分享经济发展。

通过产业融合促进传统产业转型升级。促进以云计算、物联网、大数据为代表的新一代信息技术与现代制造业、生产性服务业等融合创新和集成应用，带动新技术、新产业、新业态蓬勃发展，打造老工业基地产业发展新动力。按照“分类推进，重点突破”的原则，把大数据应用作为推进两化深度融合和传统产业转型升级的主要着力点。要围绕沈阳中德高端装备产业园，构建工业大数据中心，深度挖掘大数据商业价值，发展工业互联网业务，为发展智能制造提供强力的技术支撑。在新松机器人产业基地等已经具备国际领先技术的龙头企业，率先开展制造模式根本性变革，以先进制造技术为核心，持续扩大国际竞争优势。以智能工厂为载体，以全面深度互联为基础，以端到端信息数据流为核心驱动，构建从设计、供应、制造和服务各环节无缝协作的智能工业生态系统。

加快大数据等新一代信息技术快速发展。积极推进数据资源开放共享，深化大数据在产业发展领域创新应用。打造工业云服务平台，支持工业大数据应用开发和专业化云计算服务提供，在沈阳装备制造行业率先开展云计算应用创新试点。推动大企业利用云计算技术整合信息系统，提高运营管理水平和服务能力。

（五）健全民营经济发展的规章制度

建立和完善与民营经济发展相关的规章制度，营造公平公正的法治环境。一是在维护市场公平竞争的前提下，充分保护私人和民营经济组织的财产权。二是正确处理政策与法律的关系，由“政策主导型”的调整方式向“法律主导型”转变。三是加快制定相关领域的规章制度，填补制度空白。要制定和完善市场准入法律制度，在市场准入这一环节上为民营企业创造一个公平的竞争环境。尝试建立民间融资法律制度，拓展民营企业融资空间。四是提高司法保障水平，增强权益保护力度。要加强对当前司法实践中反映强烈的重点问题的解决，严格落实监督约束机制，杜绝司法腐败。要强化考核评议机制，加强司法内部监督、人大、政协的监督和舆论监督，确保对涉及民营企业案件的公正审判。此外，要加强民营企业经营者的法律意识，增强经营者守法经营的自觉性，并学会用法律法规来规范自己的生产经营活动，维护自己的合法权益。

（六）为民营经济发展创造良好的服务条件

应不断改进和完善民营经济发展的公共服务。推进政府自身职能从管制到服务的转变，不断强化各级公务员为纳税人服务的意识，积极改进工作作风，提高服务意识和办事透明度。推行政务公开、实行“一站式”服务、“一条龙”审批、“一卡制”收费，简化办事程序，提高行政效率。建立公共经济信息发布制度，及时向包括民营企业在内的社会各界公布政府的行业发展规划、重大项目规划、政府采购和建设招标、各项优惠政策等信息。政府还应在政策咨询、管理咨询、财务顾问、技术支持、成果交易、技术信息、市场开拓、对外交流与合作信用制度建设、企业经营者和员工培训等方面，为民营企业积极提供各项服务。应鼓励科研机构、高校、大企业为民营企业提供人才培训、技术咨询和行业发展前景分析等各项服务。帮助建立行业协会组织，对企业的竞争行为进行规范，对行业进行组织、协调、服务与管理。要着力打造服务型政府，扩大非政府组织参与，增加经济与社会事务决策管理的透明度。探索建立政府与非政府组织合作提供公共服务产品的机制。只有着眼于改善公共服务，建立健全均等化机制，才能进一步降低民营经济创新的边际成本。

（七）大力宣传辽宁优秀民营企业与民营企业家

目前，能够在全国范围内具有较高知名度的辽宁民营企业家凤毛麟角，万达集团王健林犹如鹤立鸡群。反观京津、珠三角和长三角地区的知名企业家却不胜枚举。这不仅反映了辽宁民营经济发展落后，也反映我们对民营企业家的一种“歧视”态度：我们不关注民营企业家是怎样创造财富的，反而更关注他们是怎样“为富不仁”的，这种社会文化很难培育出优秀的民营企业和企业家。因此，我们应对优秀的民营企业和企业家进行正面而客观地宣传，如在辽宁电视台开办民营企业家讲坛，邀请民营企业家讲述创业故事。这就能拉近民营企业家与社会大众的距离，激励有志青年创新创业，从而逐渐形成双创气氛与商业文化。

参考文献

[1] 徐康宁、陈丰龙、刘修岩.《中国经济增长的真实性：基于全球夜间灯光数据的检验》，载于《经济研究》，2015 年第 9 期，第 17 ~29 页、第 57 页。

[2] 王贤彬、徐现祥、李郇：《地方官员更替与经济增长》，载于《经济学（季刊）》2009 年第 8 卷第 4 期，第 1301 ~1328 页。

[3] Mankiw NG, Romer D, Weil DN. A Contribution to the Empirics of Economic Growth [J]. The quarterly journal of economics. 1992 May 1; 107 (2): 407 –37.

[4] 于立、肖兴志：《规制理论发展综述》，载于《财经问题研究》2001 年第 1 期，第 17 ~24 页。

[5] 曾国安：《管制、政府管制与经济管制》，载于《经济评论》2004 年第 1 期，第 93 ~103 页。

[6] 茅铭晨：《政府管制理论研究综述》，载于《管理世界》2007 年第 2 期，第 137 ~150 页。

[7] 陈志武：《我为什么主张国退民进》，载于《经济观察报》2009 年 12 月 7 日第 41 版。

[8] 周勤：《管制和寻租的控制理论模型与应用》，载于《经济评论》2002 年第 3 期，第 70 ~77 页。

[9] Robert Klitgaard. Controlling Corruption [M]. Berkeley: University of California Press, 1988), p. 75.

专题二 辽宁民营经济发展新模式研究

在过去的十几年当中，国内学术界对民营经济发展模式问题有一些阐述。随着民营经济的发展，对有关问题还需要进行深入的研究。特别是党中央、国务院提出全面振兴东北老工业基地以后，对包括辽宁在内的东北地区民营经济发展新模式的研究更为迫切。而在这方面的研究，不仅不够深入，而且目前还有一定的空白，尚有很大的研究空间。

辽宁民营经济的发展落后于东南沿海发达省份，制约了辽宁老工业基地全面振兴的步伐。辽宁民营经济发展中存在的问题，在于体制机制和经济结构产业结构的不合理，民营经济发展中问题的解决，有待于其发展模式的创新。习近平总书记2016年7月17日在长春讲话时指出，“东北民营经济发展不够充分”，要“积极发展民营经济”。2016年2月，下发实施的《中共中央国务院关于全面振兴东北地区老工业基地的若干意见》文件中提出，要“大力支持民营经济发展”。2016年3月，国家发改委、工信部、全国工商联、国家开发银行发布了《关于推进东北地区民营经济发展改革的指导意见》，要求经过五年左右时间，初步形成具有东北地区区域特色的民营经济发展新模式。研究辽宁民营经济发展新模式问题，对于落实习近平总书记讲话和“7号文件”精神，增加辽宁民营经济总量，推进民营经济健康持续发展，从而提高全省城乡居民收入水平，增加就业和社会稳定，实现辽宁老工业基地的全面振兴，具有一定的实践价值。

一、国内外相关研究综述

“民营经济”是具有中国特色的一种表述，所以对我国民营经济发展特别是民营经济发展模式问题的研究，目前国外学术界还没有相应的论述。但是，在我国，由于民营经济与中小企业具有交叉性，重复率很高，因此，国外学术界有关中小企业的论述，可以为我国有关民营经济问题的研究提供一定的借鉴。

改革开放以来，民营经济的发展出现了多种模式，并在其形成和发展多方面，有诸多的不同特点，而且不同的模式在其发展过程中也显现出不同的路径和趋势，其中有的对自己的发展模式在路径上进行了调整。而就影响其形成和发展的动因而言，学术界也形成了不同的意见，主要是外部条件决定论、政府作用决定论、企业制度决定论和企业外部环境论。

一些专家学者通过民营经济模式变量进行研究，分析了民营经济发展模式的未来发展趋势，佟玲（2012）将学者们的主要观点归纳如下：一是市场竞争国际化；二是产业组织集群化；三是企业组织规模化、集团化、网络化。

颜志煌（2010）对苏南模式、珠江模式等民营经济发展模式进行了研究，通过对各区域历年发展的经济数据进行比较分析，得出了几种区域民营经济模式对泉州模式发展的启示，指出必须实施链网互动推进传统产业升级模式。佟铃、金兆怀（2012）认为，民营企业是市场经济中最具活力的微观主体，但在东北地区经济发展的过程中，民营企业的活跃作用和优越性没有完全体现出来。由于东北地区产业结构和所有制结构的特殊性，东北地区民营企业的发展一直处于夹缝中生存的状态。在挖掘东北地区民营企业发展特殊性基础上，结合区域比较优势理论，提出了东北地区民营经济发展的目标模式，即配套型、结构型、外向型和科技型等四种发展模式，并且在总结制约民营经济目标模式实现的普遍因素与特定因素基础上，提出了实现上述目标模式的对策建议。赵景芬（2012）提出，不同地区由于资源环境、地理位置以及政策等因素的不同，民营经济的发展路径也有所不同。通过对国内较为典型的民营经济发展模式与辽宁民营经济对比分析，总结出了这个不同发展模式对辽宁民营经济发展的启示：民营经济发展的关键因素是制度创新；地方政府在民营经济发展的制度创新过程中具有重要的作用；民营经济发展的原动力是产权制度明晰；建立和完善融资体系是民营经济发展的重要基础。

二、民营经济发展模式研究的理论基础

（一）区域经济理论

区域经济理论是研究区域经济发展理论与方法的应用性经济学科，主要是分析和研究资源在区域如何优化配置以获得最大产出。

从理论体系上看，区域经济理论包含以下几个方面的内容。一是在基础理论方面，有微观和宏观经济理论、人地关系理论以及系统科学、决策科学和管理科学等理论，以阐述区域经济活动规律；二是在基本理论方面，有经济地域分工与贸易理论、区域经济增长与发展理论、区域空间作用与结构理论、区域经济政策理论和区域经济管理理论等，也就是对区域经济发展和区域经济关系进行调节和优化的理论；三是在方法论方面，采用区域经济的计量化实证研究的基本方法，以及由此建立起的区域经济的计量模型和区域政策效应的测度等工具，应用于经济基础分析、区域投入产出分析等。

区域经济理论是制定区域经济政策的前提，后者对区域经济发展的作用重大。政策的制定与选择主要表现在：一方面是如何确定区域经济各参与主体发展的先后次序以及资源配置；另一方面是如何确定区域经济的发展战略。所以，区域经济发展政策表现为地方政府对区域经济的采取的差异化调节或调控，目的是实现区域经济科学发展的目标。

（二）经济发展模式理论

第二次世界大战后，经济学家开始从经济发展模式角度研究经济问题。

查尔斯·K. 威尔伯（1984）认为，模式是某一国从其发展的历史经验中概括出最有关的特点。布鲁斯（1984）提出，模式是表示经济机制运行主要原则的图示。钱纳里将 20 世纪 50 年代库兹涅茨的结构转换理论称为“库兹涅茨经济增长模式”，并认为结构即模式。国内学者张蕴岭（2009）指出，经济发展模式是经济发展所经历的一种方式，是对经济发展中经济增长、经济政策和经济体制的综合。还有的学者认为，用经济发展战略来界定经济发展模式较为贴切。但是，不能将经济发展模式简单地理解成经济体制。

我国社会学家费孝通通过对经济发展模式的研究，提出了中国经济发展的四种模式：一是工业化新模式，发展乡镇企业是有别于西方国家工业化的适合中国国情的工业化道路；二是小城镇发展模式，是发展农村经济、解决人口出路的有效办法；三是区域经济发展模式，即反映了不同地区的经济发展背景和发展道路的苏南模式、温州模式和珠江模式；四是经济圈（带）模式，也就是长江三角洲和黄河三角洲开发区、华南经济区的整体发展等。费孝通的研究成果不仅具有重要的理论意义，而且具有十分重要的决策咨询价值。①

（三）民营经济相关理论

关于民营经济的含义，有的学者认为，民营经济等于私营经济，但是从经营主体上看，民营经济的定义有广义和狭义之分。从狭义上看，民营经济就是私营经济；从广义上看，民营经济即非国家经营经济。复旦大学徐桂华认为，民营经济不等同于私营经济，民营经济实际上是经营形式问题，而不是所有制问题，民营经济当中可以包含各种不同的所有制，国有经济可以细分为国有国营经济和国有民营经济。

关于民营经济的贡献，学者们认为，改革开放以来，民营经济对推动国民经济发展的发展、增加财政收入、扩大就业、繁荣城乡经济做出了重大贡献，同时也促进了企业产权制度变迁，推动了国有企业产权制度改革，对发展社会主义精神文明也具有重要的作用。②

关于民营经济发展中存在的问题，学者们认为：一是准入门槛还比较高；二是产业结构相对落后，存在着产能过剩问题；三是人才匮乏，用工贵、用工难；四是融资渠道单一、融资贵、融资难；五是创新动力不足；六是企业制度和管理需要变革。

关于如何推动民营经济发展，学者们认为，一是要降低市场准入门槛，

① 宋林飞：《中国经济发展模式的理论探讨：费孝通的一项重要学术贡献》，载于《江海学刊》2006 年第 1 期，第 65 ~ 71 页。

② 来佳飞：《中国民营经济发展怎么看——“中国民营经济发展的政治经济学分析”理论研讨会观点综述》，载于《浙江经济》2016 年第 11 期，第 16 ~ 17 页。

扩大市场准入空间；二是要解决融资难、融资贵问题，破除资金匮乏的瓶颈；三是要推动民营经济转型升级；四要加强体制机制创新制度建设；五是要参与国有企业改革；六是要创造良好的经营环境。

关于民营经济发展模式问题，有学者认为，以往对民营经济以及民营经济发展模式的研究大多停留在对某种发展模式形成因素的纵向分析，或者即使横向比较各民营经济模式之间的不同，也难以从宏观上认识和把握民营经济发展模式形成和变化的一般规律。秦海林（2007）分析了未来民营经济发展模式的制度特征：一是发展模式是一种制度安排的集中体现；二是制度多样化是制度变迁过程中的必然历史阶段；三是制度趋同化是制度变迁的未来发展方向；四是多种民营经济发展模式并存是制度多样化的结果；五是制度趋同化是民营经济发展模式的未来走向。①

三、民营经济发展模式比较

（一）民营经济发展的不同模式

1. 苏南模式

20 世纪 80 年代，著名社会学家费孝通提出了“苏南模式”。苏南模式是在集体所有制乡镇企业上发展起来的，即江苏省苏州、无锡和常州等地区通过乡镇政府主导集体所有制的乡镇企业发展，以工业化带动市场化的发展模式。苏南模式形成时间最早，距离全国经济中心的上海和发达的大中工业城市苏州、无锡、常州等较近，为苏南的民营经济发展提供了有利的条件。苏南模式成功地走出了有中国特色转移农村剩余劳动力的一条道路。自 1995 年以后，传统的“苏南模式”出现了产权不明晰等问题，集体经济制度缺陷逐步显现。因此，从 1996 年开始，苏南各地相继进行了乡镇企业所有制的二次改革，将所有权集中于经营者个人或少数经营层，大部分改为私营、股份合作制和公司制。二次改革意味着以乡镇集体企业为主要特征的苏南模式走到

① 秦海林：《中国民营经济发展模式研究：一个制度理论的解读》，吉林大学 2007 年博士论文。

了终结。经过多年的发展，出现了“新苏南模式”。“新苏南模式”主要特征体是：创新驱动、产城融合、全民创业和与时俱进，主要表现在由以传统工业为主转变为第二、第三产业并举，走新型工业化道路；由农民离土不离乡转变为依托众创空间、孵化器、加速器、产业园区创业；由以农民为主的创业主体转变为大学生、企业职工、“创二代”、海归人才等为主的“新四军”。2016 年，苏南地区有 21 个县（市）的地区国内生产总值突破了千亿元，其中昆山、江阴、张家港和常熟的地区国内生产总值都超过了 2000 亿元，这主要得益于发展民营经济。

2. 温州模式

1985 年，《解放日报》首次提出“温州模式”。温州模式是在个体和私营经济的基础上发展起来的，即温州地区通过发展个体私营企业的“小商品、大市场”，以市场化带动工业化的发展模式。温州有从事家庭手工业和重视商业的历史传统，广大农民自己投资和创业，走出了以血缘为纽带的家庭作坊式、在全国各地推销产品或采购原材料的非农产业道路。温州模式的个体私营企业具有产权清晰、机制灵活的优势。20 世纪 90 年代中期后，民营企业开始大量向股份制企业转变，并建立了上百个以专业化分工为主线的民营企业集团，形成了一大批具有开拓创新精神的企业家群体，走上了品牌化经营和资本经营道路。温州民营经济经历了农村家庭工业、股份合作制阶段，在 20 世纪 90 年代中期以后彻底解决了“姓资姓社”问题后，民营经济的发展进入了新的快速发展的轨道，温州民营经济发展出现了一些新特征，被理论界称之为“新温州模式”。2014 年，温州市委提出，温州模式可用四句话概括，即以民本经济为本质，以市场经济为精髓，以实体经济为基石，以有限、有为、有效为政府治理内核的区域经济发展模式。

3. 珠江模式

珠江模式是费孝通提出的另一个区域经济发展模式。珠江模式是在港澳地区和国外投资、以“三来一补”（来料加工、来样加工、来件装配及加工）出口方式为主的外向型企业发展基础上发展起来的。20 世纪 80 年代中期，珠江三角洲经济开发区成立后，以东莞、宝安等地为代表的珠三角东部地区形成了香港加工业的外迁地，使珠江三角洲由原来的农业区变成了工业区。珠江模式具有地方政府主导、外向经济发展、经济组织创新、内外市场联动、城镇发展加快等五个主要特点，这五个特点是珠江模式发展和成功的着力点。

珠江模式的最主要特点就是外向经济，对外依附性较强。

4. 晋江模式

20 世纪 80 年代，费孝通在总结农村工业化的道路时，提出了“晋江模式”。作为一个县域经济的发展模式，晋江市提出了“三为主”，以民营企业为主、以外资为主、以股份制经济为主。晋江模式是福建晋江在侨胞和侨资的大量涌入的基础上发展起来的。晋江是一个侨乡，可以依托侨胞和侨资发展民营经济，晋江人具有“爱拼会赢”“敢为人先”的创业精神，因而通过集群带动、特色发展、政府引导、合力创业，使晋江经济持续几十年的高速发展，曾创造了福建省 1/12 的 GDP、1/17 的财政收入，并拥有“安踏”“爱乐”“亚礼得”鞋业；“七匹狼”“九牧王”“柒牌”“SBS”服装；“梅花”伞业；“安尔乐”纸品等中国名牌产品和产业集群。晋江模式具有民营经济为主导、集群式发展、建设“品牌之都”、资本运作在前、城乡统筹等五个特点，是县域民营经济发展的一个重要模式。习近平总书记在福建主持工作时，亲自带队总结晋江经验，提出了“六个坚持”，强调始终坚持以市场为导向，始终坚持改革发展为主导，始终坚持以诚信为保障，始终坚持晋江文化的拼搏精神，始终坚持因地制宜的道路，始终坚持政企互动。“六个始终”可以视为晋江模式的精髓。2016 年，晋江连续 23 年位居福建省县域经济总量第一位，第十六年跻身全国百强县市前十名，全年完成地区生产总值 1744. 24 亿元，同比增长 7. 8%。

5. 重庆模式

在 2006 中国（重庆）民营经济发展战略论坛上，国务院“非公经济 36 条”起草人提出：民营经济发展继晋江、苏南、温州和珠江模式等模式之后，重庆是民营经济的“第五模式”。2012 年 6 月，时任市委书记张德江在重庆市发展民营经济大会上讲话中提出，要充分认识民营经济的地位和作用，把民营经济发展的积极性调动起来；全国工商联党组书记全哲洙在讲话中指出，国有企业和民营企业“国民共进”、互为促进，才能携手振兴民族工商业。清华大学崔之元教授认为，重庆模式主要是重庆创造的“国资增值与藏富于民得以携手并进”的新模式，即国有经济与民营经济共同发展的国企改革发展新模式和所有制结构新模式。但是也有学者认为，重庆经济过度依赖政府导向的投资，而其他模式则主要以市场为导向，因此民营经济更为活跃。

6. 中关村模式

中关村模式是在发展民营高科技企业的基础上发展起来的，基本特征是电子一条街民营高科技成果的商品化、民营化、市场化。中关村的高新技术企业的成长性较高，主要的原因是高科技企业的民营性质，加上中国市场经济繁荣特别是网络经济的兴起。中关村是我国第一个国家自主创新示范区，在科技创新方面走在了全国的前面。作为中关村核心区，海淀区是中国第一个高新区和第一个国家自主创新示范区的诞生地，如今已成长为氛围最浓、要素最完备、科技创业者和投资机构聚集度最高的创新创业高地，2016 年新注册企业约 3.3 万家，平均每个工作日诞生 130 余家，其中 90% 以上是民营企业，1.9 万余家属于科技、文创企业。在海淀，平均不到 20 平方公里，就有一家独角兽企业，密度和硅谷相当。

7. 青浦模式

青浦模式是上海在建立民营经济开发区的基础上发展起来的。青浦模式的特点是政府搭台、企业唱戏。由政府出面组织，划定一定区域建立民营经济开发区，建设标准厂房和基础设施，吸引本埠和外地的私营企业来这里投资办厂设店，同时提供配套服务，工商、税务、城建等政府各部门在开发区进行“一条龙”服务，由于企业办在同一区域，公用事业可以共同使用，有利于企业之间的分工协作，这样，又带动了服务业的发展。经过 20 多年的持续发展，民营经济有了长足的进步，一大批民营企业不断成长壮大。到 2016 年底，青浦经济城有将近 56 家青浦经济小区，落户其中的民营企业多达 5 万多家，税收占区财政收入 50% 以上。与温州模式、苏南模式比较，青浦模式的优势是起点高，发展快，效益好，因此，作为适合大城市发展民营经济的一种模式，已经被众多的大中型城市所仿效。

8. 三城模式

三城模式是山东诸城、辽宁海城和兴城的国有企业和集体企业改制基础上发展起来的，曾在一段时期内为全国学习推广，也取得了一定的成果。但是，在诸城，企业资产以股份合作制改造用均等的方式卖给企职工，出现了公平与效率之间的平衡问题而导致了“小锅饭”；在海城，企业资产整体卖给个别经营者，企业变成了私营独资企业，收入差距进一步拉大，劳资对立严重影响了企业的运行；在兴城，企业资产卖给了少数几个经营者，企业转为私营合伙制，使得企业的规模难以做大。为解决这些矛盾，三城进行二次改革，出现了“三城模式转磨之谜”，即诸城向海城转轨，海城向兴城转轨，兴城向诸城转轨。近年来特别是国家鼓励“双创”后，兴城的泳装民营企业建立创业基地，运用“互联网+”的方式，十几家泳装民营生产企业联合150多家电商，将产品销往世界各地，形成了民营经济发展的新模式。

（二）民营经济发展不同模式的比较与启示

1. 民营经济发展不同模式的比较

民营经济发展的以上模式在形成和发展过程中，表现出以下不同特点：

一是形成的基础不同。苏南模式在计划经济时代就已产生雏形，是在改革开放后乡镇企业的基础上发展起来；温州模式是改革开放初期个体私营经济“小商品、大市场”基础上发展起来的；珠江模式出现在20世纪80年代中期珠江三角洲经济开发区成立后，得益于港澳资本的引入和“三来一补”；中关村模式出现在20世纪80年代中期，是依靠中科院及北京著名高等学府的雄厚力量发展起来的，在中关村电子一条街形成了民营高科技企业群体；三城模式是山东诸城、辽宁海城和兴城20世纪90年代国有、集体中小企业改革改制的产物。

二是企业的制度不同。苏南乡镇企业的创业资本源自农村的集体投入，乡村两级党政负责人既是集体资产的负责人又是企业的经营者，导致政企不分等问题出现；温州的民营企业是从个体私营经济发展起来的，企业是私人或家庭独资的，产权清晰、机制灵活；珠江模式通过对外开放而发展起来的，在引进外资的同时也引进了先进的管理制度，企业制度比较规范；三城模式是国有集体中小企业改制而来，仍带有原来的企业制度烙印，企业制度并不完善。

三是政府的作用不同。温州的民营经济是由个体工商户和私营企业自下而上发展起来的，政府在这一过程中处于“无为”状态，基本没有扶植政策；苏南民营经济的发展主要是政府推动的，政府的超强推动使民营企业迅速发展起来；珠江地区乡镇企业从一开始也是由乡镇政府支持创办的，但在企业起步后就开始推行“经理负责制”等，政府尽量减少对企业的直接干预；中关村民营高科技企业与政府有着密切联系，但企业的创立与发展没有受到政府较大的干预；从三城模式看，企业改制完全是在政府自上而下的强力推动实现的，在企业改制以后，政府仍然在一定程度上对企业进行干预。

2. 民营经济发展不同模式比较的启示

从民营经济发展的不同模式的比较研究中，我们可以得到以下启示：

第一，不同的民营经济模式必须拥有自己的特色。各种民营经济模式都有其地域特点，珠江地区毗邻港澳，可以以“三来一补”方式发展民营经济；中关村周围有大量的国家级的科研院所和高等院校，能够借助高科技人员进行创业；青浦地区能够接受上海等城市的辐射，可以以建设开发区和园区的形式使民营经济发展壮大起来。包括辽宁在内的东北地区，则可以参考各种民营经济模式的做法和经验，借助包括央企在内的强大国有企业的力量，实现民营企业和国有企业的相融发展，在全面振兴东北老工业基地的背景下，使民营经济的发展改革与体制机制创新、经济结构和产业结构调整相匹配，从而形成具有区域特色的民营经济新模式。

第二，民营经济发展模式必须创新。从民营经济各种不同模式的形成、变化和结局来看，不但产生的背景、发展的轨迹和基本特征各不相同，而且任何一种模式都不是一成不变的。从实际情况看，有的模式已经作为“升级版”而继续被“拷贝”，如温州模式和苏南模式；有的在新技术革命条件下继续引领民营经济的跨越发展，如中关村模式；有的由于体制机制原因而终结，如三城模式，但是在三城模式中的兴城，因为与“互联网+”密切联系在一起，从而实现了民营经济的转型升级。因此，民营经济发展模式的生命力，在于必须以改革为动力进行创新。

第三，产权制度改革是发展民营经济的关键。从民营经济的各种模式来看，凡是产权明晰的如温州模式，发展就充满活力；而产权不清晰的如三城模式，发展到一定阶段就会出现停滞不前甚至衰落。因此，发展民营经济必须首先要解决产权制度问题，对于改制的民营企业，其产权必须明晰到个人，以充分发挥个人维护其财产权的积极性，进而增强民营企业发展的动力。

第四，培植民间资本是发展民营经济的基础。例如三城模式存在的一个共性的问题，就是缺少民间资本的基础。温州模式的成功，就是温州大力培植民间资本而造就了众多的民营企业和民营企业家，这正是温州民营经济持续发展的基础。

第五，发展民营经济必须提升民营企业的素质。目前，民营经济的发展已经进入微利时期，企业之间的竞争是素质的竞争。因此，民营企业的发展要重视企业内在的素质，改变传统的经营模式，实现传统产业的转型升级，全面提高自身的素质，从根本上改变低层次的竞争方式。

四、构建辽宁民营经济发展新模式的原则与目标

构建辽宁民营经济发展新模式，就是力求经过五年左右的时间，探索形成具有辽宁区域特色的民营经济发展新路子，即建立民营企业与国有企业融合发展、大小企业协作配套、政商关系实现“亲”“清”、经济结构和产业结构趋于合理、体制机制较为完善的民营经济发展模式。

（一）指导思想

牢牢抓住新一轮东北振兴和工业革命给民营经济发展带来的历史性机遇，主动适应经济发展新常态，坚持把政府转变职能、优化服务提质增效、推进民营企业转型升级、创新驱动、激发内生动力贯穿于今后一定时期民营经济发展的全过程。大力培育发展先进制造业和战略性新兴产业，加快推动传统产业转型升级，提升技术水平和自主创新能力，不断增强传统产业核心竞争力和可持续发展能力，实现三次产业协调发展。以激发市场主体活力为主线，以改革创新为动力，以制度建设为重点，以市场导向、政府推动、先行先试、综合配套为路径，以创新驱动、突出特色、集群发展、体系建设为方向，力求在民营经济发展改革的关键环节上有所突破，努力把辽宁打造成为东北地区民营经济发展最具活力、产业优势最具特色、政策环境体系最为完备的示范区，为促进东北经济区民营经济发展改革发挥积极的示范带头作用。

（二）基本原则

1. 市场决定，政府推动

在产业布局、产品创新、项目投资等选择上，要坚持市场调节，引导民营企业遵循市场规律，自律发展。明确界定政府的权力边界，塑造明法治、担责任、讲诚信的服务型政府，通过政策和法规引导，为民营经济提供良好

的政策环境、市场环境、金融环境和创新环境。

2. 制度建设，政策设计

按照中央部署，以体制改革为前导，推动民营经济发展逐步由政策扶植向以制度建设为重点转变，着重构建由法律法规、制度体制、政策举措和营商文化为整体的民营经济良性发展机制。公平开放市场准入，健全现代产权制度，完善产权市场体系。

3. 创新驱动，融合发展

支持民营企业技术创新、管理创新、商业模式创新，推动民营经济增长由要素驱动向创新驱动转变，改造提升传统产业，培育发展新兴产业，加快工业化和信息化融合发展，推动民营产业集群发展，打造形成特色产业园区。

4. 诚信守法，依法监管

打造全社会范围内的诚实守信守法环境。推进企业信用信息统一归集、依法公示、联合激励、联合惩戒和社会监督等工作，推动信用信息共享机制和信用系统建设，加快信用产品应用，构建以信用为核心的新型市场监管机制。

5. 保护环境，绿色发展

充分转变民营经济发展方式，走绿色发展、循环发展、低碳发展的路子，促进企业转型升级、推动健康发展。在保护环境中发展经济，在发展经济中保护环境，促进经济社会与资源环境协调发展，走民营经济可持续发展之路。

（三）主要目标

按照国家四部委的部署，结合辽宁的实际，经过五年左右时间，通过推动民营经济发展改革方面的锐意创新，初步形成具有辽宁区域特色的民营经济发展新模式，基本建立以“亲”“清”为主要特征的新型政商关系，进一步完善民营经济健康发展的体制机制和政策体系，使民营企业的市场经营和投资环境显著改善，民营企业家大量涌现，民营经济规模不断壮大，民营经济的活力和创造力明显提升。

1. 加大体制机制改革力度，行政审批制度改革和商事制度改革取得突破

权力清单和责任清单制度更加完善，行政审批流程更加便捷。重点领域、关键环节改革有序推进，促进民营经济健康发展的体制机制和政策体系进一

步完善，支持政策更加完善。总结一批民营经济发展及民营企业转型升级的典型做法和成功案例。民营经济投资热情明显提升，对经济增长的拉动作用进一步显现。

2. 加快推进重点领域、关键环节改革，政务环境显著改善

政府公共服务效率显著提高，服务能力和水平显著提升。市场准入制度改革和要素市场建设取得突破，民营企业合法权益得到切实保护。建立负面清单模式，彻底取消各种不合理的准入门槛和壁垒。民营经济广泛进入基础设施、公用事业和公共服务行业，发展领域显著扩大。公共资源配置效率更加公平高效，社会中介机构的自律监督作用得到充分发挥。创新动能充分释放，民营企业产权制度改革和管理创新取得突破，股权多元化改革取得重要进展，法人治理结构更加完善，培育一批民营股份制企业和上市公司。

3. 民营企业创新能力和创新动力显著增强，企业家精神充分释放，创新成果不断涌现

民营经济产业转型升级取得明显成效，创新能力显著提升，对外开放取得重要突破，民营经济整体实力显著提高，培育一批民营资本控股的大型企业集团。重点领域、关键环节改革取得重大突破，促进民营经济科学发展、可持续发展的政策环境、创新环境、市场环境和支持举措基本形成，体制机制和政策体系进一步完善，形成一批可复制、可推广的民营经济发展改革试点示范。

五、构建辽宁民营经济发展新模式的主要内容

构建辽宁民营经济新模式，必须在政策环境、市场环境、金融环境、创新环境、转型升级、人才队伍、代际传承和基地建设等方面进行探索，走出一条具有辽宁区域特色的民营经济发展的道路，并需要制定相应的保障措施。

（一）政策环境

1. 推进行政审批制度改革

第一，完善归口审查制度改革。实行推进技术性审批与行政性审批相分

离，逐步用标准取代评估，减少对审批前置评估评审的过度依赖和不必要的资质资格认证。充分发挥发展规划、行业标准和技术规范对投融资的引导和约束作用。精简投资项目报建手续，实行联审联办，切实提高办事效率。优化发展与投融资相关的中介服务，探索建立“多评合一”机制，实行并联和统一评审的服务模式。

第二，优化审批流程。有效整合公共服务资源，推进民营企业公共服务平台建设。加强现代科技手段应用，推行无纸化办公，取消不必要和不合理的行政程序，促进政府服务便利化。实现网上审批一站式服务。探索推进“多证合一”改革，建立证照联动监管平台，推动证照衔接。

第三，加强行政审批服务。通过政务服务大厅，对企业投资项目实行“一站式”受理、“全流程”服务，让政府多跑路、企业少跑腿。建设智能化审批导航平台，将所有审批事项汇总在大要素数据库中，建立企业和市民参与行政审批制度改革的评价机制，让广大企业和市民参与改革设计、评价改革效果。

2. 深化商事制度改革

第一，提高民营企业注册登记便利化程度。推进完善“三证合一”“一照一码”改革和名称登记管理制度改革，放开企业名称库，企业名称可不受行政区划、字号、行业排列顺序的限制。允许企业自主选择和填报经营范围，对于商事主体一般经营项目，经登记即可确认，无须审批或许可。合理设定标准，放宽住所登记，有序落实“一址多照”“一照多址”。

第二，实施项目筹建营业执照。对涉及前置审批的经营项目，除了有关国家安全、公民生命和财产安全外，申请人在取得前置审批文件、证件前，可以凭承诺向登记机关申请经营范围为项目筹建营业执照，开展项目筹建活动，但不得开展生产经营活动，为民营企业项目建设提供便利。

第三，全面实现商事登记电子化。大力推进以电子营业执照为支撑的网上申请、受理、审核、公示和发照等全程电子化登记管理方式，大幅提高民营企业登记管理的信息化、便利化、规范化水平，全面建立高效便捷的登记信息公示及查询系统。

3. 完善投资管理体制

第一，创新企业投资项目管理制度。按照法无禁止即可为、法无授权不可为、法定责任必须为的原则，建立民营企业投资项目管理负面清单、权力清单和责任清单制度。改革创新企业投资项目核准制度，依托在线审批监管平台，实现企业网上申报、相关部门网上并联办理。改革企业投资项目备案制度，建立网上备案制度，通过备案确认项目在负面清单之外、符合国家法律法规和产业政策的，要依法保障企业的合法权益。

第二，合理界定政府投资范围。政府资金主要投向市场不能有效配置资源的公共领域。创新政府投资项目建设管理方式，发挥政府资金对社会资本的引导作用，根据需要和财力状况，安排适当的政府资金，通过投资补助、基金注资、贷款贴息、融资担保、设立风险补偿基金等方式，鼓励政府和社会资本合作项目，稳定项目预期收益，有效降低市场风险，鼓励引导社会投资。

第三，建立健全政府和社会资本合作（PPP）机制。出台基础设施和公共服务领域 PPP 指导意见，详细说明 PPP 项目筛选机制、操作流程、操作方法，同时加强指导培训。推进基础设施、公用事业、公共服务的 PPP 模式。吸引社会资本投资建设和运营城镇供水、供热等市政基础设施项目。通过独资、合资、合作等方式，采取特许经营、民办公助等办法，鼓励社会资本参与教育、医疗、养老等设施建设，在污染治理等领域推行环境污染第三方治理。

4. 加快公共服务平台建设

第一，健全民营企业服务机制。鼓励商务秘书企业为民营企业提供住所托管服务及其他配套服务。完善对民营经济的统计和监测，全面准确反映民营经济发展状况。设立民营企业跟踪分析机制，及时反映企业的诉求和政策建议。建立政府引导和市场化运作相结合的资金投入机制，整合各类专项基金，建设流通、信息、金融、标准情报、商务、科技等专业化服务平台，为民营企业提供信息查询、技术创新、创业辅导等各种专业服务。

第二，加强对民营企业的政策服务。落实扶持民营企业有关税费优惠政策，清理和减少涉企行政事业性和经营服务性收费，解决企业在经营、审批、税收、融资等方面的实际困难和问题，帮助初设立小微企业度过初创期风险。建立民营企业政策辅导机制，帮助民营企业全面了解分散在各部门的支持政策措施。试点建立小商人登记豁免制度，从事小规模经营的个体户实行商事登记豁免，不要求必须选择字号、建立商事账簿，降低小商户登记难度。

第三，支持建立众创空间。大力发展众创空间，为小微创新企业成长和个人创业及企业创新活动提供低成本、便利化、开放式、全要素的综合服务平台。对众创空间在政策咨询、项目推介、开业指导、融资服务、补贴发放等方面进行支持，降低创新创业难度。高校毕业生创办企业首次出资额允许为零，允许众创空间内按工位注册企业。采取业务代办等措施，为创客企业工商注册提供便利。

（二）市场环境

1. 打破行业准入行政壁垒

第一，建立公平的行业准入机制。按照国家关于建立全国统一的负面清单制度的要求，加快建立健全以负面清单制度为基础的统一的市场准入管理制度。按照“非禁即入”的原则，取消经营范围等限制，打破区域行政壁垒，扩大民营经济的投资领域。打破国家和省级大工程大项目投资的隐性门禁，引导拥有土地、资本、资质、专家等资源的国企与骨干民企开展合作。

第二，有序降低行业准入门槛。对水利、交通、能源、供水、供热、垃圾污水处理、环卫设施等市政公用基础设施，全面取消不合理的资质认定条件，鼓励民营资本以独资、合资、合作、联营、项目融资等方式进入基础设施建设领域。引导民营资本投资医疗卫生、健康养老、文化体育、教育科研等社会事业领域。在公益性用地、信贷等指标分配，以及职称评定、三险一金、科研与退休待遇方面，对公办和民办机构一视同仁。加大政府购买公共服务的力度，制定并公开相关目录。主动推出一批公共项目，引入政府与社会资本合作模式，实现公共项目资金投入的多元化和经营运作的市场化。

第三，鼓励支持民间资本发起设立各类金融机构。鼓励依法设立主要服务于民营企业的民营银行和村镇银行，积极争取民营银行试点。培育互联网众筹平台、私募股权基金、创业投资基金，引导民间资本有序进入实体经济。在防范风险的前提下，推动民营企业依法设立投资公司，搭建产融结合的投资运作平台。

2. 拓宽民营经济发展领域

第一，鼓励民间资本进入基础设施建设领域。推动民间资本以参股、控股、独资、合资、特许经营等多种模式参与基础设施、市政公用设施的投资、运营和管理。重点推进排水、污水处理等项目与民营企业的合资合作，鼓励社会资本参与旅游开发等项目。民间资本投资建设政策性住房、参与棚户区改造，可以享受相应的政策，项目资产可依法整体转让。

第二，鼓励民间资本进入文化体育教育领域。鼓励民间资本创办品牌赛事、兴建各类体育设施，参与体育场馆运营。鼓励和支持民间资本依法兴办学前教育、中小学校、中等职业教育、大中专学校和各类职业培训机构。政府采用购买公共服务等多种方式，引导民间资本有序进入教育、文化、体育等公共服务领域。

第三，支持民间资本进入医疗卫生社会福利领域。鼓励民间资本开办医疗机构，在服务准入、医保定点、人才引进等方面与公立医疗机构享有平等待遇。鼓励民营医疗机构承担公共卫生服务和医疗保险定点等服务，政府以购买服务方式予以补偿。鼓励民间资本投资建设养老、残疾人康复等社会福利机构，允许其依法开展对外服务，政府通过信贷支持、用地保障和购买服务等形式予以支持。

3. 提升民营经济对外合作水平

第一，扩大对外合作规模。引导民营企业以“一带一路”为主要目标市场，巩固扩大传统进出口市场，拓展新兴市场。深化对港澳台地区的开放合作，积极融入“海上丝绸之路”建设，推动产品、技术、装备大规模“走出去”。推动民营企业与港澳台在资金、基础设施、现代服务业等方面项目合作。鼓励民营企业积极与珠三角、长三角知名企业合作，积极参与京津冀协同发展战略，深化环渤海地区合作。

第二，培育外贸优势产品。支持具有自主知识产权的产品和高技术含量、高附加值、高效益产品扩大出口。引导民营企业提升品牌价值，支持外贸企业开展品牌收购、租用国外知名品牌。积极扩大高端装备制造、机电、汽车零部件、节能环保、新材料、和高新技术产品出口规模。

第三，提高利用外资质量。转变以往招商引资追求数量和规模的工作方式，提高招商引资质量和水平。鼓励外资参与民营企业改革，与民营企业合资、合作，发展纺织服装、现代物流、电子商务、现代金融等项目。鼓励外资与民营企业合作在设立金融机构、创业投资公司和小额贷款公司，建立研发中心、重点实验室，合作共建国际化创新载体。

第四，扩大民营企业对外直接投资。拓展民营企业的境外投资领域，引导民营企业贴近境外资源产地和市场需求地投资设厂。支持辽宁现有境外资源开发骨干企业，在石油、铁矿、木材等资源领域进行联合开发，开辟资源回运渠道。鼓励民营企业对境外合作项目进行延伸开发，在产业链两端提升增值服务能力。鼓励民营企业通过股权、技术等形式开展并购投资、证券投资，拓宽境外投资领域。

第五，增强民营企业“走出去”能力。支持民营企业发展高技术、高附加值服务外包业务，加快向中高端服务外包市场转变。完善出口基地梯次管理体系，加大对出口企业的服务扶持力度。鼓励以重点企业为龙头抱团“走出去”，围绕全产业链开展投资合作，支持有实力的民营企业并购国外科技型企业，建设境外产业集聚区、经贸合作园区、农业经济合作区。

4. 建设民营经济对外开放新平台

第一，搭建对外合作交流平台。发挥夏季达沃斯论坛、台湾周等平台作用，扩大合作领域。发挥驻外使馆桥梁作用，加强同涉外商（协）会联系对接。发挥各种经贸合作机制的促进作用，推动民营企业与“一带一路”沿线国家开展经贸合作。

第二，推进跨境电子商务发展。支持民营企业利用“互联网+”等新技术，创新营销模式，整合线上线下渠道，拓展国内外营销网络。鼓励阿里巴巴跨境产业带等积极开展跨境电子商务。支持企业承接电子商务、物流等领域的服务外包业务，加快推进服务贸易，培育服务外包产业群体。

第三，充分发挥中国（辽宁）自由贸易试验区的作用。积极支持大连、沈阳和营口复制推广上海自贸区试点经验，整合和完善保税物流中心仓储物流设施及相关配套设施。协调推动口岸管理相关部门业务系统横向互联，加强电子口岸建设，实现通关作业无纸化。加强与中央部门的政策协调，争取更多对外贸易优惠政策，积极推动设立综合保税区、出口加工区和保税物流港区，打造辽宁外向型民营经济发展的新平台。

（三）金融环境

1. 丰富地方金融主体

第一，强化法人机构建设。引导小额贷款公司和融资性担保公司增资扩股，强化地方法人机构建设，积极协调银监部门和相关金融机构，推进县（市）村镇银行设立工作，进一步撬动银行机构对民营经济的信贷投放。招引差异化服务机构，留住用好域内资金、加速引进域外资金，以奖励和各种优惠政策等激励形式，会同银监局重点协调推进招商银行、浦发银行、兴业银行等具有差异化服务的金融机构设立分支机构。出台鼓励性政策，吸引各种保险、证券和担保机构设立分支机构，增强金融市场的竞争，拓展民营经济的融资渠道。积极争取扩大发行企业债、集合债、项目收益债，拓宽公共服务项目融资渠道。

第二，支持融资性担保机构。针对金融机构所承担的风险，加快发展商业性和政策性担保机构为民营企业融资提供担保服务。推动金融机构和政府性担保机构探索开展股权担保、知识产权抵押等新型融资模式。争取银行业金融机构探索内保外贷、外保内贷等创新金融产品及服务。成立由政府牵头的联合担保机构，并设立担保基金，对民营企业融资进行担保。启动实施中小微企业贷款风险补偿机制，为民营企业发展增添活力和动力。

2. 引导间接融资工作

第一，创新融资模式。支持银行业机构研发适合民营企业特点的各类金融产品和服务，推广通过应收账款、专利权、商标权、知识产权进行质押融资等个性化创新服务产品，支持金融机构发放信用贷款，落实民营企业无还本续贷政策。完善以新创新担保公司为主体的贷款周转操作平台，通过设立专业部门和配备专职人员，加快对民营企业资金投放。

第二，争取政策性资金支持。探索利用项目收益债券、中期票据、资产证券化等工具开展市场化融资。推动金融机构和政府性担保机构探索开展股权担保、知识产权抵押等新型融资模式；争取同境内外符合条件的金融机构建立代理行合作关系，开展人民币跨境结算业务；争取同国家开发银行、中国进出口银行等开发性金融、政策性金融机构的合作，支持配套基础设施建设以及外经贸企业发展；争取银行业金融机构探索内保外贷、外保内贷等创新金融产品及服务。

第三，发挥工商联桥梁作用。构建工商联与银行等金融机构的合作平台，及时反馈和传达金融机构产品信息和企业融资需求信息。继续探索行业商协会在民营企业投融资中的积极作用，为民营企业搭建更多的融资服务平台。拓展市民间借贷登记服务中心功能，通过市场化运作手段，降低民间借贷利率，引导民间资本服务实体经济。着力培养民营企业的金融意识，充分认识资本市场在优化资源配置中的作用，把挂牌上市作为促进转型升级、增强发展动力的重要举措。

3. 拓宽直接融资渠道

第一，引导重点企业上市。按照重点扶持、梯队培育的思路，抓住企业上市工作不放松，推进企业上市借力资本市场发展，推动民营经济发展。提高民营企业上市积极性。强化拟上市企业信息库建设，加大对有意愿、有条件企业的跟踪走访力度，动态梳理、掌握企业现状，及时补充完善拟上市企业信息库。

第二，举办上市融资培训。邀请深圳证券交易所等专家授课，安排成功上市（挂牌）企业传授经验。把握多层次资本市场改革机遇，推进具备条件的企业上市（挂牌）。认真研究相关行业上市公司收购标的企业标准和途径，引导民营企业股份制改造，吸引上市公司对辽宁民营企业的兼并重组。

4. 强化产业基金建设

第一，发展产业投资基金。鼓励三大政策性银行在辽宁设立分支机构和成立产业投资基金、创业投资基金。整合省市政府各类财政性专项资金，设立开放型经济产业投资基金，创新政府扶持产业发展机制，重点支持新兴产业发展。密切关注全国各大金融机构新设立的产业基金的投资动向，并鼓励和支持辽宁相关民营企业积极与其接洽。

第二，设立民营企业发展基金。引进培育天使投资人、创业投资基金、股权投资基金，通过设立民营企业发展专项资金，运用阶段参股、风险补助和投资保障等方式，引导天使投资人、风险投资基金和私募股权投资基金等创业投资机构投资初创期科技型民营企业。发挥财税政策作用，支持天使投资发展，推动大众创新创业。

5. 营造良好信用环境

第一，打击恶意废逃债务活动。开展打击恶意废逃银行债务活动，建立对逃废债务企业责任人的追究制度。建立健全违约通报惩戒机制，通过增加失信成本，提高借贷关系的质量和稳定性，增强金融加大信贷投放信心。

第二，完善联动共享机制。完善企业信息联动共享机制，积极推进金融信用信息基础数据库和统一信用信息共享交换平台的建设和运用，实现政金企之间信息交互、共享，精准投放贷款，提高融资效率和质量。通过建立信用奖惩制度等手段，加强社会信用体系建设，为民营经济发展创造良好的信用环境。

（四）创新环境

1. 推进民营企业制度创新

支持民营企业建立现代企业制度，完善企业法人治理结构，健全企业内部管控体系，建立健全激励约束机制。鼓励民营企业股权多元化，支持建立现代企业产权结构，支持民营企业推行员工持股。鼓励民营企业经营管理者、业务骨干和核心技术人员以现金、知识产权等出资参与企业改制，支持企业推进股权激励常态化，形成资本所有者和劳动者利益共同体。积极对接多层次资本市场，鼓励支持有条件的民营企业通过资本市场直接融资。支持民营股份制企业根据自身特点在多层次资本市场上市、挂牌和融资。推动具备上市条件的民营企业采取首发、并购等多种方式实现整体上市或核心业务资产上市。

2. 支持民营企业参与国有企业改革

鼓励民营企业参与发展混合所有制经济。支持民营企业与中央企业开展深度合作，探索民营企业与中央企业合作发展的途径和模式。选择有条件、有意愿发展混合所有制经济的民营企业作为试点企业，在竞争性领域通过多种形式参与国有企业改制重组、合资经营和股权多元化改革。鼓励民营企业参与国有资本投资项目。制定民营企业参与国有投资项目的实施细则，明确主体责任、项目周期、收益分配、退出机制等。引导民企主动与央企对接，参与港口、机场等开发建设。

3. 加快完善政产学研创新体系

建立高校和科研单位、企业和战略投资者、金融机构、政府“四位一体”的科技创新机制。加大知识产权保护力度，积极开展技术研发强化工程。搭建高科技研发、设计、管理与信息、创意、孵化、成果转化的服务平台，实现与民营企业科技创新的有效对接。支持民营企业与园区、高校、科研机构共建各类创新平台，鼓励民营企业积极申报产业共性技术创新平台，并对新建平台给予补助。支持民营企业组建产业与技术创新联盟，建立公共技术服务平台。进一步落实科技企业孵化优惠政策，对新认定的建立在民营企业的国家和省级工程技术研究中心、重点实验室给予补助。

4. 提高民营企业自主创新能力

充分发挥企业研发主导作用。注重发挥好骨干企业的资金、技术、规模优势，鼓励增加研发投入，建立研发机构，开展科技攻关，推动技术改造，形成一批具有自主知识产权的核心技术和重点产品。完善支持政策和企业内部激励机制，引导民营企业树立品牌意识，积极申请专利、注册商标。加大财政对企业的研发投入，提高创新基金的支持强度。逐步提高全社会研发费用占地区生产总值比重，力争达到并超过全国平均水平。积极争取更多的创新扶持政策，充分利用国家民营企业扶持政策，获取更多“国家科技型民营企业科技创新基金”。对民营企业承担的国家、省特别重大的科技创新项目，除按照规定安排资金外，采取“一企一策”办法给予重点扶持，对重点技术改造项目购置先进技术设备的优先给予补助。

5. 推动大众创业万众创新

大力发展众创空间，为小微创新企业成长和个人创业及企业创新活动提供低成本、便利化、开放式、全要素的综合服务平台。对众创空间在政策咨询、项目推介、开业指导、融资服务、补贴发放等方面进行支持，降低创新创业难度。高校毕业生创办企业首次出资额允许为零。不断完善创新创业生态系统，采取合作共建和市场化运作的方式，建设面向创新创业者和企业技术创新活动的众创空间。特别是加大对科技型中小微企业的支持，加快创业孵化基地、大学生创业园等创业平台建设。

6. 加强民营经济创新人才队伍建设

加强民营企业家队伍建设，建立民营企业家在内的企业家人才库，建立和完善职业经理人和高级人才市场。支持内部培养和外部引进相结合，建立健全企业内部职业经理人管理制度，积极扩大职业经理人使用规模，实现民营企业管理模式由家族化向职业化的转变。积极培养、引进高端人才，加大对民营企业科技人才自主培养和引进的支持力度，加强人才储备和梯队建设。统筹协调民营企业人员培训、科技成果鉴定、科技项目申报、专业技术职称评定等工作，协助办理民营企业技术进出口等手续，实现民企人才职称评定、住房和子女入学等方面享受与国企员工同等待遇。

（五）转型升级

1. 改造提升传统产业

第一，以民营骨干龙头企业为依托，适应重点产业结构升级趋势，抓住结构调整的战略机遇，积极推动行业重组，加大技术研发和品牌建设力度，发展高质量、高附加值的创新产品，形成具有自主知识产权、自主品牌和具有地方特色的产业集群。

第二，发展重点产品深加工产业。以产业园为主要承载区，以高端产品为主攻方向，大力发展新兴装备制造业等产业。鼓励民营企业发展高品质材料加工，推动产业从初级产品向高附加值精深产品转变。

第三，发挥产业基础和资源优势，以拥有自主知识产权、掌握核心技术为切入点，以技术研发、产品创新为抓手，推动产业发展壮大，提升产业市场竞争力。重点发展拳头产品，打造中国装备产业基地。

第四，以转型升级、提升产业发展水平和竞争力为方向，抓好重大项目建设，延伸配套产业链。加强企业间配套合作，发挥民营中小企业群体优势，形成规模效应，培育和引进具有大物流特点加工重点项目，推动企业上规模、增效益，走创新型、效益型、集约型、可持续发展道路，提升产业核心竞争力和区域辐射带动能力。

第五，深入推进供给侧结构性改革，立足现有产业基础和优势，全面优化供给结构，推动民营企业提高供给质量，以提高质量和核心竞争力为中心，在提升装备制造业、调整优化石化产业、改造提升冶金建材产业、做优做精消费品工业和做强做大电子信息创业等方面，塑造传统产业新优势，切实做到补短板、去产能、降成本，推动传统动能焕发生机与活力，实现辽宁产品向辽宁品牌转变，资源消耗向科技创新转变，制造大省向制造强省转变。

2. 培育壮大战略性新兴产业

第一，鼓励民营企业发展战略性新兴产业。使民营企业在高端装备制造、新一代信息技术、生物、新材料、新能源、节能环保、新能源汽车等七大重点领域上水平、上规模，形成经济发展新支柱，明确民营企业发展的重点产品、重点企业和关键技术。

第二，以开发区和高新区为主要承载区，以民营企业为重点，加快发展战略性新兴产业，例如，在高端装备制造业方面，发挥高档数控机床优势，发展专机类、重型数控机床类、加工中心类、复合机床等智能制造装备以及基于先进数控加工设备的自动化生产线，打造国内领先的高端机床研发制造基地。发挥老工业基地优势，大力发展重大成套装备。

第三，引导民营企业深入实施“互联网＋”行动计划，大力发展信息技术产业，培育民营经济新的增长点。发展物联网技术和应用，重点推进“互联网+”智能制造、现代农业、高效物流和绿色环保等重大工程。支持基于互联网的各类创新，催生一批新的经济增长点。强化网络与信息安全基础设施建设，超前布局下一代互联网，全面促进“三网融合”。

3. 大力发展第三产业

第一，大力发展生产性服务业。大力发展现代物流业，加快建设南北物流大通道和辽满欧新欧亚大陆桥，积极探索与辽宁沿海经济带和全国东南沿海地区的无缝对接。鼓励民营企业发展第三方物流，引导民营企业应用云计算、物联网、地理信息等技术，提高物流企业的信息化、智能化、标准化水平。大力发展电子商务、研发设计等新兴产业，支持制造业企业由生产制造型向生产服务型转变。积极发展金融服务业，大力发展民营银行、保险等金融机构，加快培育互联网金融等新兴业态，建设区域性金融服务中心和金融产品交易平台，提高金融服务水平。

第二，积极发展生活性服务业。重点发展旅游、商贸、文化等行业，加快发展养老服务、健康服务、家庭服务等行业。大力实施商旅联动发展战略，注重住宿、餐饮、交通、购物等旅游配套服务业发展。鼓励民营企业发展滨海温泉旅游、沟域乡村旅游、文化旅游，积极利用电子商务等互联网平台推广辽宁旅游产品和服务。大力发展商贸流通业，引导传统商业企业向“线上线下”融合发展转型，向连锁经营转型。鼓励大型传统零售业向商业综合服务体转型，便利店向社区电商便利店转型。

第三，加快培育电子商务等新兴服务业。积极培育研发设计、节能环保服务等新兴行业，引导生产企业加快服务环节的分离和外包，鼓励生产性服务企业与制造企业从设计、生产到营销、物流的全流程深度融合，为企业向价值链高端发展提供专业服务。积极培育和引入电子商务龙头企业，完善电子商务产业链，鼓励民营企业创新商业模式，开展个性化定制等创新模式。支持民营企业积极应用电子商务技术，提升企业经营管理的数字化、网络化、智能化水平，推动企业智能、绿色、低碳发展，大力支持发展跨境电子商务。

4. 促进产业协作融合创新发展

第一，加强产业链协作配套。建立健全龙头企业与本地中小企业协作配套的工作机制，提高产业集群内部和产业集群之间的协作配套水平。加快推进两化融合创新。以国家推进两化融合发展试点为契机，以建设具有国内竞争力的先进制造业为目标，积极推进两化融合，大力推进信息技术在产品研发、生产过程控制、经营管理、营销流通等各个环节的应用、渗透和融合。重点骨干企业基本达到协同创新阶段，信息化普及率达到90%以上。

第二，推动民营企业集聚发展。推进民营企业产业集中集聚布局，着力提升产业集群的内涵。围绕主导产业，统筹建设、改造提升一批特色产业集聚区，发展特色县域产业，做大做强特色县域经济。进一步提高重点产业集群的集中、集聚、集约化水平。加快推进产业园区建设，支持产业集聚区、工业园区盘活经营性资产，吸引各类股权投资基金共同建设工业园区。

第三，完善民营经济转型升级引导机制。完善促进民营经济转型升级的财税支持政策，整合各类财政支持补贴资金，探索建立民营经济转型升级发展引导基金，引导民营企业技术改造、技术创新、兼并重组、节能降耗、集聚发展等。适度扩大地方政府债券发行规模，设立专门资金用于辽宁5市民营经济发展改革试点工作。改革国有土地有偿使用制度，加强与国家相关部门的沟通协调，积极争取工业用地先租后让、租让结合和弹性供地的新型供地模式试点，鼓励引导民营企业轻资产运营，提升资产经营效率。

（六）人才队伍

1. 提升民营企业家素质

第一，打破流动壁垒。鼓励高校、科研院所和企业创新人才双向交流，支持高校、科研院所科技人员创办科技型企业或到企业进行科技成果转化。鼓励行政机关、事业单位中的优秀干部、专业技术人员创业发展，到民营企业去锻炼。努力造就一支企业家队伍的后备力量，培养一支能够驾驭市场经济的职业化、现代化的优秀企业家队伍。

第二，加强校企深度合作。支持企业与高校开展人才培训合作，鼓励有条件的企业建立内部培训基地。组织民营企业家培训班、企业发展论坛会，实施优秀民营企业家培养工程等，开展经营管理人才培训、交流与提高，选送高层次企业经营管理人才到国内外高校、科研机构、大企业培训。

第三，大力开展人才培养。邀请全国知名高端人才，建设和完善企业家培训机构，强化民营企业家对民营经济理论知识和法律法规的学习。通过国家银河培训工程等平台，分析国内外大企业成功的经验，组织企业经理人才到经济发达地区和省内骨干企业学习、挂职，培训企业家的战略眼光，不断优化提升人才结构。

2. 构建差异化培育体系

第一，加强职业教育。建立校企深度合作的人才培养合作机制。依托辽宁的优质教育资源，加快经营管理人才队伍的培养和培训。推行工学结合、校企合作的培养模式，形成以中等职业教育为主体，高等职业教育为龙头的职业教育体系，满足民营企业对技能型、实用性人才的需求。

第二，构建产教融合体系。依托各类院校、培训机构和企业，采取委培、代培、订单式培养等方式，积极开展面向民营企业的人才培训，重点开展法律法规、产业政策、经营管理、职业技能和技术应用等方面的培训服务，用现代企业制度和生产经营理念武装他们，引导民营企业追求持续的发展和更高的收益，尽快走出家族式管理模式和小作坊式生产经营方式，在管理上实现质的飞跃。

第三，实施全方位培训。鼓励和引导职业院校、企业和社会培训机构，重点面向企业职工、院校学生、失业人员和农村劳动力，开展“订单式”、定向式和定岗式培训。

3. 拓宽人才引进渠道

第一，促进人才回流。充分发挥商会在促成人才回乡、信息回归、资金回流、企业回迁中的桥梁作用。通过商会之间的交流，形成信息共享，做好民营企业创新转型方向的引导和民营企业市场方向把握的引导。一方面在辽宁建立异地商会，构建信息交流和合作平台，发挥合力作用，服务民营经济建设；另一方面，在沿海发达地区建立辽宁商会，完善集信息储存、沟通联络和信息发布为一体的在外人才信息库，延揽高层次人才，促进人才回归，促进实施在外人才“反哺工程”，助力辽宁民营经济建设。

第二，突出高端引领。紧紧围绕重点产业发展，统筹推进人才队伍建设，落实国家高层次人才特殊支持计划等重点人才工程。畅通引进高层次人才绿色通道，为引进人才在住房、就医、子女教育、配偶就业等方面提供“一站式”全程服务，营造有利于激励集聚高层次人才创新创业的发展环境。搭建信息平台，围绕辽宁产业创新发展需求，以产业技术创新战略联盟和科技创新服务平台为载体，建立科技人才供需信息发布制度，引导科技人才合理有序流动，吸引创业创新人才以技术、资金、实物等形式出资创办或入股各类经济实体。

第三，利用多种方式。借助中介组织引才，加强与国家级和区域性人才市场以及一些大城市猎头公司的联系，建立长期的互惠互利合作关系，激励国内外社会人才中介机构引进创业创新人才。利用人脉以才引才，充分发挥辽宁先期引进来、在国际国内享有一定声望的各类知名专家和行业领军人才的作用，鼓励他们通过师承关系、同窗同事关系、同乡故交关系、合作伙伴关系等各种人脉关系，影响和吸引更多的人才来本省创业，形成人才集聚效应。集中组团外出引才，定期前往高层次人才集聚的国家和地区、大专院校、科研单位宣传辽宁人才引进政策，开展人才招聘活动，加大创业创新人才引进力度。

4. 实施评价激励机制

第一，完善评价机制。加强职业技能鉴定管理，开展职业技能鉴定，加快企业职工和技工院校毕业生技能人才评价方式改革，对在技能岗位工作、掌握高超技能并做出重大贡献的技术骨干，可破格或越级参加职业资格考评，发挥职业资格证书制度在促进就业和加强技能人才培养方面的积极作用。

第二，建立激励机制。支持民营企业广泛吸纳各类专业技术人才和高技能人才，定期表彰优秀企业家，提高他们的政治地位，对有突出贡献的企业家要予以重奖。对经营业绩好、管理能力强、社会贡献大、诚实守信的优秀民营企业家要多加宣传，充分发挥他们在民营经济发展中的引领和示范作用，激发民营企业家创业、兴业的热情。在全社会形成关心、爱护、尊重企业家的浓厚氛围，增强全社会的创业意识。对科技成果转化及产业化项目实施中做出突出贡献的科技创新创业领军人才和团队，通过科技计划项目实施重奖。

第三，完善奖励机制。对在职业技能竞赛中取得优异成绩的选手，按规定给予表彰奖励。引导企业工资分配向技能人才倾斜，并给予津贴奖励。精心筛选并推荐优秀技能人才参加技能奖、技术能手大赛和高技能人才享受国务院、省政府特殊津贴的评选表彰等活动。

（七）代际传承

据我们调查，近年来，辽宁民营企业的代际传承已经进入高峰期。如何落实习近平总书记对培养“创二代”提出的要求，实现新老企业家平稳交接，将新一代企业家培育成新型领军人物，引领企业做大做强，不仅关系到民营企业的生存与发展，也关系到社会的稳定，因而代际传承是政府部门和民营企业应该共同高度关注的问题。

1. 辽宁民营企业代际传承的基本情况

在被调查的辽宁民营企业中，“创一代”企业家年龄在50～59岁的占被调查人数的45.6%，60岁以上的占被调查人数的11.5%。目前，已经完成了代际传承的占总数的7.6%，计划在3年内完成代际传承的占总数的12.4%，3～5年内完成代际传承的占总数的22.3%，10年内完成代际传承的企业占总数的65.3%。据此，全省超过1/3的企业在5年内要完成代际传承工作，近2/3的企业在10年内要完成代际传承工作。但是，在民营企业代际传承问题上，无论民营企业自身，还是地方各级政府以及各类民营经济服务机构，对民营企业代际传承的理念、规划和制度建设等方面的准备还很不足。目前，辽宁还没有出台有关促进民营企业代际传承的政策法规等措施，也尚未开展相关工作。

以60岁退休的惯例来分析，辽宁省11.5%的民营企业已错过代际传承的最佳时间点。通过调研发现，这部分企业大多没有制定科学的传承计划和方案。由于不具备顺利传承的条件，使传承时间一再推迟，严重影响了企业的健康持续发展。制定科学的传承规划，是顺利实现代际传承的基础，而这也正是辽宁民营企业所普遍欠缺的。

2. 对辽宁民营企业代际传承的建议

民营企业代际传承本身是企业行为，政府不能越俎代庖，也不应该直接干预，但却是责无旁贷、义不容辞的，需要通过政策法规的制定和实施，加大宣传、教育和培训等引导力度，推动民营企业对代际传承提早进行科学规划。通过促进民营企业制度和管理创新，加大信用体系建设，规范职业经理人市场，为民营企业代际传承营造良好的环境。

第一，充分认识民营企业代际传承的重要性。地方各级政府要充分认识到代际传承对民营企业自身生存发展和对经济社会发展的双重意义，将民营企业代际传承工作纳入各级政府发展和稳定工作的重要议事日程，认真总结民营企业代际传承的正反两方面典型，加强宣传和引导，增强企业代际传承意识，推动民营企业顺利实现代际传承。

第二，促进民营企业建立现代企业制度。引导民营企业建立现代企业制度，是打破“富不过三代”的制度性选择，是打造“百年老店”、实现企业健康持续发展的根本性保证。就代际传承而言，建立现代企业制度有三个方面意义。一是使企业降低“人治”的影响，更多用“制度”说话，有利于企业家顺利传承，将新老交替对企业的影响降到最低；二是为“创二代”在接管企业后，根据企业发展愿景进行科学的布局，有利于企业的持续发展；三是对于引入职业经理人经营企业的，建立现代企业制度更是必不可少的基础条件。因此，政府需要出台相应的政策措施，引导有条件的民营企业建立现代企业制度，进行创新管理和科学管理。

第三，建立企业内在的代际传承机制。注重接班人的选择与培养，第一步是选择接班人，第二步是对接班人进行培养。同时，要建立权力交接协调机制，主要是规范家族会议，协调家族成员之间的关系和非家族成员之间的关系。

第四，引导两代企业家强化社会责任意识。强化民营企业家的社会责任，是民营企业实现代际传承的重要保证。民营企业的社会责任不仅包括依法经营、照章纳税，还包括尊重、维护员工权益，为消费者提供优质的产品和服务，注重环境保护、促进可持续发展和回报社会、支持公益事业等。要使企业家认识到，企业的财富不仅是民营企业家族的，同时也是社会的。为此，必须强化对两代企业家特别是“创二代”的社会责任意识的教育，真正接好企业的班。

第五，切实加强社会信用体系和职业经理人队伍建设。打造诚实守信的社会氛围和环境是民营企业实现代际传承的重要外部条件。政府信用体系建设是基础，它引导着企业信用和个人信用，是民营企业顺利传承的信心所在；企业信用建设重要性在于市场对企业的规范性要求越来越高，“创二代”对于公平市场竞争的接受程度远远高于曾经的“靠关系”，企业自身信用越好，越容易实现代际传承；个人信用建设对企业代际传承而言主要是职业经理人队伍建设。建立现代企业制度是民营企业顺利实现代际传承的基本保证，而职业经理人队伍建设则是建立现代企业制度和代际传承顺利实现的基本条件。我们在调查中发现，民营企业对职业经理人既想引入又很害怕的矛盾心理比较普遍，担心技术和产品等方面的企业利益被侵害，主要是源于目前职业经理人队伍建设不完善，职业经理人市场不规范，迫切需要完善职业经理人行业信用评价体系和相关制度。对此，一是要在法律法规上对职业经理人市场加以规范，建立职业经理人人才库及其业绩和信用档案，实现职业经理人的动态管理；二是积极发挥市场人才配置的作用，大力推进职业经理人中介机构的发展，鼓励中介机构利用信息网络技术，建立网络化的供求数据库，实现信息共享；三是加强职业经理人的培养，通过举办各类培训活动，提升其职业素养和业务能力，促进职业经理人队伍的发育和成熟。

第六，做好民营企业代际传承培训工作。一是"创一代"的培训。企业传承是一项系统工程，包括传承的时间节点、传承形式、传承管理、传承培养等，绝不是"创一代"到了退休的年纪，把企业交给接班人就可以了。大多数"创一代"都知道传承的重要性，但对如何制定科学的传承计划，选择哪种传承方式，如何做好接班人的培养，如何帮助接班人树立权威等，没有系统的了解和规划；或者企业不想传承给子女时，如何交由职业经理人经营等，也缺乏相应的准备。通过系统的代际传承培训，会使"创一代"企业家做到心中有数。二是"创二代"的培训。挂职培训，选派符合条件的"创二代"到政府相关部门或国有企业挂职锻炼，使他们能够更好地了解国家政策，增强工作协调能力。省外培训，与南方发达省份合作，将"创二代"选派到那里的企业，通过亲身体验和参与对方企业的管理，吸收先进的理念。海外培训，选派"创二代"到发达国家进行培训，学习国际知名企业、隐形冠军先进的管理经验。创业培训，通过开展多种形式的创业培训，并给予相应的创业优惠政策，鼓励"创二代"进行创业。专业培训，结合经济形势的变化和企业的需求，开展有针对性的专题培训。三是职业经理人的培训。对职业经理人的培训有两个方面，一是对全社会职业经理人队伍的培训；二是传承企业原有职业经理人的培训。对职业经理人培训的重点，是诚信和信用的教育。对传承企业职业经理人的培训，要同时注意结合具体实际，突出如何在代际传承中发挥作用的培训。因为在"创二代"接管企业的过程中，企业原有职业经理人起着重要作用。作为企业的"元老"如能融入新的管理团队，会积极支持"创二代"，也可能凭借自身的资历有碍"创二代"权威的树立。对企业原有职业经理人进行培训，既有利于促进企业顺利实现代际传承，又能使职业经理人在企业中更好地发挥作用。

（八）保障措施

1. 加强组织领导，明确目标责任

形成民营经济发展的新模式，首先需要搞好试点工作。为此，要明确发展职责，强化协调机制。完善实施方案，落实目标责任制，将民营经济发展指标分解落实，建立明确的工作机制，协调落实具体政策措施，解决推进过程中的重大问题。以宣传展示、专题讲座等多种形式开展民营经济改革政策，营造改革环境。同时推进改革政策走进企业，落实政策实施活动，建立长效机制，定期开展政策落实情况的督查，检查政策落实情况。

2. 加大资金支持，培育重大项目

要加大政府财政对发展民营经济的投入力度，积极申请国家省部级相关配套资金，充分发挥政府对社会资金投资的引导作用，推动政府和社会资本合作（PPP）的发展，设立民营经济产业发展基金，配套研究制定产业基金管理办法和细则，为社会资本投入市场提供方向，激发社会资本的活力。转变财政资金使用方式，采用政府加大“基金”投入。积极引入国内外创投机构，设立创业投资引导基金、科技研发和成果转化基金等，用于科技创新、公共服务体系建设、孵化基地建设、开拓市场、人才培训、金融服务和科技成果转化等方面。加强对招商选商力度，努力引进境内外标杆性项目和龙头企业进行产业合作。鼓励开展重大项目建设，支持一批有重大支撑作用的项目。

3. 强化企业责任，完善社会保障

以服务民营企业和实践社会主义核心价值观为主题，开展教育培训工作，全面强化民营企业的诚信意识，增强企业对经济、社会、环境的责任意识。完善对民营企业的统计分析，加快推进民营企业社会保障制度建设，引导民营企业及职工按照国家规定参与社会保障体系。建立健全民营企业党团、工会等组织。建立劳务协作机制，加强与国内外、省内外的劳务协作，定期发布就业信息。健全劳动监察和仲裁机制，确保各类劳动保障举报投诉案件和争议纠纷得到及时有效处理。推进配套社会公共服务，为农业人口转移就业提供良好的公共服务环境和便捷的通道，增强其归属感和认同感。

4. 强化推进机制，实施舆论支持

动员全社会力量，整合各种资源，高位统筹民营经济发展。加大对民营经济的宣传力度，大力宣传落实效果突出的典型，推广企业成功经验，营造全社会尊重民营企业的舆论氛围，促进民营经济又好又快发展。

六、研究展望

有关东北和辽宁民营经济模式问题，目前还没有形成研究氛围。在未来的一两年中，随着东北和辽宁民营经济发展改革特别是13个市的民营经济开展改革试点，对东北和辽宁民营经济模式的研究成果将会逐步丰富起来，研究的重点将集中在体制机制和政策体系、政商关系和营商环境、民营企业家培育和代际传承等问题上。特别是有关民营经济发展模式形成的规律性研究，以及对国内民营经济发展多种模式的比较研究，将会成为民营经济发展模式研究的重点和创新点。本课题负责人将对上述问题进行深入的研究。

参考文献

[1]《中共中央关于全面深化改革若干重大问题的决定》，人民出版社2013年版。

[2] 习近平：《毫不动摇坚持我国基本经济制度推动各种所有制经济健康发展》，载于《人民日报》2016年3月10日。

[3] 中共中央国务院：《关于全面振兴东北地区等老工业基地的若干意见》，载于《人民日报》2016年4月27日。

[4] 国家发改委等：《关于推进东北地区民营经济发展改革的指导意见》，载于《人民日报》2016年3月31日。

[5] 海鸣：《中国民营经济发展研究》，研究出版社2011年版。

[6] 迈克尔·波特著，陈小悦译：《竞争战略》，华夏出版社1997年版。

[7] 徐维：《推进广东民营经济发展模式转型创新的思考》，载于《南方金融》2014年第5期，第27~31页。

[8] 齐园：《“中关村模式”的内涵、问题及对策研究》，载于《开放导报》2010年第4期，第80~92页。

[9] 李靖宇、张晨瑶：《国家重量级战略区域东北民营经济发展问题探讨》，载于《东北亚论坛》2012年第2期，第96~107页。

［10］叶帮锐等：《着力推进浙江民营经济转型发展——浙江民营经济发展现状分析及对策思考》，载于《浙江经济》2014 年第 22 期，第 30 ~ 32 页。

［11］牛少凤、于新东：《正确处理与把握好民营经济发展四大关系——浙江民营经济进入新繁荣期的若干思考》，载于《浙江经济》2016 年第 9 期，第 25 ~ 26 页。

［12］汝国梁：《加快天津市民营经济发展的对策研究》，载于《天津经济》2016 年第 5 期，第 8 ~ 11 页。

［13］佟铃：《我国东北地区民营企业发展模式研究》，东北师范大学博士毕业论文，2012 年。

［14］佟铃、金兆怀：《东北地区民营企业发展的目标模式选择》，载于《工业技术经济》2012 年第 6 期，第 34 ~ 40 页。

［15］赵亮：《我国民营经济发展模式研究》，载于《长春教育学院学报》2013 年第 11 期，第 42 ~ 43 页。

［16］许高峰、王炜：《论我国民营经济对区域经济建设与发展的作用——以苏南模式、温州模式、珠江模式为例》，载于《天津大学学报（社会科学版）》2010 年第 12 卷第 6 期，第 492 ~ 497 页。

［17］李元华：《浙闽粤三省民营经济发展比较研究》，载于《湖南工业大学学报（社会科学版）》2015 年第 4 期，第 18 ~ 23 页。

［18］赵景芬：《几种民营经济模式对辽宁民营经济发展的启示》，载于《中国集体经济》2012 年第 7 期，第 47 ~ 48 页。

［19］颜志煌：《泉州民营经济发展链网互动模式研究——基于我国典型民营经济发展模式的比较》，载于《企业技术开发月刊》2010 年第 29 卷第 1 期，第 27 ~ 28 页。

［20］谢忠秋、陆玉梅：《苏浙粤民营经济发展研究》，载于《华东经济管理》2011 年第 2 期，第 18 ~ 20 页。

［21］曾刚、尚勇敏、司月芳：《中国区域经济发展模式的趋同演化——以中国 16 种典型模式为例》，载于《地理研究》2015 年第 11 期，第 2005 ~ 2020 页。

［22］程秀生：《中国民营经济理论演进综述》，载于《中国产业经济动态》2008 年第 10 期，第 20 ~ 31 页。

［23］赵丰：《关于民营经济及相关理论问题的重要论点综述》，载于《中央社会主义学院学报》2010 年第 2 期，第 74 ~ 77 页。

［24］来佳飞：《中国民营经济发展怎么看——“中国民营经济发展的政治经济学分析”理论研讨会观点综述》，载于《浙江经济》2016 年第 11 期，第 16 ~ 17 页。

［25］秦海林：《中国民营经济发展模式研究：一个制度理论的解读》，吉林大学博士毕业论文，2007 年。

[26] 徐云松:《区域经济理论:历史回顾与研究评述》,载于《石家庄铁道大学学报(社会科学版)》2017 年第 3 期,第 8 ~ 12 页。

[27] 杨梅:《武汉市民营经济发展模式研究》,华中师范大学硕士毕业论文,2006 年。

[28] 顾春梅:《辽宁省民营企业转型升级问题研究》,载于《辽宁省社会主义学院学报》2016 年第 5 期,第 28 ~ 30 页。

[29] 李红娟、刘现伟:《"一带一路"背景下东北地区民营经济发展问题研究》,载于《经济纵横》2017 年第 1 期,第 7 ~ 11 页。

[30] 何庆:《辽宁:做优做强传统产业 发展壮大新兴产业》,载于《中国电子报》2017 年 7 月 21 日。

专题三　辽宁省民营企业代际传承研究

目前，辽宁省民营企业已经进入代际传承的高峰期。但是到目前为止，民营企业代际传承却没有得到应有的重视。一些民营企业在代际传承的节点上，有的抱残守缺，安于现状，缺乏转型升级的动力；有的失去信心、无所作为，任企业自消自灭；有的资金外流、另立门户，将资产转移到域外或国外。这种情况令人十分担忧。

自20世纪90年代初，我国学者开始探索我国家族企业代际传承问题，但多为借鉴国外的经验及理论，缺少针对我国家族企业实际情况的理论研究和实际经验的总结，对辽宁民营企业代际传承的研究更是少见。习近平总书记在2015年5月中央统战会议上指出，20世纪80、90年代第一批下海创业的人士已经打下一片天地，为社会发展做出贡献的同时，也积累了大量的财富。如今，“创一代”逐渐到了退休年龄，到了“创二代”接班的高峰期，如何引导他们接好班，用好财富，也是统战工作的重点。习近平总书记希望年轻的“创二代”能够“致富思源、富而思进，做到爱国、敬业、创新、守法、诚信、贡献”，希望他们接好父辈的班，成为真正的“创二代”。从辽宁目前的情况看，民营企业家队伍正从第一代创业者向新型领军人物过渡，全省民营企业约1/4～1/3的企业领导人遇到了代际传承的问题。研究民营企业代际传承问题，对于落实习近平总书记讲话精神，增加辽宁民营经济总量，推进民营经济健康持续发展，从而提高全省城乡居民收入水平，增加就业和维护社会稳定，促进体制机制创新和经济结构调整，实现辽宁老工业基地的全面振兴具有一定的实践价值。

一、国内外研究综述

家族企业传承问题在西方学术界引起重视，是从 20 世纪 50 年代开始的，并自此成为理论研究的热点。魏磊（2013）指出，近 10 年在美国有关专业杂志上发表的涉及家族企业的全部文章中，涉及传承问题的文章约占 20%。国外学者普遍认为，代际传承问题是家族企业家关注的首要问题。吕海涛和孟令择（2014）认为，20 世纪 50～60 年代，国外学者在研究家族企业发展壮大原因时发现，无论是企业治理模式的选择，还是对继任者选择的影响因素等，继任者对一个家族企业都具有特殊的意义。

（一）国外研究动态

关于家族企业的含义。王齐晗（2013）认为，国外学者对家族企业的含义还没有一致的看法，一些学者按照自己的研究成果对家族企业的含义进行了界定。Berllard（1975）认为，事实上，家族企业是由某一家族控制的企业。美国企业史学家钱德勒（1987）认为，家族企业是其创立者及其合伙人掌有大部分股权的企业，他们掌管包括财务、高层管理人员和资源分配等主要决策权。德鲁克（1974）认为，家族企业就是家族控制和管理的企业。

关于传承模式的研究。Gersick（1999）等提出了三级发展模型，这个模型既研究了所有权从一个人到另一个人的传承，也研究了所有权一个人到多个人的传承，以及所有权从兄弟姐妹延伸到堂兄弟姐妹的传承。Churchill 和 Hatten 提出的父子生命周期四阶段调整模型，将家族企业的传承过程分为创始人管理企业、子女的培养和发展、父子合伙、权力传承等四个阶段，而且首次将家族企业传承问题的研究拓展到对家族企业传承过程的影响因素如企业战略、目标、运营，从而对影响传承的各种因素加深了认识，因此这个模型在若干家族企业传承模型中较有影响。

关于接班人选择的研究。Brain 和 Smith（1999）认为，影响接班人来源的因素包括家族成员投票权、企业业绩、企业规模大小、家族成员在企业内部管理层的数目等。在选择接班人的标准上，接班人的年龄、受教育程度、管理经验、个性等因素，都对传承都有着重要的影响。Sharma 和 Rao（2000）通过对比研究，认为加拿大家族企业在接班人的选择上更加看重经验、技能以及以往的经营绩效，而印度家族企业则侧重挑选血缘关系更密切、家族关系更亲近的接班人。

（二）国内研究动态

我国关于家族企业的研究始于20世纪90年代（高艳超，2013），龚维敬教授在1990年发表了《美国家族企业再度兴起》，介绍了国外的家族企业发展情况，之后有大批学者开始研究家族企业和家族企业传承问题；进入21世纪后，随着我国家族企业逐步进入了传承期，在国内学术界掀起了一股对家族企业传承研究的热潮。2001年，王连娟等开始关注家族企业的制度问题和传承问题。魏磊（2013）认为，国内多数学者一般都是对西方理论的评述或介绍。目前，从某一角度对传承进行研究的较多，缺少多角度的研究；对家族企业进行描述性的分析比较多见，对多种因素进行量化研究和模型分析还不够。

关于家族企业的含义。从叶国灿（2004）的观点看，家族企业含义有以下几个要点：时间上是指企业的存续期，纽带为血缘和婚姻关系，企业创立和资本积累以家族为背景等。吕海涛和孟令择（2014）认为，我国的民营企业与国外的家族企业有所区别，两者不能简单等同起来。

关于代际传承含义的研究。实际上，我国学者对家族企业含义的看法也不尽相同，多数学者是借用汉语的语义来表述的，将代际传承表述为两代人之间的更替与传承，主要是指文化和技艺等传承。有学者提出，代际传承有三层规定含义：传承主体之间的代际关系、传承的内容和传承的方式。

关于传承基本理论的研究。学者们认为，家族企业有必要进行变革，通过变革走出家族的局限和封闭；家族企业要实现顺利传承，就必须融合社会资本，实现家族企业的转型；从产权角度看，家族企业要与现代经济进行融合，走家庭股份制道路，从单一产权转变为具有家族特色的产权；从管理角度看，家族企业在传承过程中，应区分家族式管理与家族企业管理，家族企业并非落后的组织形式，落后的是家族式管理，要打破家族式管理的局限，必须采用现代的管理方法。

关于传承模式的研究。陈凌和应丽芬（2003）认为，在我国，中小民营企业中的绝大多数采用“子承父业”的模式；大型民营企业则大多是“集体接班”的模式。李强（2006）通过对国内外家族企业的案例分析认为，国外家族企业传承主要是采用长板凳计划和制度化模式，而国内家族企业传承则主要为垂帘听政、辅助登基式和撒手不管等模式。从目前国内的研究情况看，对代际传承模式的研究成果还不多。

关于代际传承内容研究。一般认为，企业代际传承不简单是企业财富的传承，更包含企业文化、信誉、品牌和社会责任等方面的传承，这种传承不仅与企业自身利益和长远发展直接相关，也影响着就业和社会稳定。

关于接班人标准的研究。殷明善（2007）认为，应该从接班人对家族的忠诚度和能力等方面来考量，全方位确定接班人的标准。

二、民营企业代际传承研究的基础

（一）家族企业的产生与发展

从我国近现代家族企业产生和发展的历史上看，家族企业经历了曲折的历程，其情况也比较复杂。在这里，首先要看到，家族企业与官僚资本、家族民营企业是不同的。例如，在国民党统治时期四大家族，因为其家族成员的政治性和官僚资本性，这些企业就不属于“家族民营企业”的范畴。而同期的荣氏家族则应属于典型的“家族民营企业”。新中国成立后，由于结束了封建半封建的统治，使其附属的家族式“官僚企业”丧失了存在的基础，此后发展起来的家族企业则是由民间资本所组成的“家族民营企业”。

目前我国存在的民营企业的发展经历了以下阶段：第一阶段，从改革开放到邓小平南方谈话，以家庭为单位的城镇个体工商业者和农村专业户，促使我国民营企业大量产生和迅速发展。第二阶段，从邓小平南方谈话到党的十四大召开，我国开始确立社会主义市场经济体制，民营企业得到高速发展。第三阶段，从党的十五大召开至今，民营经济确定为国民经济的“重要组成部分”，特别是党的十八届三中全会提出“两个毫不动摇”，使民营企业进一步发展并进入理性发展时期。

（二）代际传承理论

1. 系统模式理论。Bechhard & Dyer（1983）建立的这个模式主要是研究家族企业的传承过程的，认为家族企业是由家庭和企业两个系统组成的，传承是两个系统相互作用的过程。后来，Gersick et al.（1997）建立了三极发展模式，认为家族企业由企业、所有权和家庭三个子系统组成，并有其各自发展的过程。

2. 生命周期理论。Churchill & Hatten（1987）从生命周期的角度分析了家族企业“子承父业”的传承过程，指出了传承过程的推动力量。Neubauer（2003）认为，传承过程是动态的，传承可以通过企业所有者的生命周期和家族企业的生命周期这两个生命周期来分析研究。

3. 角色调整理论。Handler（1990）认为，传承是创始人与接班人人之间角色相互调整的过程。创始人的角色调整由唯一的执行者、统治者、监督者到顾问四个角色，接班人的角色调整是从无角色、助手、管理者到领导者四个角色。这个理论出现后，得到了众多学者的关注。

4. 接力赛跑理论。Dyck et al.（2002）将传承比喻为接力赛跑。这个理论认为，家族企业的传承要根据企业所面临的发展阶段和主要任务来选择相应的接班人。同时，确定传承的时机和策略也必须对企业所处的环境进行综合考虑。

5. 多代传承理论。Lambrecht（2005）认为，传承的过程不是短期的，传承并非是间隔地从一代向下一代的传承，而是向更多代不断的传承过程。并且在这个过程中应该坚持“家庭成员个体属于家庭，而家庭属于企业”的原则。

（三）现代企业制度理论

现代企业制度是指在现代市场经济条件下，以规范和完善的法人制度为主体，以有限责任制度为核心，以股份有限公司为重点的产权清晰、权责明确、政企分开、管理科学的一种新型的企业制度。它并不仅仅指企业组织形式本身，实际上是指适应现代市场经济体制的企业的产权制度、企业的组织制度、企业的管理制度、企业的领导制度、企业的财务会计制度、企业的法律制度、政府与企业的关系以及其他各种企业制度外部环境的统称。其主要内容包括：企业法人制度、企业自负盈亏制度、出资者有限责任制度、科学的领导体制与组织管理制度。

国外家族企业和国内民营企业的代际传承的经验教训表明，在现代企业制度的框架下进行代际传承，往往能够比较顺利地实现企业领导人的更替和权力的交接。作为新型的企业制度，由于产权清晰、制度健全，使家族民营企业的代际传承有规可依、有章可循，就会有效避免代际传承可能给企业带来的损失甚至灾难。

三、民营企业代际传承的内涵、内容和意义

（一）代际传承的内涵

民营企业代际传承是指在企业两代之间进行的企业领导权的传递。代际传承包括两个基本方面，即所有权和管理权。

代际传承是为了企业的可持续发展，将家族利益维系下来。因此，除了使用权和管理权之外，还有一些难以量化但更为核心的要素。代际传承还包括其他要素，如企业使命、企业文化、企业品牌和社会责任等。[①]

（二）代际传承的内容

代际传承中各种要素在内涵和形态等方面都有所不同，其传承的方式、路径也就有所区别，传承的效果也是不同的。接班人在传承中必须因时因事因地地承接各种要素，而不是要把所有要素都原封不动地全部承接过来，这样不仅能守住江山，更能开辟新的天地。

第一，能力和精神的传承。能力和精神具有天赋成分，所以在各种要素的传承中，这一点是比较难的。因此，需要通过后天的学习和训练，帮助那

① 韩文国：《中国家族企业制度理论分析》，吉林大学2012年博士论文。

些具有企业家能力和精神天赋的人把潜力挖掘出来，借以提高抗风险敏感度、承受力和驾驭力等心理素质。

第二，管理权威的传承。家族企业的权威有着特殊性，既有理性规则的要求，也有家族伦理规则要求。如果接班人能力不足，不能按照企业理性规则和家族伦理规则管理企业，那么就难以建立和保持必要的权威，家族企业的发展就难以为继。

第三，社会资本的继承。这是指上一代企业家在企业内部与外部的人脉所形成的社会关系的传承，这对中国的民营企业家来说十分重要。在内部关系上，要继承创业企业家在企业内部与员工特别是创业元老之间所形成的社会资本，在外部关系上，要继承与企业投资经营有联系的各相关者所形成的社会资本。这样，才能得到内外部的认可和支持。

第四，管理经验的传承。第二代企业家要学会在管理实践中善于领悟第一代企业家在企业创建和发展当中形成的独特的经验。对那些默会知识如心智模式、处理人情关系技巧等，应该通过学习进行历练和运用。

第五，企业文化的传承。家族企业的接班人基本都接受过正规教育，许多还有在国外学习的经历，价值观与第一代会产生代沟。如何使第二代认同第一代的理念，需要与他们进行沟通，使他们对长期形成并为员工接受的企业文化有更多的了解和体会，在新的情况下得以继承和创新。

（三）代际传承的意义

据美国布鲁克林家族企业学院的调查，家族企业能够传承到第二代的占30%，能够传承到第三代的仅占12%，能够传承到第四代和第四代以后的仅仅占3%。美国麦肯锡咨询公司的研究结果也显示，有85%的家族企业不能存续三代以上。

在《福布斯》2015年10月发布的亚洲富豪家族榜中，竟然没有一家中国内地的家族企业。因为其上榜条件之一是，家族净资产要达29亿美元，更需要家族成员至少延续三代。

国内外大量分析表明，一些家族企业由于没有做好传承而导致企业破产倒闭，走不出“富不过三代”的怪圈，既对企业发展不利，也对社会发展不利。改革开放以来，我国民营企业发展近40年，第一代企业家面临交班，或已经超过交班年龄。能否顺利实现代际传承，是摆在第一代企业家们面前迫切需要解决的现实问题。对此，一些企业家和学者判断，将有一部分家族企业将在未来5~10年的交接班大潮中消亡。因此，要根据我国国情和企业实际情况，研究和探索民营企业代际传承的模式和路径，引导企业顺利实现代际传承。

必须看到，实现民营企业代际传承，引领企业做大做强，不仅关系到民营企业自身的生存与发展，也关系到就业和社会稳定等一系列问题，因而代际传承问题应该是地方各级政府和民营企业共同高度关注的问题。有效地解决这一问题，对落实习近平总书记对培养“创二代”提出的要求和解决辽宁“民营经济发展不够充分”的问题具有重要的意义。

四、代际传承的国内外比较

民营企业的代际传承，是随着市场经济的不断完善、民营企业不断深入发展而必然要面临的问题。从有关国家和地区情况看，家族企业的传承和可持续发展不仅关乎家族自身的命运，还关乎世界经济发展的全局。市场经济形成时间更早的欧美等发达国家，对家族企业代际传承问题已经进行了深入研究，具有一定的借鉴意义。

（一）国外家族企业的代际传承

1. 家族企业的地位与作用

首先，家族企业是国家经济的重要组成部分，社会稳定的基础。在全世界所有企业中，由家族所有或经营的，最保守的估计也占65%~80%。如美国，90%的企业为家族企业，创造了50%~60%的GDP，提供了近80%的就业岗位；在法国，员工在500人以下的企业中，90%以上为家族企业，营业额占法国企业营业额的一半；在亚洲各国，家族企业大都占主导地位，日本中小企业中95%以上为家族企业，从大企业角度看，家族企业也占有较大的比重。据统计，世界500强企业中，有超过40%的企业为家族企业。

其次，从企业的发展来看，家族企业更具有生命力。在德国、法国、意大利、英国等国家，家族企业的总体走势均要强于非家族企业。从上市大企业的财报中也反映出，家族企业利润比较稳定。究其原因，家族企业更注重企业的长远发展。如2015年的大众公司排放门事件，有专家分析，事件的发生与大众公司管理层更注重短期目标、激进的发展策略有关。对比宝马公司，作为老牌的家族企业，一直秉持稳定的发展战略，以产品的品质和信誉作为企业生存和长久发展的保证，反而不会出现类似的问题。

2. 发达国家家族企业代际传承的主要模式

在发达国家，家族企业中家族企业的平均寿命为24年，这与企业创始人的平均工作年限基本相同。因此，代际传承是否顺利实现，是家族企业生存和发展的关键因素。为促进企业代际传承，发达国家较早地开展了家族企业代际传承相关研究，希望通过总结代际传承规律，促进企业顺利实现代际传承，打造出众多的“百年老店”和“百年工厂”。美国最早开始家族企业代际传承问题研究，早在20世纪80年代中期，大学、产业界和大型家族企业纷纷建立家族企业研究中心，有100多所大学制定并实施针对家族企业代际传承的教育计划。综合来看，欧美等发达国家家族企业代际传承主要有以下三种模式。

一是美国模式。美国家族企业注重创业创新，目前广泛采用连锁模式和互联网模式，着力做快做大，上市扩张，以尽快占领更多市场份额为目的，注重价格、营销和资本运作。近100年来，美国的主要产业在全球都是处在引领者地位，只要有大的产业浪潮，总有新的一批企业冒出。探求其原因，主要在于美国家族企业高度的兼容性，具有相对完善的市场经济体制和与之相适应的法律保障体系，培育出了适合家族企业生存和发展的有利环境。美国的家族企业多为上市公司，因而建立了完备的现代企业制度，家族多掌握企业的所有权，而经营权交由职业经理人。职业经理人对回报的巨大渴望，推动了企业规模和效益的迅速扩张，形成了美国家族企业“新、快、大”的特色。如美国最大的家族企业沃尔玛公司，通过管理创新和兼并扩张，成为美国家族企业模式的典型代表。但是美国模式需要注意职业经理人的道德风险问题。

二是德国模式。与美国不同，德国家族企业并不热衷于高速扩张模式和上市模式，更专注于“专、精、新”。通过上市公司数量的对比，美国上市公司有5000余家，德国只有不到1000家。德国企业中更有名的是中小家族企业，也就是我们所说的“隐性冠军”。如玻璃行业的“隐性冠军”——汉氏玻璃，是传承到第五代的百年企业，在世界玻璃行业的发展和应用上具有多项创新，埃及国家博物馆、卢浮宫甚至北京的故宫用的都是汉氏玻璃。综合对德国家族企业多方面的研究，德国制造超强的竞争力主要源于这些中小家族企业的百年积淀。如宝马公司，相当多的零部件都是由中小家族企业提供的，没有优秀的小零部件，就没有宝马的优秀品质。同时，德国家族企业的传承，不仅仅是企业管理者层的传承，更重要的是“工匠精神”的传承。我们国家许多企业都引进过德国最先进的工业设备，但却不能生产出和德国一样高质量的产品，原因就在于“人”的问题。德国制造业有一批“工匠”即熟练技工，这些技工对产品的硬度、精度和尺寸、磨具的温湿度都能精妙把握，所以能生产出质量高、价格贵，行销全球的产品。这种“工匠技艺”，是几代的工人逐步传承而来的，也是德国制造的核心竞争力。

三是日本模式。日本经济所取得的成就，与其世界闻名的家族大企业和众多“隐形冠军”中小家族企业密不可分。研究发现，日本积极吸纳了美国和德国家族企业传承的优势和特点，创造出适合自身的“后发优势”。在创新方面，日本不具备美国完善的市场经济体系，因此没有完全依赖职业经理人，却创造出“养子传承制度”。就是说，如果家族企业家自己的子女不符合传承条件，则在旁系亲属、企业员工中物色合适的接班人，收为养子，这样既克服了职业经理人制度的缺陷，又实现了企业在传承中的创新需求，松下、丰田等知名企业都经历过这种情况。在专注方面，日本中小家族企业特别注重对子女和员工进行品行教育和商才训练。几乎每户家族企业都有自己的家训，形成独特的家族企业文化，不断对子女和员工进行相关教育，使子女、员工和企业形成感情纽带，大大提升了专注性。从酱油、清酒，到各类电子商品，都体现出专注文化下的精细，这也是我国民营企业所欠缺的。

3. 国外家族企业代际传承的启示

我国家族企业发展的时间较短，借鉴国外家族企业代际传承做法，对我国民营企业的代际传承有一定的借鉴意义。

一是不同国家家族企业选择适宜的代际传承模式。通过分析可以发现，各国家族企业虽然在所有权与经营权分离、选择企业接班人范围不断扩大等方面是一致的，但具体做法也各不相同。日本家族企业在受儒家文化基础上融进自身特色，拓展了企业接班人选择的范围。印度家族企业被认为与美国有很大的相似之处，但与美国也存在着一定的区别。美国 97% 的家族企业没有上市，而印度的绝大多数家族企业都是上市公司。

二是子承父业并不意味着落后。美国管理学家德鲁克认为，子承父业有其合理性，但并不是一种必然趋势。在美国的家族企业中，子承父业仍然是其接班人选择的主要模式，美国小型家族企业大多是子承父业。但是，美国大中型家族企业主要采取以原来企业家直系亲属为核心的高层管理集体接班，这些高层管理者绝大多数为企业的内部人，虽然这些企业已经不再是严格意义上的家族企业，但是他们仍然通过内部人接班来完成代际传承。

三是遗产税征收制度。遗产税的征收直接对家族企业的继承，主要是所有权的转移产生影响。在遗产税征税上，各国和地区采用的比例大不同。中国香港地区没有遗产税，而美国、中国台湾地区、韩国遗产税税率最高达 50%，日本为 70%。所以，在这些国家和地区，一些家族企业想办法进行避税。开征遗产税，一方面，能更好地让公民财富的一部分合理合法留下来，有利于解决财富分配不均的现象。另一方面，过高的遗产税负将严重削弱家族企业，对家族企业继承具有巨大的副作用，美国过高的遗产税导致不少家族甚至需要卖掉全部或部分企业以支付遗产税。我国在这方面进行立法时，应该对此进行深入研究。

四是政府为代际传承提供支持。家族企业代际传承是在一定外部环境中进行的。其中，职业经理人的引入、企业财产的继承与整个国家的发展尤其是市场环境、法律法规的发展完善分不开的。家族企业代际传承是一个循序渐进的过程，企业各项制度的安排与其外部环境是紧密相关的，国家在这一过程中可以也应该有所作为，为家族企业的发展和延续提供良好的外部制度环境。美国政府建立职业资格认证制度和个人信用登记制度，为美族企业演变为公司制企业、选择家族外成员作为接班人奠定了基础。

（二）我国民营企业的代际传承

1. 我国民营企业基本情况

民营经济的发展对于平衡区域经济结构、促进科技创新、提供就业岗位、满足社会需要具有重要作用。从全国情况看，2015 年末，全国工商登记民营企业超过 2000 万家，个体工商户超过 5400 万户。统计显示，目前我国民营企业贡献了超过 50% 的税收、60% 的 GDP、62% 的固定资产投资、75% 的技术创新和 80% 的城镇就业。从家族企业角度看，我国民营企业发展的总体概况是：

（1）东部沿海省份家族企业较为集中。大多数企业集中在江苏、广东、浙江等东南部沿海省份，约占 55%；其次是中部和西部地区，西部约占 20%、中部约占 25%。

（2）多数家族企业处于创业发展早期。从样本家族企业的创建年份分布特点来看，60% 的家族企业成立于 2001 年之后，处于早期创建和发展阶段，家族企业经营年限平均为 8. 8 年。在提供数据的家族企业中，有 13% 是通过改制成立的。

（3）家族企业以中小企业为主。从调查情况来看，60% 的家族企业年销售收入在 1000 万元以下。

（4）家族企业主要从事制造业和批发零售业。根据抽样调查，我国民营企业从事制造业和批发零售业的分别占 41% 和 25%。近年来，房地产业的高利润率已吸引了各行业的民间实业资本。

（5）家族企业经营绩效稳步提高。从行业分布来看，资源行业与房地产业的家族企业经营效益突出，这与近年来这两个领域产品价格上升较快的情况有关。

2. 我国民营企业代际传承状况

由民营经济研究会家族企业委员会主持完成的《中国家族企业传承报告》调研数据显示，在 2014 年家族企业接班意愿调查中，明确表示愿意接班的二代仅占调查样本的 40%，而有 15% 的二代明确表示不愿意接班，另有 45% 的二代对于接班的态度尚不明确。现实和数据都在告诫我们，中国家族企业已悄然进入了关键的传承期，而这一时期恰与全面深化改革、经济增长放缓、产业结构转型的新常态叠加。与此同时，家族企业面对传承与交接班，虽然说起来都知其重要性，但是行动上却缺乏必要的制度和法律准备。

2015 年中国家族企业传承报告的调查显示，我国企业代际传承有以下特点：

（1）从家族企业主的意愿来看。在抽样的 839 家家族控股企业中，绝大多数仍然处于第一代创始人的管理控制之下，仅有 92 家企业在过去 5 年内完成了企业主的更替。随着第一代企业家的年龄增长，考虑企业接班换代的企业越来越多，大多希望让其子女接班。除了文化传统背景和制度环境因素之外，家族企业主在领导权更迭中对家族成员的偏好程度还受多种因素的影响。企业主家族天然地希望企业永久受到家族成员管理和控制。家族内传承的愿望，在不同的企业家群体之间表现出一定的差异性，从个人层面来看，不同年龄段、受教育水平不同的企业家表现出显著的差异。年龄越大，越希望子女接班。

（2）从创二代接班意愿来看。相比于父辈较高的交班意愿，家族企业二代的接班意愿并不高。明确表示愿意接班的二代仅占31%，有14%的二代明确表示不愿意接班，另有55%的二代对于接班的态度尚不明确。被调查的家族企业大部分属于传统制造业，年轻一代对此既缺乏兴趣，又没有经验。加上与父辈在管理理念、价值观等方面的差异，更加放大了代际间交接班意愿的分歧，为领导权在家族内部的顺利更替埋下了隐患。

（3）从治理基础来看。当前中国私营企业的股东构成较为单一，主要是自然人股东，股权结构封闭，股权集中，股东以企业主个人及其亲密家族成员为主，家族具有绝对的控股优势。无论是从企业看还是从家族看，利益的多元都会产生冲突和代理问题。家庭的冲突需要家族的治理来事前防范或者事后解决。在企业，面对剪不断理还乱的家族成员关系，中国家族企业眼下需要在特定范围内公开股权继承办法、家族股权转让办法这两大家族所有权治理措施和家族成员聘用办法这一家族雇用治理措施。

此外，职业经理人机制尚未形成、企业传承价值观缺失、第一代企业家的人格注入，以及由于工业化文明的洗礼和全球化市场的来临给两代企业家所带来的困惑，是我国民营企业代际传承需要解决的难点问题。

美国《福布斯》双周刊网站2016年7月24日刊登文章认为，中国超半数家族企业面临接班困境，超过一半的传统家族企业的第二代不愿接班。首先，这与产业潮流有关。中国这些家族企业大多非常传统，子女对接班不感兴趣。其次，他们大多上大学，有些到海外留学后回国。他们有更多选项。许多人选择进入金融或投资行业并希望创建自己的公司，有些甚至选择为别人打工。①

---

① 《中国超半数家族企业面临接班困境》，载于“环球网”2016年7月26日。

（三）国内有关省份民营企业代际传承借鉴

1. 辽宁省与有关省份民营经济发展情况比较

2013~2015 年，本课题负责人连续三年到东南沿海发达省份调研，感到辽宁省与其差距在逐渐扩大。通过到广东、浙江、江苏、山东、河北和山西六省考察民营经济发展状况，我们感到辽宁省“民营经济发展不够充分”的问题比较突出。主要差距表现在几方面：一是经济总量较小。2014 年，辽宁省民营经济增加值为 15900 亿元，在全国排名第七位，排名前六位的省份依次为广东 29320 亿元、江苏 29000 亿元、山东 24500 亿元、浙江 24220 亿元、河南 20400 亿元、河北 17232 亿元。辽宁省民营经济增加值为广东的 54.2%、江苏的 54.8%、山东的 64.8%、浙江的 65.6%。辽宁省地区生产总值位次不前是与民营经济发展落后密切相关的。二是企业数量较少。辽宁省中小微企业注册数量为 209 万家（2012 年），居全国第八位。中小微企业数量排序前七名依次为：广东 487.5 万家、江苏 484 万家、山东 345.6 万家、浙江 327.3 万家、四川 297.4 万家、河南 260.9 万家、湖北 236 万家。三是企业规模较小。辽宁省民营企业注册资本（金）为 9079.4 亿元，居全国第九位。全省民营企业户均注册资本（金）242.7 万元，低于全国平均水平，全国为 286.4 万元。江苏为 322.2 万元、浙江为 310 万元、山东为 288.1 万元、广东为 244.5 万元，均高于辽宁省水平。四是社会贡献较少。一方面，从业人员较少，辽宁省民营经济从业人员为 1134.47 万人、广东为 2929.11 万人、江苏为 2232 万人、河北为 1937.1 万人；另一方面，上缴税金较少，辽宁省民营经济上交税金为 1962.19 亿元，占全省税收的 41%。广东为 6467.82 亿元，占 49.1%；江苏为 4901 亿元，占 56.3%；河北为 2342.6 亿元，占 67.3%。五是外向度较低。辽宁省民营经济实现出口交货值为 1925 亿元，占全省出口的 30% 左右。山东为 4100 亿元，占 51.9%；河北为 1430 亿元，占 46.4%。由于广东、江苏等省外资企业比例较高而占据了较大的出口份额，故其民营经济出口比重与辽宁省基本相同，但出口额却大大高于辽宁省水平，分别是辽宁省的 5.75 倍和 3.05 倍。六是城乡人均收入低。需要说明的是，辽宁省城乡居民平均收入与东南沿海先进省份相比较低。民营经济发展不充分，中小企业和个体户数量少，“小老板”不多，创业和就业不充分，这是辽宁省城乡居民平均收入落后于东南沿海发达地区的关键所在。

辽宁省民营经济与南方发达省份差距的原因在于：一是市场化程度低。造成开放度不够，传统的计划经济思维定势比较明显，往往过分强调政府的作用而忽视市场的推动，束缚了民营经济和中小微企业发展的活力。二是经济结构、产业结构不合理。辽宁省民营经济在地区生产总值中占比58%，一般来说，民营经济占比不达到80以上，说明市场化程度不够高。辽宁省民营经济的发展受重化产业结构的影响较大乃至过度依赖，以现代服务业为主的第三产业不发达，直接面对消费者的消费型终端产品比重小。三是体制机制不灵活。民营经济发展的体制机制障碍较多，进入门槛高，审批手续繁杂，简政放权不够，政府部门监管方式缺少活力。四是创业意识薄弱。辽宁省城乡居民传统的轻商意识和依赖政府的观念较重，创业意识不强，市县政府一些部门工作人员缺乏重商理念，培育“小老板”的氛围不浓。

2. 有关省市民营企业代际传承的做法

广东、江苏和浙江等沿海民营经济发达省份由于其民营经济的发展起步较早，因而企业和政府对代际传承工作抓得也就较早，其中广东省的顺德市、江苏省的无锡市和浙江省的温州市的许多做法值得借鉴。本课题仅就无锡和温州两市民营企业代际传承的做法进行简要的介绍。

（1）江苏省无锡市民营企业代际传承的做法。无锡是中国近代民族工商业和当代乡镇企业、民营企业的发源地之一。从无锡民营企业代际传承的历史经验上看，无锡第一代企业家对二代育苗培养、基层锻炼直至上马帮扶颇有讲究。主要做法是：一是选派子侄去国内外名校深造，让接班人拥有更多知识和更广视野。无锡近代企业家派子女出国培训的特色明显：其一，讲究实用，而不特别看重学位。其二，针对性强，根据企业发展需要决定学习专业与方向。其三，留学归国者大多具有真才实学，成为其企业发展的顶梁柱。二是对企业接班人慎重选择，好中选优。培养接班人注重基层磨炼，使之多接地气，学习掌握关键技术和业务。二代创业者在完成中、高等教育的学业后，父辈又让他们到基层磨炼，学习业务，培养成不同于一般工程师、会计师的新一代企业家。三是提供平台、加强磨合，帮扶二代成功创业。四是注重家庭门风教育，积极灌输人道和商道准则。[①]

① 《民企代际传承成功做法有哪些》，载于《无锡日报》2016年7月28日。

（2）浙江省温州市民营企业代际传承的做法。据温州市工商联展开的民营企业接班人健康成长机制的专题调查分析，温州市主流传承模式是子承父业，能力水平成为选拔接班人的主要标准。

一是代际传承模式。子承父业，培养自己直系血缘的继承人；外推的“亲人”继承，如翁婿、叔侄、堂兄弟等；使用职业经理人。

二是企业接班人选择标准。温州市通过调研发现，84.4%的企业家认为接班人能力水平高低是移交企业的主要标准。

三是企业接班人培养办法。大部分企业家在子女学业结束后，不会直接安排他们进入家族企业，而是让他们自己尝试创业，或者到其他企业历练。

四是规范化的制度建设。60%的被调查者认为，向规范化管理过渡的重要标志是从外部引入职业经理人。

五是企业内部信任机制。民营企业选择子承父业模式，其本质不仅是新旧领导者的交替，更是通过企业内新的管理团队形成，完善企业现代产权制度和组织制度建设。①

温州市民营企业代际传承中还遇到了一些需要解决的问题，表现在企业治理上“人治化”与“制度化”存在着冲突；代际传承缺乏健全计划；接班人的能力与意愿缺位；社会上对民营企业接班人的认识还有一定的误解。

五、辽宁省民营企业的代际传承

（一）辽宁民营企业的发展现状和主要问题

截至2015年底，辽宁省民营企业35万家，在民营中小微企业的从业人员992.2万人。辽宁民营经济在支撑增长、促进创新、扩大就业、增加税收、改善民生、促进社会和谐稳定等方面，发挥了越来越重要的作用。同时，辽宁民营经济发展中还存在不容忽视的问题，主要表现在结构性矛盾突出，产业结构不合理，对资源的依赖性较大，工业特别是重工业占比大，服务业占比小；企业负担过重，要素成本过高，应收货款拖欠严重；市场需求不足，

① 《温州民营企业家代际传承》，载于《中华工商时报》2011年1月7日。

停产半停产有扩大的趋势，部分企业出现裁减员工情况；企业家信心不足，缺少发展的激情，有的将资产转移到国外，自己不干了也不希望下一代接着干。

总的来说，辽宁民营经济总量偏小、层次偏低、整体竞争力弱，国有经济占比较高，民营经济占比较低。据2015年8月全国工商联公布的全国民营企业500强名单，进入其中的辽宁企业只有6家，而浙江是138家，江苏是91家。

（二）辽宁民营企业代际传承基本状况和主要问题

1. 民营企业进入代际传承的高峰期，代际传承促进工作尚未开展

在被调查的企业中，“创一代”企业家年龄在50～59岁的占被调查人数的45.6%，60岁以上的占被调查人数的11.5%。目前，已经完成了代际传承的占总数的7.6%，计划在3年内完成代际传承的占总数的12.4%，3～5年内完成代际传承的占总数的22.3%，10年内完成代际传承的企业占总数的65.3%。据此，全省超过1/3的企业在5年内要完成代际传承工作，近2/3的企业在10年内要完成代际传承工作。以目前全省1.16万家规模以上民营企业总数计算，有4000家规模以上民营企业在未来5年内要完成代际传承工作，有7000家规模以上民营企业在未来10年内面临代际传承的问题。

但是，在民营企业代际传承问题上，无论民营企业自身，还是地方各级政府以及各类民营经济服务机构，对民营企业代际传承的理念、规划和制度建设等方面的准备还很不足。目前，辽宁省还没有出台有关促进民营企业代际传承的政策法规等措施，也尚未开展相关工作。

2. 民营企业普遍缺少代际传承规划，企业的持续发展受到严重影响

以60岁退休的惯例来分析，辽宁省11.5%的民营企业已错过代际传承的最佳时间点。通过调研发现，这部分企业大多没有制定科学的传承计划和方案。由于不具备顺利传承的条件，使传承时间一再推迟，严重影响了企业的健康持续发展。如大连市的一家企业，“创一代”已经75岁，只有一个女儿且不愿意接班。在难以传承的情况下，企业失去了发展的动力和激情，既不想扩大生产经营，也没有转型升级的愿望，用“创一代”自己的话讲，什么时候干不动了，企业也就自消自灭了。类似情况并非仅此一家。如果一家

企业倒下了，不仅是企业自身的生存问题，更主要的是还涉及上百名员工和上百个家庭、几百个家庭成员的正常生活。制定科学的传承规划，是顺利实现代际传承的基础，而这也正是本省民营企业所普遍欠缺的。

3. 两代民营企业家的意愿不同，造成代际传承阻碍

从调查情况来看，“创一代”愿意将企业传承给子女的占总数的66%，但是认为交接班时机未到的却占总数的67.4%；而在“创二代”中，愿意接班的占总数的72.5%，自认目前具备接班能力的占总数的77.8%。通过调研发现，“创一代”不放心交班，是影响企业代际传承的重要原因。有的“创一代”认为子女资历尚浅、经验不足，不能经营好企业；有的传统观念较深，认为企业只能传给儿子，不能传给女儿、女婿，认为自己辛苦创建的企业不能传给“外人”。同时，一些“创一代”子女不愿意接班，也是影响企业传承的一大因素。有的“创一代”子女认为父辈挣的钱够自己花了，不想继续辛苦了；有的认为自身能力不足，不能完成经营好企业的重任；也有的不喜欢企业主营业务行业，尝试自己单独创业等。因此，“不愿交”和“不想接”，成为企业代际传承的主要阻碍，这种情况在本省民营企业中具有一定的普遍性。

4. 民营企业党组织建设弱化，代际传承中的党建工作迫切需要加强

调查发现，从党员数量上看，在“创一代”中，中共党员人数比例为47.3%；而在“创二代”中，中共党员人数比例为28%，大大低于“创一代”数量比例。在被调查的企业中，已经建立基层党组织的仅占企业总数的40%。上述情况说明，面临代际传承的民营企业的党建工作呈现出明显的弱化趋势。

（三）民营企业两代企业家优势对比分析

1. “创二代”更具备知识优势

从传统产业的转型升级上看，“创二代”比“创一代”更具备知识优势。“创二代”较“创一代”具有更高的学历，专科以上占总数的75.6%，不少还具有海外留学的经历，对新型产业了解程度更高、接受更快，掌握当代的前沿科技发展趋势。通过调研发现，一些民营企业正是在代际传承中，依靠“创二代”对先进技术和管理的引进，促进了企业的转型升级。如辽宁裕通

石化机械仪表有限公司，“创二代”从英国留学回来，不仅带回了先进的3D打印技术，还带回了整个科研团队，为企业从传统产业向新兴产业转型奠定了基础。

2. “创二代”更具有进取精神

从国内外市场开拓上看，“创二代”比“创一代”更具有进取精神。“创二代”尤其他们当中具有国外留学背景的，对开拓国际市场具有独特的优势，如沈阳华铁散热器有限公司的“创二代”，留美回国后积极开拓美国市场，目前企业70%的产品出口美国。在国内市场开拓方面，“创二代”在日益规范的市场环境下积极发挥知识优势，如沈阳防锈包装材料有限责任公司“创二代”参与企业经营管理后，将企业业务拓展到新的领域，实现了新的增长点。

3. “创二代”更适合二次创业

从创业创新来看，“创二代”比“创一代”更适合“二次创业”。一些民营企业家建议，各级政府要在推进“大众创业”的同时，更加关注现有企业的“二次创业”，因为现有企业在管理、资金、市场等方面与其他创业者相比，具备比较优势，创业成功率更高。特别是新一代企业家，在现有企业基础上进行“二次创业”，通常会专注于新的领域，创新意识更强，更符合未来企业的发展方向。如沈阳中科超硬磨具磨削研究所有限公司的“创二代”，在现有企业发展的基础上，根据市场需求，创立了与现有业务相关联的新企业，发展势头良好。

4. “创二代”艰苦奋斗精神有所不足

从政治参与、社会责任感和艰苦奋斗精神上看，“创二代”与“创一代”相比有所不足。我们在调查中得到的普遍反映是，“创二代”的政治参与意识明显低于“创一代”。调查显示，“创一代”中各级党代表、人大代表、政协委员的比例均大大高于“创二代”。在“创一代”中，各级党代表人数占总数的8%，各级人大代表人数占总数的20.4%，各级政协委员人数占总数的11.2%；在“创二代”中，各级党代表人数占总数的4.5%，各级人大代表人数占总数的8.1%，各级政协委员人数占总数的6.2%。调查中我们发现，与“创一代”相比，“创二代”社会责任担当意识也显得不足，社会责任感和艰苦奋斗精神有所缺失。对此必须加以引导，否则难以使民营企业走出“富不过三代”的怪圈。

（四）辽宁民营企业代际传承的主要做法和培养方式

1. 主要做法

在辽宁民营企业代际传承中，单子女传承占绝大多数，一般都是“子承父业”，“创一代”在自己认为适宜之时将企业传给儿子或女儿，个别的传给女婿或儿媳。也有的“创一代”在有多个子女的情况下，则将集团公司的不同企业或同一企业的不同职位和业务，交给子女分别掌管。如沈阳一家服务企业，将多个子女分别安排在几个子公司中，为企业传承做准备；辽阳一家建筑机械企业，“创一代”准备分别将董事长和总经理职务交给两个儿子担任。

合伙制民营企业的代际传承有两种情况。一是将企业的子公司或企业的不同部分或相应职务，分别由几个合伙人的子女传承。如辽阳的一家企业有三个合伙人，将企业的三个子公司分别交与三人的子女传承。二是将企业交由职业经理人经营，鞍山的一家民营科技合伙企业就打算采取这种做法。

值得关注的是，具有现代理念的“创一代”，或由于各种原因无法将企业传承给子女的“创一代”，采取的是将企业交由职业经理人经营的做法。问卷调查显示，有近 1/4 的“创一代”准备将企业交给职业经理人经营，“创一代”及子女作为企业股东只拥有企业的所有权，不再直接参与企业的经营管理。也有一些“创二代”表示，“企业将来是谁的不重要，重要的是企业还能够存在”，所以将来交班时，会把企业交给社会。

2. 培养方式

（1）自身培养。通过让“创二代”在本企业任职，由父辈进行指导，经过各个管理岗位的历练，对企业的生产经营、企业管理和企业文化方面进行深入了解和体验，最终实现接班。如大连市一家橡胶制品企业，“创二代”从大学时代开始介入企业生产、经营和管理，运用所学知识与企业实际结合，顺利实现了代际传承。

（2）机关培养。让“创二代”进入政府机关工作，掌握国家政策法规，熟悉政府工作流程，积累企业人脉，拓展工作经历。待企业到了传承阶段，“创二代”辞掉公职，接手企业。调查显示，目前“创二代”在政府机关或国有企业任职的占被调查企业的 6%。如大连市一家制造业企业，“创二代”

在政府机关已经是正处级干部，后辞掉公职回企业任职，由于经过锻炼具有了相应的政策水平和协调能力，实现了企业的做大做强。

（3）海外培养。将“创二代”送到海外留学，开阔视野，学习发达国家在企业发展方面的先进经验和理念，回企业任职，将先进技术和管理经验引入企业，同时帮助企业开拓国际市场。调查显示，“创二代”具有留学经历的占被调查企业总数的9%。如沈阳市的一家制造业企业，“创二代”在国外取得了博士学位，将掌握的先进技术带回企业，提升了企业的核心竞争力。

（4）交流培养。通过将“创二代”送到其他行业相关企业任职，学习其他企业的管理，将好的经验和做法应用于本企业。如沈阳市的一家科技型企业，“创二代”大学毕业后进入了省内一家大型科技企业任职，通过几年的锻炼和学习，再回到本企业接班工作。与自身培育相比，克服了“创二代”在本企业的身份障碍，得到了真实的锻炼。

（5）创业培养。通过让“创二代”进行自主创业特别是开展与本企业相关联的创业活动，掌握创立企业、经营企业的相关技能，有利于企业的传承发展。第一代企业家大多认可这种模式。调查显示，支持子女自主创业占总数的87.9%。如沈阳市的一家制造业企业，“创二代”在接班过程中进行二次创业，在企业原有业务基础上，结合自身优势，开拓了新市场。

（6）综合培养。在代际传承过程中，需要“创二代”具备综合素质和能力。因此，“创一代”企业家往往将各种培养方式结合起来加以运用。如将海外培养和自身培养相结合，“创二代”经过海外留学后，再回到本企业不同部门任职锻炼；将海外培养、交流培养与创业培养相结合，进行二次创业等。实践证明，综合培养使传承的成功率较高，更有利于企业的发展。

六、辽宁民营企业代际传承的对策建议

要顺利实现民营企业代际传承，对于民营企业自身而言，关键是要建立起内在的代际传承机制，通过科学合理的内部机制，选择适宜的代际传承模式。同时，民营企业代际传承本身是企业行为，政府不能越俎代庖，也不应该直接干预，但却是责无旁贷、义不容辞的。对于地方各级党委和政府而言，需要通过政策法规的制定和实施，加大宣传、教育和培训等引导力度，推动

民营企业对代际传承提早进行科学规划。通过促进民营企业制度和管理创新，加大信用体系建设，规范职业经理人市场，为民营企业代际传承营造良好的环境。地方各级政府要充分认识到，代际传承对民营企业自身生存发展和对经济社会发展具有双重意义，要将民营企业代际传承工作纳入各级政府发展和稳定工作的重要议事日程，认真总结民营企业代际传承的正反两方面典型，加强宣传和引导，增强企业代际传承意识，推动民营企业顺利实现代际传承。

（一）加快建立现代企业制度

引导民营企业建立现代企业制度，是打破“富不过三代”的制度性选择，是打造“百年老店”、实现企业健康持续发展的根本性保证。就代际传承而言，建立现代企业制度有三个方面意义：一是使企业降低“人治”的影响，更多用“制度”说话，有利于企业顺利传承，将新老交替对企业的负面影响降到最低；二是有利于“创二代”在接管企业后，根据企业发展愿景进行科学的布局，有利于企业的持续发展；三是对于引入职业经理人经营企业的，建立现代企业制度更是必不可少的基础条件。因此，需要各级政府出台相应的政策措施，引导有条件的民营家族企业建立现代企业制度，进行创新管理和科学管理。

一是要实现企业产权制度创新。要引导民营家族企业转变思想观念，建设开放型企业产权制度，加快实现投资主体多元化。有条件的企业应向国内外战略投资者开放，引入战略性投资资金入股企业，建设开放型企业产权制度，促进企业经营管理的国际化。鼓励和引导企业向社会资本和自然投资人开放，通过吸引社会资本和自然人投资，实现企业产权社会化和企业管理科学化。鼓励企业向员工开放，优化内部资源与相关要素配置，通过调整企业内部利益与分配格局，形成有助于企业持续发展的新的动力机制。

二是要实现法人治理结构创新。进一步规范企业组织机构设置，明确股东会、董事会、监事会和经理层的职责，形成各负其责、协调运转、有效制衡的法人治理结构。有条件的企业可试行外部董事制度，防止和规避因“内部人控制”引发的问题与矛盾。有条件的企业应引入职业经理人制度，实行所有权、经营权、托管权分离，探索企业内部监管和外部监督有机结合的实现形式，有效化解“三权”过度集中带来的风险。

（二）加强职业经理人队伍建设

建立现代企业制度是民营企业顺利实现代际传承的基本保证，而职业经理人队伍建设则是建立现代企业制度和代际传承顺利实现的基本条件。

打造诚实守信的社会氛围和环境，是民营家族企业实现代际传承的重要外部条件。政府信用体系建设是基础，引导着企业信用和个人信用，是民营家族企业顺利传承的信心所在；企业信用建设重要性在于市场对企业的规范性要求越来越高，“创二代”对于公平市场竞争的接受程度远远高于曾经的“靠关系”，企业自身信用越好，越容易实现代际传承；个人信用建设对企业代际传承而言，主要是职业经理人队伍建设。

本课题在调查中发现，民营家族企业对职业经理人既想引入又很害怕的矛盾心理比较普遍，担心技术和产品等方面的企业利益被侵害。这主要是因为目前职业经理人队伍建设不完善，职业经理人市场不规范，迫切需要完善职业经理人行业信用评价体系和相关制度。对此，一是要对职业经理人市场加以规范，建立职业经理人人才库及其业绩和信用档案，实现职业经理人的动态管理；二是积极发挥市场配置人才的作用，大力推进职业经理人中介机构的发展，鼓励中介机构利用信息网络技术，建立网络化的供求数据库，实现信息共享；三是加强职业经理人的培养，通过举办各类培训活动，提升其职业素养和业务能力，促进职业经理人队伍的发育和成熟。

（三）建立企业内在的代际传承机制

第一，注重接班人的选择与培养。第一步是选择接班人，候选人可以是一人，也可以是多人。选择候选人时应综合考虑年龄、学历、能力、发展潜力等因素，其中能力是重要因素，发展潜力是关键因素。第二步是对接班人进行培养。让候选人在家族企业内从事具体工作，或在其他企业里实践，然后接任本企业领导者，或者是先让候选人先在其他企业实践几年，再在本企业非最高领导者职位上锻炼几年后接任。

第二，保持企业的传承战略与员工期望相一致。家族企业要顺利实现代际传承，必须使传承战略与员工期望一致。在企业的代际传承过程中，需要进行良好的互动来消除员工可能会产生一些疑问，使企业家族和企业员工都不把代际传承简单地看作是家族企业自身的事情。

第三，建立权力交接协调机制。主要是规范家族会议，家族会议是解决传承问题较为有效的方式；协调家族成员之间的关系，家族企业成败最大的因素是家族成员之间的关系；协调非家族成员之间的关系，非家族企业成员管理层特别是资深经理人，对家族企业生存发展和企业的代际传承有着重要影响。

（四）加强服务体系建设

国内外经验表明，完善的服务体系是企业代际传承顺利进行的重要条件。而完善企业代际传承服务体系，需要政府服务指导与社会化服务相结合。在政府服务指导方面，主要是政策法规的引导和促进，突出政府的服务作用，鼓励机关党员干部深入企业，与民营企业的两代企业家结对子，增强“创二代”的政策素质。在社会化服务方面，采用政府购买服务的方式，为民营企业提供促进代际传承的各类要素服务，加强民营企业制度和管理创新等相关服务。在企业融资、市场开拓、技术创新、权益保护等方面开展社会化服务，为民营企业营造良好的营商环境，对民营企业的代际传承将起着积极的作用。

以往的服务体系包括公共服务平台网络、公共服务平台创业基地，通过提供信息、投融资、创业、人才与培训、技术创新和质量、管理咨询、市场开拓、法律等方面的专业服务，形成服务功能完善、特色鲜明、运营规范、方便快捷、社会影响力大和品牌知名度高的服务体系，解决企业共性需求。通过“政府支持中介，中介服务企业”，让更多的民营企业获得支持。

上述服务体系对民营中小企业包括家族企业的发展，无疑起到了重要的作用，但在民营家族企业代际传承方面，还显得十分不够，民营家族企业代际传承在获得政府和社会的服务方面几乎是微乎其微。这主要是因为辽宁的民营经济发展的起步与东南沿海发达省份相对较晚，代际传承问题只是近年来才凸显出来。因此，必须在服务体系建设中，增加和突出对企业代际传承的服务内容和措施。

（五）强化对代际传承的培训

民营企业代际传承培训要从制约代际传承的要素入手，开展有针对性的、全方位的培训工作，提升两代企业家和职业经理人的素质和能力。这是开展社会服务体系建设的一项重要内容。

1. "创一代" 培训

企业传承是一项系统工程，包括传承的时间节点、传承形式、传承管理、传承培养等，绝不是"创一代"到了退休的年纪，把企业交给接班人就可以了。大多数"创一代"都知道传承的重要性，但对如何制定科学的传承计划，选择哪种传承方式，如何做好接班人的培养，如何帮助接班人树立权威等，没有系统的了解和规划；或者不想把企业传承给子女时，如何交由职业经理人经营等，也缺乏相应的准备。通过系统的代际传承培训，会使"创一代"企业家做到心中有数。

2. "创二代" 培训

挂职培训，选派符合条件的"创二代"到政府相关部门或国有企业挂职锻炼，使他们能够更好地了解国家政策，增强工作协调能力。省外培训，与南方发达省份合作，将本省"创二代"选派到那里的企业，通过亲身体验和参与对方企业的管理，吸收先进的理念。海外培训，选派"创二代"到发达国家进行培训，学习国际知名企业、隐形冠军先进的管理经验。创业培训，通过开展多种形式的创业培训，并给予相应的创业优惠政策，鼓励"创二代"进行创业。党建培训，如开展革命历史教育和红色之旅体验，使"创二代"懂得，爱家、爱企、爱党、爱国是相辅相成的，树立起正确的人生观，提升社会责任意识。专业培训，结合经济形势的变化和企业的需求，开展有针对性的专题培训，如目前国家和省政府大力推进的"中国制造 2025"、产业（创业）投资引导基金等内容的培训。

2016 年 4 月，本课题组负责人组织了在辽宁大学举办的全省"创二代"企业家首期培训班，旨在提升本省新一代民营企业家综合能力，促进民营企业顺利实现代际传承，提高民营企业的管理水平。培训班邀请省内外著名专家学者、政府官员及优秀企业家代表，讲授经济战略与未来趋势、责任使命与价值观、家族企业传承与发展、创新与创业、企业管理、企业文化等相关课程，并采取参观企业、商业模式探讨、课题演练及实战模拟等多种方式教学，树立开放、参与、交流、分享的学习氛围，取得了良好的培训效果。首期培训班在辽宁大学举办后，2016年9月，本课题组负责人组织举行了“创二代”企业家座谈会，听取意见和建议，对“创二代”企业家培训工作进行总结，拟定今后采取等多方式进行培训。例如，挂职培训，选派符合条件的第二代民营企业家到政府相关部门、国企挂职锻炼，使第二代企业家们能够更好地了解国家政策，培育协调能力；可以参考浙江省的经验，与南方发达省市沟通，将我们的第二代企业家挂职到先进省市优秀的民营企业中，通过亲身参与对方企业的经验和管理，吸收先进的经验理念，学习先进的管理经验。再如海外培训，选派符合条件的第二代民营企业家，由政府部门进行沟通和组织，到发达国家进行培训。可以深入国外知名大企业、隐性冠军企业，学习先进的管理经验和创新经验，开拓企业家们的国际视野；也可以通过到知名学府，系统学习先进的工商管理知识，提升第二代企业家的学习能力和创新精神。

3. 职业经理人培训

对职业经理人的培训有两个方面：对全社会职业经理人队伍的培训；传承企业原有职业经理人的培训。对职业经理人培训的重点，是诚信和信用的教育。对传承企业职业经理人的培训，要同时注意结合具体实际，突出如何在代际传承中发挥作用。因为在“创二代”接管企业的过程中，企业原有职业经理人起着重要作用。作为企业的“元老”如能融入新的管理团队，会积极支持“创二代”，也可能凭借自身的资历有碍“创二代”权威的树立。对企业原有职业经理人进行培训，既有利于促进企业顺利实现代际传承，又能使职业经理人在企业中更好地发挥作用。

（六）强化社会责任意识

强化民营企业家的社会责任，是企业实现代际传承的重要保证。民营企业的社会责任包括依法经营、照章纳税，还包括尊重、维护员工权益，为消费者提供优质的产品和服务，注重环境保护、促进可持续发展和回报社会、支持公益事业等。要使企业家认识到，企业的财富不仅是民营企业家族的，同时也是社会的。为此，必须强化对两代企业家特别是“创二代”的社会责任意识的教育，引导“创二代”按照习近平总书记提出的“致富思源、富而思进，做到爱国、敬业、创新、守法、诚信、贡献”要求，真正接好企业的班。

为此，一是要引导民营企业参与公益事业。作为先富起来的阶层，民营企业家参与社会公益捐赠是其回报社会、履行社会责任的一个重要方面。二是助力精准扶贫。通过政府搭建平台，引导民营企业通过市场配置资源的方式参与扶贫，使企业尤其是民营企业在带动贫困地区扶贫脱贫中扮演重要角色，是扶贫攻坚战能否取得胜利的一个重要环节。三是保障职工合法权益。保障员工合法权益，既是企业应尽的责任和义务，也是企业顺利实现代际传承的重要保证。

（七）构建新型政商关系

推进辽宁民营企业代际传承的一项十分重要的任务，就是积极构建“亲”“清”的新型政商关系。对于辽宁来说，完成这项任务显得极为重要，具有特殊的重要意义。

2016 年 3 月，习近平总书记同时首次用“亲”“清”两个字阐述新型政商关系。总书记的这一新论述，对于诠释法治社会为政、为商的纪律和规矩，构建新型政商关系，同时对民营企业顺利实现代际传承，具有十分重要的指导意义。2016 年 3 月，国家发改委出台《关于推进东北地区民营经济发展改革的指导意见》，提出要经过五年左右时间，通过推动民营经济发展改革方面的锐意创新，实现基本建立以“亲”“清”为主要特征的新型政商关系等六个主要目标，为包括辽宁在内民营经济发展改革规定了具体时间表，从而也使民营企业代际传承在内容和操作等方面有了新的依据。

在推进代际传承过程当中，各级政府和领导干部要积极构建“亲”“清”新型政商关系，着力解决民营经济发展中的困难和问题，领导干部要干干净净同民营企业接触交往，坦荡地带着感情与企业家来往，真心实意地为他们排忧解难；进一步营造公平公正健康的营商环境，推进依法行政、打造诚信政府，以良好的政治生态和营商环境，让民营企业家少一些发展中的困扰、多一些成长中的喜悦；要进一步提高广大党员干部服务非公有制民营经济发展的水平，克服“本领恐慌”，提升服务企业的效能和质量。

对于民营企业家特别是“创二代”来说，要做爱国敬业的典范，加强自我学习、自我教育、自我提升，积极践行社会主义核心价值观；做守法经营的典范，要遵纪守法办企业、诚信务实搞经营；做创业创新的典范，把创新理念运用到企业生产经营各个环节，努力提升自身核心竞争力；做回报社会的典范。要积极投身光彩事业和公益慈善事业，热情参与脱贫攻坚，主动担负起致富思源、义利兼顾的社会责任。

（八）完善政策法规保障机制

党的十八届四中全会通过的《中共中央关于全面推进依法治国若干重大问题的决定》，对民营经济的发展具有重大的意义和深远的影响。依法治国在为民营经济持续健康发展带来巨大红利的同时，也将对民营企业的规范发展起到巨大推动作用。全面推进依法治国，必须促使民营经济的发展走上法制化轨道。民营经济应该是法制经济，是建立在法治基础上的市场经济。实现民营经济发展的法制化，基本前提是解决立法问题，制定配套的专项法律法规，在市场准入、财税和金融支持等方面做出规定，通过制定法律法规实现民营经济发展的法制化。

目前，我国没有民营经济发展的专门立法，有关法律法规基本体现在2003年《中华人民共和国中小企业促进法》之中。但是在这部法律当中，对民营企业或者中小企业的代际传承问题基本没有作出规定。对地方而言，在国家没有出台民营经济法律法规或者没有修改《中小企业促进法》之前，辽宁省也完全可以根据地方立法权限，在地方法规和政府规章方面先行一步，抓紧出台相关规定，或者在修改《辽宁省促进中小企业发展条例》时增加有关代际传承方面的规定，使民营企业的代际传承有法可依，确保代际传承有序健康地进行。在相应的法规或规章出台之前，也可以先制定政策文件如政府规范性文件，对民营企业的代际传承进行政策上指导，探索和总结经验后再上升为法规或规章。

七、结论与展望

目前，辽宁民营企业已经进入代际传承的高峰期，但是代际传承中存在的问题却没有得到应有的重视。如何实现新老企业家平稳交接，不仅关系到民营企业的生存与发展，还关系到社会的稳定，因而代际传承问题是政府部门和民营企业应该共同高度关注的问题。本文在对相关理论和辽宁省民营企业代际传承实际情况分析的基础上，借鉴国外家族企业和国内发达省份民营企业的代际传承做法，对辽宁民营企业代际传承的模式和路径进行了分析，就建立现代企业制度、建立企业内在的代际传承机制、加强服务体系建设、搞好培训、构建新型政商关系和完善立法等八个方面提出了相应的对策建议。

在家族企业代际传承研究方面，国内外学术界已取得较为丰硕的成果，在代际传承模式、接班人标准、影响顺利传承的因素和研究方法等诸多方面，都为以后的研究打下了坚实的基础。但同时也还存在一些问题，诸如大量文献是描述性和建议性的，实证研究过少，研究成果较为零散，理论体系不完整等。

关于今后的研究，要在解决上述问题的同时，至少在以下两个方面有所突破：一是进一步拓宽研究的领域，在研究区域民营企业代际传承方面上，在对东南沿海发达省份进行研究的同时，应该在研究侧重点上向中部和西部特别是包括辽宁在内的东北老工业基地倾斜。二是进一步挖掘研究的深度，应该通过深入的理论研究和大量的实践研究，在探索代际传承一般规律尤其是我国民营企业代际传承的特殊规律方面，能够有新的研究成果产生。

参考文献

［1］习近平：《巩固发展最广泛的爱国统一战线》，载于《人民日报》2015 年 5 月 21 日。

［2］王齐晗：《我国家族企业代际传承文献综述》，载于《佳木斯教育学院学报》2013 年第 11 期，第 440 ~ 441 页。

［3］王路：《家族企业代际传承文献综述》，载于《浙商管理评论》2014 年第 4 期，第 75 ~ 85 页。

［4］都苏艳：《家族企业代际传承治理模式研究综述》，载于《当代经济》2014 年第 17 期，第 16 ~ 19 页。

［5］吕海涛、孟令择：《河北省民营企业主体代际传承中的问题与引导政策》，载于《河北工程大学学报（社会科学版）》2014 年第 3 期，第 1 ~ 4 页。

［6］余柳仪：《论我国家族企业代际传承的特征与存在问题》，载于《商业时代》

2010 年第 8 期，第 73～74 页。

［7］李博：《中国民营企业传承问题研究》，载于《学理论》2012 年第 4 期，第 24～25 页。

［8］王国保、宝贡敏：《国外家族企业继承研究述评》，载于《重庆大学学报（社会科学版）》2007 年第 3 期，第 45～51 页。

［9］张波、卫甜甜：《新生代浙商代际传承与反哺嬗变》，载于《浙江青年专修学院学报》2013 年第 2 期。

［10］高艳超：《中国家族企业传承模式研究》，河北大学硕士毕业论文，2013 年。

［11］王连娟：《家族企业接班人选择》，中国社会科学出版社 2010 年版。

［12］范博宏：《关键时代——走出华人家族企业传承之困》，东方出版社 2012 年版。

［13］郑敬普：《家族企业顶层设计》，广东旅游出版社 2014 年版。

［14］张建华、薛万贵：《富过三代——家族企业如何培养接班人》，机械工业出版社 2008 年版。

［15］李国荣、彭松建：《民营经济概论》，北京大学出版社 2008 年版。

［16］汪段泳：《民营经济论文精品选》，北京大学出版社 2007 年版。

［17］杨新红、苏青场：《沿海开放地区“创二代”民营企业家培育机制研究——以宁波市为例》，载于《中共银川市委党校学报》2015 年第 12 期，第 86～89 页。

［18］林长富：《温州中小民营企业传承问题及对策》，载于《社科纵横》2008 年第 10 期，第 45～46 页。

［19］单东：《如何看民营企业传承问题》，载于《浙江经济》2007 年第 11 期，第 22～25 页。

［20］周咏龙、胡琼晶、秦昕：《民营企业家何时更倾向于让子女接班——基于全国民营企业调查数据的实证研究》，载于《国管理学年会——组织与战略分会场论文集》2014 年 11 月 14 日。

［21］中国民（私）营经济研究会家族企业研究课题组：《中国家族企业发展报告》，中信出版社 2011 年版。

［22］陈鼎、蔡亚萍：《“民企二代”群体的成长现状与教育培养路径——基于温岭市“民企二代”调查问卷的分析》，载于《上海市社会主义学院学报》2012 年第 5 期，第 37～43 页。

［23］魏磊：《我国家族企业传承研究》，河南大学硕士毕业论文，2013 年。

［24］中国民营经济研究会家族企业委员会：《中国家族企业传承报告》，中信出版社 2015 年版。

［25］金花、高燕：《我国民营家族企业代际传承研究——基于青岛市 1583 份问卷调

查分析》，载于《中共福建省委党校学报》2016 年第 1 期，第 84 ~90 页。

［26］韩文国：《中国家族企业制度理论分析》，吉林大学博士毕业论文，2012 年。

［27］史坤：《中小型家族企业的代际传承研究》，山东财经大学硕士毕业论文，2016 年。

［28］金一禾：《代际传承、战略转型与企业绩效——基于沪深 A 股主板家族企业的经验证据》，浙江财经大学硕士毕业论文，2015 年。

［29］龚恩华：《江浙两省家族企业代际传承模式的国际借鉴》，载于《科技资讯》2016 年第 14 卷第 27 期，第 58 ~60 页。

［30］Handlerw C. Succession in family firms：amutual role adjustmentbetween entrepreneurand next-generation family members［J］. Entrepreneurship：Theory and Practice，1990，15（1）：37 –51.

［31］Lansberg I，Astrachan Jh. Influence of family relationships on succession planning And training：The importance of mediating factors［J］. Family Business Review，1994，7（1）：39 –59.

［32］Ibrahim A B，Soufanik，Poutziouris P，Lam J. Qualities of an effective successor：the role of educationand training［J］. Education & Training，2004，46（8 – 9）：474 –480.

［33］Fahed-Sreih J，Djoundourians. Determinants of Longevity and Success in Lebanese Family Businesses：An Exploratory Study［J］. Family Business Review，2006，19（3）：225 – 234.

专题四　新形势下辽宁省民营经济产业转型升级研究

与民营经济发达的省份相比，辽宁省民营经济的差距不仅表现在总量上还表现在企业规模量级以及分布集中度方面。2016 年度中国民营企业 500 强的门槛营业收入为 120.52 亿元。入围 500 强的民营企业中，浙江省有 134 家，占总数的 26.8%；江苏省有 94 家，18.8%；广东省有 50 家，占总数的 10%；山东省有 48 家，占总数的 9.6%，辽宁省仅有 7 家，占总数的 1.4%，且排名靠后。以上数据均说明辽宁省民营企业在规模上落后于民营经济发达省份，有待持续发展与提高。

国外有关民营经济的研究较少，大多从工业化进程的角度探讨私营经济的发展壮大问题。同时，部分学者从制度支持角度探讨了地方政府行为激励民营经济发展的动力作用。Qian，Y. and G. Roland（1998），Liu（2000）等经济学家，认为地方政府在财政联邦和行政分权体制下形成了很强的发展经济激励，有足够动力去发展区域民营经济，并提供制度支持促进民营经济发展。Weingast，B. R.（1995）指出地方政府能够选择促进民营经济发展的重要原因在于二者利益的一致性。

国内对民营经济的研究则主要集中在民营经济发展作用、发展的动力、内部管理机制以及制度变迁的影响等方面。关于民营经济发展作用的研究，主要包括局部区域研究和宏观整体研究两大类。在区域研究中，如赵磊（2014）肯定了民营经济是实现经济跨越式发展的增长点，但不同地区的民营企业在规模、整体实力方面存在较大差异。区域研究的文献多以区域性的民营经济环境为背景，针对该地区民营企业发展现状点明其对区域经济发展的促进作用，此类区域性的研究成果具有一定的局限性。从民营经济发展动力视角研究的学者认为驱动我国民营经济发展的因素主要包括外部因素和内生因素，祝晓路（2009）指出民营经济的运行和发展会受到外部环境和自身状况等诸多因素的综合作用，因而，要推动民营经济快速健康地发展，必须从政府、政策、产业、企业等多方面入手，寻找民营经济的动力源泉。在宏观研究中，主要以全国范围的民营企业作为研究对象，从整体上对民营经济发展的宏观形势做出了分析。厉以宁（2010）用三句话“无民不稳，无民不富，无民不活”概括出了民营经济在国民经济发展中的重要作用。刘立新（2008）指出民营经济对国民经济发展也做出了巨大贡献，这与郑少武（2012）的研究结果基本一致。

一、辽宁民营企业转型升级的机遇和挑战

（一）民营企业转型升级带来的机遇

1. 地位不断提高

从“两个毫不动摇”到“两个平等”的迈进，充分体现了中国几代领导人对于民营经济发展的重视，体现了中国市场经济条件下民营经济日渐重要的地位和作用。

2. 供给侧结构性改革

习近平总书记指出要大力推进供给侧结构性改革，要在适度扩大总需求的同时，实现“三去、一降、一补”（去产能、去库存、去杠杆、降成本、补短板），从生产领域加强优质供给，减少无效供给，扩大有效供给，提高全要素生产率，使供给体系更好适应需求结构变化，为民营经济发展提供重大机遇。同时，民营经济转型升级能够进一步推进供给侧结构性改革。

3. 经济新常态给民营企业喘息的时间

一直以来，民营企业发展迅速，地位由原来的补充到现在与国有企业同等重要作用、数量由原来的零到占比 90% 以上、税收占到一半以上。民营企业快发展、大发展的同时，就避免不了盲目，很多民营企业特别是中小企业并不是很理性的产生、发展，很多企业发展具有投机性。在经济新常态阶段，经济增长回归理性，对于盲目出现、发展的企业是一个较大的考验，对于实力较为雄厚的企业是一个机会，使其快速发展的步伐放慢，得以喘息，可以

给他们一个理性思考、重新定位的时间和机会。经济新常态给民营企业增加投资并增加机会。在经济新常态阶段，一方面使民营企业发展的成本降低。国家为了刺激发展，会发布多项利好政策，今年仅上半年，央行二次降息。经济新常态民营企业另一方面也有利于转型升级。转型升级对民营企业来说既是机遇也是挑战。当前多数民营企业发展受到瓶颈阻碍，科技创新、转型升级是唯一出路。民营企业在经齐增速回调时期，不能停滞不前；必须调整落后的管理、技能、生产方式等。这样，会给民营企业转型升级提供动力与支撑，也会加快民营企业领导转型升级的决心，并付诸实践。

4. 经济新常态给民营企业更多的发展空间

据世界银行预测未来 20 年，我国城镇化率继续上升，可能升至 70% 左右。产业结构将会发生巨大变化，服务业占比上升，消费结构转型，这样会出现新的经济增长点，包括养老、休闲旅游、物流业等。这些产业的投资不可能完全由国有企业来完成，所以也需要民间投资，也即民营企业的投资。这样，拓宽了民营企业发展的空间。

5. 降息带来的利好

2017 年 5 月央行降息，短期贷款利率仅为 5. 1% （2010 年 10 月 20 日贷款利率 5. 1% ，但同年 12 月 26 日，提高到 5. 35% ），为 24 年以来最低水平，而在 2017 年 6 月 28 日第三次降息，短期贷款利率为 4. 85% 。受三次降息影响，民营企业利息总支出明显下降。2017 年 6 月，全国规模以上企业利息支出同比下降 6. 2% ，为 2017 年以来最大降幅。利息支出减少，有利于降低企业融资成本，增加企业效益。另一方面，降息会淘汰一些落后企业，促进企业的转型升级。

（二）民营企业转型升级带来的挑战

经济新常态对民营企业的发展也有较多的弊端，2014 年 12 月份召开的中央经济工作会议上指出，要“认识新常态，适应新常态，引领新常态”，这是当前和今后一个时期我国经济发展的大逻辑。经济新常态下，发展自己，壮大自己，其唯一途径就是转型升级。辽宁省民营企业存在诸多问题，转型升级是民营企业继续生存和发展的唯一出路。企业转型升级就是要改变过去落后的东西，采用先进的理念、管理、技术，运用新的销售模式，生产出新的产品、服务。但目前，辽宁省民营企业创新能力不强，直接影响了民营企业转型升级。目前，辽宁省民营企业转型升级存在的挑战即难点主要有：

1. 民营企业转型升级缺乏人才，特别是高端人才

人力资源是企业最重变的战略资源，“用工贵”“用工难”依然困扰着辽宁的民营企业。可以说企业间的竞争就是人的竞争，但当前民营企业优秀人才缺乏，特别是懂技术、会管理的人才缺乏。其原因有很多，如工资水平不高、福利待遇不高、缺乏正常的晋升途径、民营企业给员工的生活配套设施建设存在问题、内部治理结构不健全、家族式管理普遍。

2. 民营企业转型升级缺乏资金

一方面民营企业用于创新的资本投入有限，使其很难创新。大部分民营企业甚至没有创新团队，其新的创意、方案的产生仅仅靠高层领导个人的智慧，很多民营企业特别中小企业追求的仅是当前的销售业绩，忽略了创新投入。这也与当前我国知识产权保护不力有很大关系。知识产权保护存在漏洞，使得知识产权不能有效被保护，新技术、新成果一旦进入市场，很快就会被其他企业或者个人跟进。所以很多民营企业对自身创新产品、品牌等缺乏有效保护，导致创新激情不高，很多民营企业更愿意去“抄袭”。另一方面民营企业经营成本上升，缺乏创新资金。企业的经营成本主要包括税费、融资成本、生产成本等。目前企业交纳的各种税费约占其营业收入的20%，有的甚至达到30%，税费负担依然很重。今年上半年三次降息，使融资成本下降，但在实际操作中，实力较为薄弱企业，特别是中小企业融资难问题依然存在。原材料及能源购入价格不同程度的持续上涨；物流费用、房租等成本上升较快，进一步压缩了企业利润空间，挤占转型升级的资金。

3. 出口产品占比小，内销产品占比大

民营企业要改变过去落后的东西，采用先进的理念、管理、技术，运用新的销售模式，产出新的产品、服务。目前出口产品占比小，内销产品占比大，而且出口产品以农副产品和原材料产品为主，机械产品和产成品比重不高。

4. 民营企业转型升级，受有些行业准入门槛高且存在不公平对待的现象

我们发现，越是低端产品，进入门槛越低，企业数量也越多，利润越低；越是高端产品，进入门槛越高，企业数量越少，利润越高。我国在最近几年已经放宽了很多行业的门槛限制，民营企业在市场准入方面由原来的禁止到“被允许”到逐渐扩大，投资领域得到扩大，但从各地实际发展现状来看，

依然存在诸多障碍，这些有形或无形的障碍在民营企业转型升级时设置了一道屏障，使民营企业转型升级受困。

二、辽宁部分城市的民营企业转型升级中的做法

（一）沈阳市的做法[①]

沈阳市人民政府印发了《沈阳市 2017 年深化经济体制改革工作要点》，在补齐民营经济短板、激发和保护企业家精神、大力支持民营经济发展等方面的做法非常醒目。

《改革工作要点》指出，要以市场准入负面清单为基础，鼓励民营企业参与公共基础设施建设，完善民营企业参与教育、文化、医疗、卫生、养老等行业发展的体制机制，突破民间资本进入的门槛和障碍。鼓励民营企业参与混合所有制改革，并启动规模 1 亿元的小微企业流动性债权基金。总结民营企业产权保护方面的优秀案例，让民营企业家有安全感。

重视与发达省市的合作，京沈两市共同起草了《北京市和沈阳市对口合作实施方案（2017 ~ 2020 年）》，借鉴北京发展民营经济的经验，积极开展沈阳市 PPP 项目在京的推介活动。强调保护企业家精神，加强对优秀企业家的创新激励，完善对企业家的优质高效务实服务，健全企业家容错帮扶机制。完善支持企业家专心创新创业的政策体系，支持企业家持续创新。推进“放管服”改革，以清单管理推动减权放权，调整水电气收费价格，降低企业经营性成本。

（二）大连市的做法[②]

1. 加强培育

为升级民营经济，大连市委、市政府将民营经济列为全市经济社会发展

① 转引自：http://finance.china.com.cn/roll/20170613/4245057.shtml.

② 刘国华、杨丽娟：《大连精准发力升级民营经济：突出开放创新优化服务环境》，载于《辽宁日报》2016 年 4 月 5 日。

的7个专题之一，制定了《关于进一步促进民营经济发展的实施意见》。力争到2020年，大连市民营经济占全市生产总值比重达到65%左右，培育50家领军型创新龙头民营企业、200家成长型创新骨干民营企业、1000家初创型民营企业。

2. 支持民营企业“走出去”，加速民营经济融入全球步伐

深入实施创新转型升级行动，结合《中国制造2025大连行动计划》，实施“育龙计划”，培育创新成长型民营企业，对创新、研发给予支持，以优惠的创新和开发政策吸引民营企业进入金普新区、高新区等重点园区。

3. 解决民营企业发展的各种隐性壁垒，营造公平竞争的市场环境

破除准入瓶颈，除法律法规明令禁止外，全部向民营主体开放投资领域，鼓励民营资本参与国企改革和金融创新，全面推行政府部门权责清单制度。设立大连产业投资引导基金，发挥财政资金杠杆作用，缓解企业融资难、融资贵难题。

（三）营口市的做法①

营口正努力打造成为东北地区民营经济发展改革示范市。

1. 坚持向改革要动力

深化“放管服”改革，减少行政许可事项1315项；取消行政审批等事项的后续监管措施清单，在全国尚属首创；组建了行政审批局，对市本级29个行政部门、312项行政许可权集中管理，项目审批提速80%。

2. 力求在激发民营经济发展活力上实现新突破

充分发挥中国（辽宁）自贸试验区营口片区示范引领作用，推出“46证合一”登记制度，在全国开了先河；实施营口沿海经济带三年攻坚计划和2018年行动计划。

3. 抓创新，力求在促进民营经济转型升级上实现新突破

强化招商引资和项目建设，2016年1～10月新建续建亿元以上项目254个，投资超50亿元的6个重大项目全面开工建设，3个投资超100亿元的重大项目前期工作基本到位，增强了发展后劲。强化创新引领，深入开展“千

① 转引自：http：//www.sohu.com/a/209003356_120000.

企转型升级行动”，607 家民营企业实现转型升级，实施重点技术创新项目 525 项，6 项重大科技创新被纳入国家“863”计划和国家科技支撑计划。

4. 在营商环境建设上实现新突破

出台“十条禁令”，开展 9 个专项行动，狠抓不作为、乱作为等突出问题；破解 1000 多个具体难题，筑起了服务高地。良好的投资环境吸引了一批重大项目回流。坚持问题导向，持续优化营商环境，在构建“亲”“清”政商关系上下功夫，加快建设公共服务体系，切实推动各项政策落实落地，营造亲商、安商、富商的良好氛围。

（四）盘锦市的做法①

数据显示，近五年来，盘锦市民营经济发展由“自然增长”步入“转型扩张”阶段，充分激发“大众创业、万众创新”热情，市场主体活力竞相迸发，一次次助推了民营经济蓬勃发展。具体做法有：

1. 深入推进简政放权

大力推进市县同权改革，将投资审批、行业许可、社会事业等 416 项权力下放到县区；推行“容缺审批 + 企业承诺并限时补办全程代办”等投资便利化改革，城市信用环境明显改善。盘锦市全面推行权责清单管理，划定政府与市场、社会的权责边界，并向社会公布。同时从民营企业现实需求出发，优化审批和服务流程，提高办事效率。

2. 打破部门间信息壁垒

盘锦市以国际化视野和国家标准，实施行政审批和公共服务标准化建设工作，优化行政审批流程、简化行政审批程序、统一服务标准、规范各级行政服务中心软硬件建设，切实提高行政审批和公共服务规范化、标准化水平，提升行政审批效能。制定直接面向企业服务项目的办事流程和服务标准，全面推行并联审批和联合审批，提高民营企业投资建设事项的受理、办理、办结效率；打破部门间信息壁垒，逐步实现互通互联、信息共享，加快全市统一、分级管理的电子证照中心建设，促进审批和办事服务规范化、标准化、

① 刘立杉：《优化营商环境释放“乘数效应”——盘锦民营经济转型扩张的背后》，载于《辽宁日报》2017 年 3 月 9 日。

透明化和智能化。

3. 创新商会运营模式

盘锦市积极探索“政府——商会——企业”三方互动的民营经济发展新模式，建立政府各职能部门联系制度，积极搭建政企沟通平台，为民营企业提供政策和信息服务，提供民营经济发展新动力；搭建企业与企业沟通平台，促进民营经济互动发展；积极组建商协会联盟，整合驻盘锦省级和市级外埠商会、行业商会、区域商会、异地商会，市经济类行业协会，重点抓规范化制度化建设；实施“党建工作社区化、会员管理网格化、企业服务平台化”等一系列新举措，助力民营经济发展。

（五）鞍山市的做法①

作为东北地区民营经济发展改革示范城市，鞍山通过采取强化政策支持、完善创新体系、拓宽融资渠道等多项举措，积极打造民营经济发展的优质营商环境，不断释放民营经济发展活力，切实增强民营经济发展动力。一系列组合拳下，鞍山民营经济实力显著增强，2017 年民营经济占全市经济比重提高到 68%，成为钢都新一轮振兴的中流砥柱。

1. 强化政策支持

鞍山市努力打造良好的政策环境，结合实际情况出台了《鞍山市促进科技小巨人企业发展 2017 ~ 2020 年行动计划》《鞍山市促进民营经济发展若干政策》《鞍山市质量提升行动计划》等一系列促进民营经济健康发展的利好政策文件。特别是出台的《鞍山市促进民营经济发展若干政策》，在解决民营经济融资、促进民营经济创新发展、降低民营经济生产要素成本、营造民营经济发展环境四个方面的 16 条措施，对民营经济发展起到了积极的推动作用。

2. 完善创新体系

实施了中小企业“专精特新”工程，中小企业公共技术平台建设成效显著，全市已拥有国家级中小企业公共服务（技术）平台两个，省级中小企业公共技术服务平台达到 20 个。创新型中小企业培育工程效果明显。

① 刘家伟：《鞍山这几招让民营经济壮实了》，载于《辽宁日报》2018 年 1 月 30 日。

3. 拓宽融资渠道

市政府出台补贴政策，鼓励企业上市融资，目前全市共有福鞍股份等6家企业主板上市，20多家民营企业在新三板市场成功挂牌。支持担保机构成效凸显，通过担保风险补偿资金引导社会担保机构向小微企业倾斜，3年来直接引导备案担保机构新增担保额19.8亿元，新增担保企业233家。探索创造有利于民营经济产融结合互为支撑的金融环境，建立鞍山市产业（创业）投资引导基金，以政府名义制定并下发《鞍山市产业（创业）投资引导基金管理暂行办法》，并启动了引导基金直接投资工作。

三、基于辽宁民营经济发展情况调查实证分析

新常态下民营经济面临哪些机遇和挑战？如何抓住新一轮东北振兴战略、供给侧改革、大众创业万众创新等机遇，是近年来摆在我们面前的课题。辽宁省民营经济有了长足发展，但与其他省相比仍存在着差距和不足。比如说：总量低、产业结构不合理、外向型和企业组织化程度比较低、区域发展不平衡、经济管理水平不高等问题。

表1　　2016年辽宁省民营经济发展基本情况调查

数值项	数额	占比值
辽宁民营经济增加值	11054亿元	占全省GDP的50.2%
辽宁民营经济出口交货值	1170亿元	占全省出口总额的30.9%
辽宁民营经济上交税金	1397亿元	占全省28.55%
辽宁民营经济年末从业人数	9340万人	占全省第二、第三产业就业总人数的58.5%
辽宁民营经济固定资产投资	4445亿元	占全省固定资产投资总额的69.1%
辽宁民营经济总数	280.28万家	同比增长10.1%
辽宁增登记民营企业	7.25万家	同比增长33.5%

资料来源：《徐乐江书记赴辽宁调研民营经济发展情况》，载于《中华工商时报》2017年7月21日。

面对以上问题，辽宁省应加快脚步，增加民营企业的数量，建立多种渠道。作为一个发展的民营企业而言，要运用科学地方法完善机构设置，实现

转型升级。

（一）样本与数据

在问卷设计中，尽量找那些在辽宁民营经济转型升级中表现得比较积极的民营企业。本次正式问卷收集依托网络问卷调查平台，填写者均采用匿名作答方式，用来保证填写结果的客观真实。

本次研究共收到问卷 386 份，其中剔除无效问卷 66 份，最终形成有效问卷为 320 份，问卷的有效回收率为 82.8%。受教育程度方面，大专和大专以下者 170 名（占 53.1%）、本科学历者 96 名（占 30%）、硕士及硕士以上者 54 名（占 16.9%）；在年龄分布方面，20 岁以下人员 165 名（占 51.6%）、21 ~30 岁人员 100 名（占 31.2%）、31 ~40 岁人员 40 名（占 12.5%），40 岁以上人员 15 名（占 4.7%）。

（二）变量的测量

转型升级的测量，主要结合本研究的实际情况，对某些测试项目进行了适当调整，最终确定辽宁民营企业经营现状、辽宁民营企业竞争力情况和辽宁民营企业转型升级路径 3 个维度下共 13 个测试项目。参考 Thomson、Macinnis & Park（2005）开发的测量品牌依恋的量表。所有量表中的变量均采用 5 分李克特（Likert）尺度量表来测量（1 分代表“完全不同意”，5 分代表“完全同意”）。

（三）信度和效度检验

为确保采集数据的准确性，根据 Parasuraman（2005）的量表净化方法，本研究基于 SPSS 22.0 统计软件采用项目——总体相关系数（CITC）和克朗巴哈 Cronbach's Alpha 值进行信度检验，从表 2 可见，各题项的 CITC 系数均大于 0.5 的标准，并且题项已删除的 Cronbach's Alpha 系数对比原值均有所下降，说明已保留题项均通过检验无须删除。样本所有变量的 Cronbach's Alpha 系数值从 0.816 到 0.923，均大于 0.7 的可接受标准，表明样本各维度和变量具有良好的内部一致性。效度方面主要采用验证性因子分析进行检验，因子分析前需对样本进行 KMO 和 Bartlett 检验，检验结果 KMO 值从 0.615 到 0.902，均大于 0.5 的可接受标准，Bartlott 检验的显著性概率均为 0.000，小于 1%，说明量表变量适合做因子分析。表 1 中验证性因子分析检验结果表明，各题项的因子载荷从 0.678 ~ 0.912，均大于 0.5 的最低标准，由此可见，表明各变量均具有良好的收敛效度。

表 2　　变量量表信度和效度检验结果

变量	题项	Cronbach's a	CITC	项已删除的 Cronbach's a	因子负荷
辽宁民营企业经营现状	贵公司近五年的经营状况	0.816	0.533	0.804	0.712
	贵公司预计今年全年营业收入与去年相比		0.709	0.737	0.834
	贵公司的资金主要来源		0.693	0.775	0.824
	贵公司在融资方面的困难情况		0.682	0.777	0.821
辽宁民营企业竞争力	贵公司感觉目前竞争力需要提高吗?	0.848	0.623	0.828	0.731
	您认为当前民营企业在市场准入方面存在问题吗?		0.639	0.811	0.813
辽宁民营企业转型升级路径	贵公司是主动转型还是被动转型升级?	0.923	0.774	0.951	0.825
	贵公司目前的转型升级进度		0.728	0.947	0.818
	贵企业对当前转型升级政策的了解程度		0.736	0.935	0.847
	贵公司认为目前的转型升级政策需要完善吗?		0.765	0.947	0.851
	您愿意接受企业转型升级和变革吗?		0.838	0.966	0.835
	贵公司产品升级的技术掌握情况		0.846	0.943	0.857
	贵公司转型的目标明确吗?		0.778	0.949	0.786

为了验证理论模型，本研究通过 SPSS 22.0 统计软件对各维度和变量进行描述性统计和相关性分析。由表 3 可见，辽宁民营企业经营现状、辽宁民营企业竞争力情况和辽宁民营企业转型升级路径三个维度及各变量间都具有

显著的正相关性，初步验证了本研究的假设，也为进一步的验证提供了支持。

表 3　变量描述统计和相关性分析结果

变量	1	2	3	4	5
民营企业经营现状	1	—	—	—	—
民营企业竞争力	0. 151 ***	1	—	—	—
民营企业转型升级路径	0. 640 ***	0. 328 ***	1	—	—
均值	4. 011	4. 001	4. 233	3. 537	3. 326
标准差	0. 821	0. 781	0. 842	0. 932	1. 036

注：***、**、* 分别表示在 1%、5%、10% 显著水平上通过双尾检验。

由于相关分析不能判断变量之间是否存在因果关系，因此本文继续对变量进行回归分析，来探究辽宁民营企业经营现状、辽宁民营企业竞争力情况和辽宁民营企业转型升级路径之间的因果联系，结果见表 4。

表 4　变量因子分析结果

成分	原始特征值			提取平方载荷的总和			旋转平方载荷的总和		
	特征值	贡献率（%）	累计贡献率（%）	特征值	贡献率（%）	累计贡献率（%）	特征值	贡献率（%）	累计贡献率（%）
1	3. 705	37. 067	37. 252	3. 745	37. 087	37. 092	3. 595	35. 363	35. 383
2	3. 326	33. 239	70. 334	3. 342	33. 286	70. 335	3. 264	32. 576	67. 947
3	1. 027	10. 209	80. 567	1. 030	10. 252	80. 544	1. 233	12. 656	80. 557
4	0. 908	9. 060	89. 644						
5	0. 449	4. 436	94. 100						
6	0. 252	2. 537	96. 642						
7	0. 133	1. 532	97. 551						
8	0. 114	1. 133	97. 551						
9	0. 056	0. 574	97. 552						
10	0. 079	0. 059	98. 206						
11	0. 016	0. 054	99. 903						
12	0. 036	0. 049	99. 903						
13	0. 036	0. 039	100. 000						

（四）实证结果

民营企业经营状况与民营企业转型升级意愿的回归系数为0.342（P<0.01），表明民营企业经营现状会影响到民营企业的是否愿意进行转型升级；民营企业资金情况和民营企业转型升级意愿的回归系数为0.205（P<0.01），表明民营企业资金宽裕显著正向促进民营企业的转型升级；民营企业竞争力水平与民营企业转型升级意愿的回归系数为0.335（P<0.01），表明民营企业是否拥有竞争力显著正向促进民营企业转型省级意愿（见表5）。

表5　　民营企业经营现状对民营企业转型升级路径的回归结果

变量	民营企业转型升级意愿			民营企业转型升级能力		
民营企业经营状况	0.342*** (6.622)			0.406*** (9.156)		
民营企业资金情况		0.205*** (3.627)			0.231*** (4.268)	
民营企业竞争力水平			0.335*** (7.113)			0.353*** (8.911)
R^2	0.081	0.026	0.100	0.154	0.035	0.136
调整 R^2	0.079	0.024	0.099	0.152	0.034	0.135
F 值	44.857***	13.376***	56.890***	92.660***	18.715***	80.551***

注：括号内数值为纠正了异方差后的 t 统计量，***、**、*分别表示1%、5%和10%的显著水平。

民营经营状况与民营企业转型升级能力的回归系数为0.406（P<0.01），表明民营经营状况著正向影响民营企业转型升级能力，民营企业资金情况与民营企业转型升级能力的回归系数为0.231（P<0.01），表明民营企业资金情况著正向影响民营企业转型升级能力，民营企业竞争力水平的回归系数为0.353（P<0.01），表明民营企业竞争力水平显著正向影响民营企业转型升级能力。

四、促进辽宁省民营经济转型升级的措施

首先大多数民营企业的自主创新能力虽然有所强化，但却依然无法满足当前经济环境需求，缺乏具有核心竞争力的产品，民营企业的盈利能力正承受严峻的考验。其次，由于民营企业的劳动力成本上升以及当今社会就业结构性失衡问题日益突出，招工难、用工难等问题愈发严峻。最后，由于流动性趋紧，民营企业融资难、融资贵的问题更加突出。这些都使得现阶段辽宁民营企业的生存环境愈加艰巨。随着我国市场经济体制改革的不断深入，各产业领域的市场化改革有序推进，民营企业的自主创新能力得到重视，极大地推动了民营经济的持续快速和健康发展。因此，辽宁民营企业要想进行转型升级就需要从以下几个方面着手：

（一）实行自主创新是提升辽宁民营经济产业转型升级的关键

近年来，辽宁民营经济的快速发展已经是不争的事实，但辽宁民营经济的产业发展水平还处于比较低的层次，三十年来辽宁民营经济取得的经济增长主要靠大量人力、物力和财力的投入取得的。

辽宁由于民营企业产业结构相对单一，原材料工业和初级产品比重较大，第三产业发展滞后，中小企业中资源采选及高耗能、粗加工产业比重较大，近年来随着国家产业政策的调整和安全、环保政策的不断出台，辽宁省相关产业中小企业关停率较高，这主要集中在矿山、初级产品和“两高一低”产业。从辽宁经济发展的实际情况看，实现经济的转型发展已迫在眉睫。辽宁民营经济要转型升级发展，必须提升辽宁民营经济的科技创新能力，要从过度依赖资金、自然资源和环境投入，以量的扩张实现增长，转向更多依靠劳动者素质和技术进步，以提高效率获取经济增长，而这种经济增长方式的转变主要依靠提升企业自主创新的能力。

从创新角度出发，政府需发挥好辅助作用，健全市场技术导向机制，加快科技创新平台的建设。企业要重视科技创新，加大在创新方面的投入，完善科技创新体系，建立科技创新产业联盟，充分发挥企业作为创新主体的作

用，同时注重对知识产权的应用、管理和保护，积极推进科研成果转化，使先进技术能够产业化。

（二）厘清政府与市场的关系，建立稳定性政策支持

产业政策是政府引导产业发展方向、提升产业技术和国际竞争力、实现特定经济发展目标的手段。改变民营企业“既被需要，又被歧视”的尴尬地位，需要消除政府各种管制性壁垒，疏导国有企业的抵制行为，地方政府要调整其作用边界，增加公共产品的有效供给，建设服务型政府。在政府部门制定好管理框架基础上，推动政府和私人部门之间的战略合作，引入民营企业参与公用事业、资源性产品供给竞争，最终让消费者得享低价优质服务。

（三）拓宽融资渠道，壮大产业资本

建议国家设立辽宁产业振兴基金，引导各类股权、中小、天使基金，帮助民营企业解决项目投资及建设过程中资金不足的问题，拉动民间投资，增强民营经济发展后劲，实现政府转型升级产业意图。通过国开行安排基金项目时向民营企业倾斜，在投资规模、担保条件等方面，有利民营企业获得。鼓励大企业、商会、行会、域外投资进入辽宁，设立民营银行，扩大金融资源，形成金融市场良性竞争。完善担保体系建设，充分发挥政策性担保公司功能，落实各项扶持政策，扩大资本金规模。发挥财政专项“四两拨千斤”作用，对民营企业转型升级、技术改造、科技创新、并购重组、获得专利、企业上市等给予贷款贴息、无偿补助、事后奖补等专项支持。

（四）激活人才机制，鼓励各类人才创新创业

辽宁地区人才大多积聚在机关、大专院校、科研院所及国有企业，国务院发布鼓励科研人员离岗创业保留身份待遇 3 年政策，建议制定鼓励东北地区机关公务员离岗创业有关政策，释放人才到经济主战场，带领百姓创业，创造更多社会价值，减少政府冗员。

加强企业家队伍建设。企业家是最稀缺的宝贵资源。建议在全社会营造

尊重企业家、热爱企业家、保护企业家浓厚氛围。加大企业家培养力度，相关部门制定企业家五年培养规划，加大政府投入，有计划地组织企业家培训、交流、出国考察、标杆企业研讨，提高企业家素质，尤其要重视民营企业“接班人”的培养。完善职业经理人制度，建立职业经理人市场，鼓励发展猎头公司等人才中介服务机构，实现企业家资源有效配置。

（五）加大国企改革力度，拓展民营经济发展空间

目前辽宁省国有经济占比高于全国平均水平，要正确处理国有企业和民营企业的关系，以国企改制推动民营经济发展，建议国家加大力度推动国有企业特别是中央企业改革，积极发展混合所有制，做精做强主业，剥离辅业，与民企共同打造产业链，共建产业园，共同开发新产品，为民企发展提供更多机遇、更大空间。

优化企业结构。从战略角度出发，当前民营企业应当明确自身优势和缺点，立足于自身资源和效率最大化，向国家重点扶持项目靠拢，向优势企业和企业自身主营项目集中，严格控制盲目无序的扩张。而且要进一步推进企业间的横向联合和产业链之间的纵向整合，发挥协同效应，形成良性竞争机制。构建现代产业体系。从战术角度出发，民营企业应当紧贴市场脉搏，一方面优化制造业与新兴服务业之间的行业链接，以便于企业加快内部资源整合与产品升级，推进产业链和价值链向高端布局；另一方面推动传统制造业与现代信息技术产业的结合，以适应当前瞬息万变的经济环境。

（六）增强国际化经营发展

从国际化角度出发，要响应中央号召，积极投身到丝绸之路经济带和21世纪海上丝绸之路的建设，服务国家经济外交工作，拓展国外市场。同时要加速国际化进程，积极融入全球产业和贸易分工体系，立足全球资源配置，建立全球化经营环境。而且要注重战略协同，增强在当前行业的国际话语权，力求在激烈的国际竞争中立于不败之地。

民营企业要想取得长足发展，创新思维和制度建设是关键。每一个成熟的民营企业家必须充分认识到这一点，并且下决心去维护自己建立

起来的制度体系。同时，政府部门要加快机构改革和职能转变的步伐，将执政方式从权力、管理型向服务型转变，努力解决民营企业融资难、用地难、审批难等诸多问题，切实为辽宁中小企业和民营经济的发展提供保障。

附录1　新形势下辽宁省民营经济产业转型升级状况调查

先生/女士您好：

当前，在我国全面落实供给侧改革和经济发展步入新常态的背景下，民营经济面临着严峻的挑战和竞争。辽宁省也在关键的转型时期，民营企业的迅速发展将对辽宁省的经济发展起着重要作用。为了解辽宁省民营经济产业转型升级的状况，并做科学的分析，我们特制定此项调查问卷，本次调查问卷并非知识型测验，只要求您根据贵公司的实际情况选答，根据统计法的有关规定，我们会对贵公司的情况实行严格保密，希望您能积极配合，谢谢！

1. 贵公司近五年的经营状况。(　　)

A. 非常好　　B. 良好　　C. 一般

D. 较差　　E. 非常差

2. 贵公司预计今年全年营业收入与去年相比。(　　)

A. 继续增长　　B. 增长幅度下降　　C. 与去年持平

D. 下降　　E. 下降很多

3. 贵公司的资金主要来源。(　　)

A. 自有资金　　B. 商业贷款　　C. 民间借贷

D. 资本市场融资　　E. 其他

4. 贵公司在融资方面的困难情况。(　　)

A. 非常困难　　B. 较为困难　　C. 一般

D. 较容易　　E. 非常容易

5. 贵公司是主动转型还是被动转型升级？(　　)

A. 主动　　B. 被动

6. 贵公司目前的转型升级进度。(　　)

A. 尚未启动　　　　B. 刚刚启动
C. 明显加快　　　　D. 有所放缓

7. 贵企业对当前转型升级政策的了解程度。(　　)
A. 很了解　　　　B. 了解　　　　C. 一般
D. 不太了解　　　　E. 不了解

8. 贵公司认为目前的转型升级政策需要完善吗?(　　)
A. 非常不需要　　　　B. 不需要　　　　C. 一般
D. 需要　　　　E. 非常需要

9. 您愿意接受企业转型升级和变革吗?(　　)
A. 非常不愿意　　　　B. 不愿意　　　　C. 一般
D. 愿意　　　　E. 非常愿意

10. 贵公司产品升级的技术掌握情况?(　　)
A. 非常不清楚　　　　B. 不清楚　　　　C. 一般
D. 清楚　　　　E. 非常清楚

11. 贵公司转型的目标明确吗?(　　)
A. 非常不明确　　　　B. 不明确　　　　C. 一般
D. 明确　　　　E. 非常明确

12. 贵公司感觉目前竞争力需要提高吗?(　　)
A. 非常不需要　　　　B. 不需要　　　　C. 一般
D. 需要　　　　E. 非常需要

13. 您认为当前民营企业在市场准入方面存在问题吗?(　　)
A. 完全不存在　　　　B. 不存在　　　　C. 存在
D. 存在较多　　　　E. 严重存在

访问日期：2017年10月~2018年1月

附录2　访谈内容

对部分民营企业中的领导和员工进行访谈，对访谈过程中的要点以图表的形式进行统计说明如下：

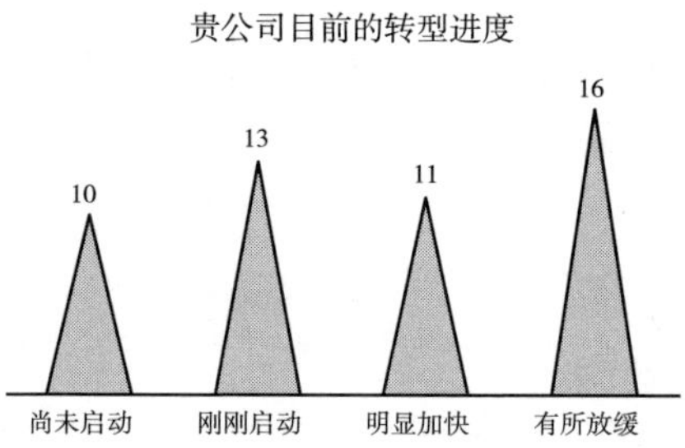

贵公司目前的转型进度

10 13 11 16

尚未启动 刚刚启动 明显加快 有所放缓

图1　公司转型进度

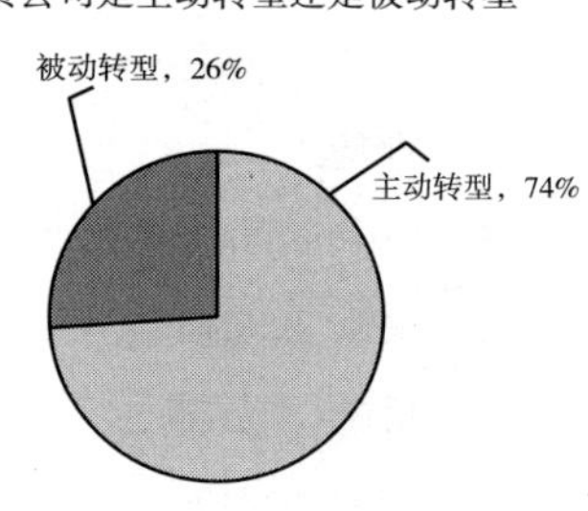

图2　公司主、被动转型比较

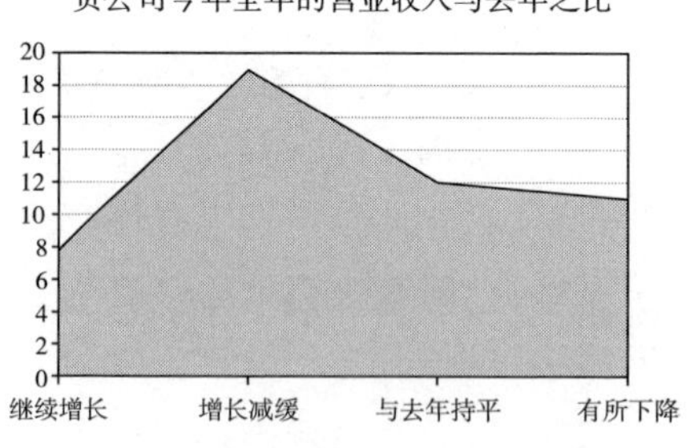

图3　公司全年营业收入与去年比较

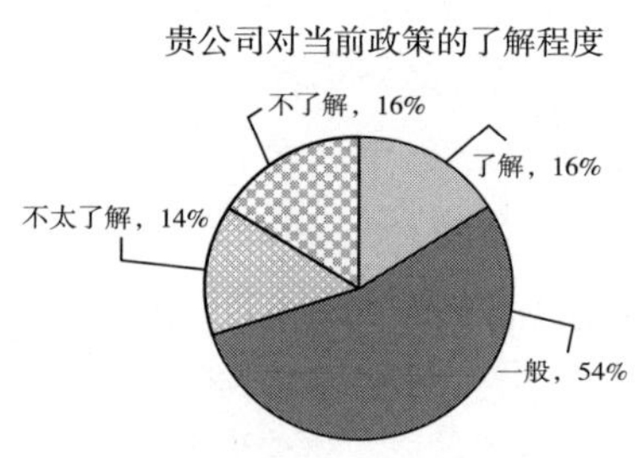

图4　公司对当前政策了解程度

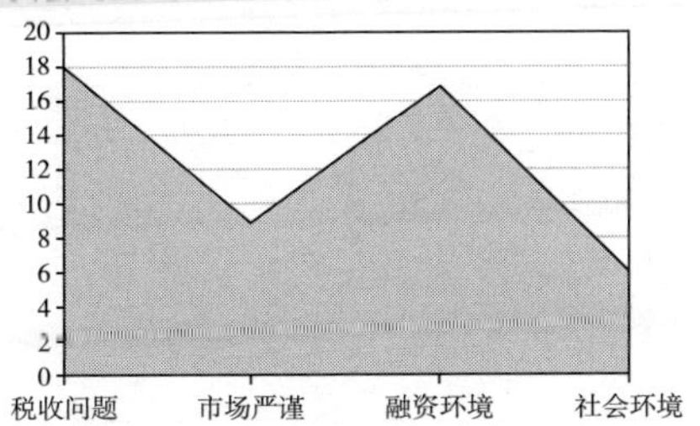

图5 认为国家需要完善的制度

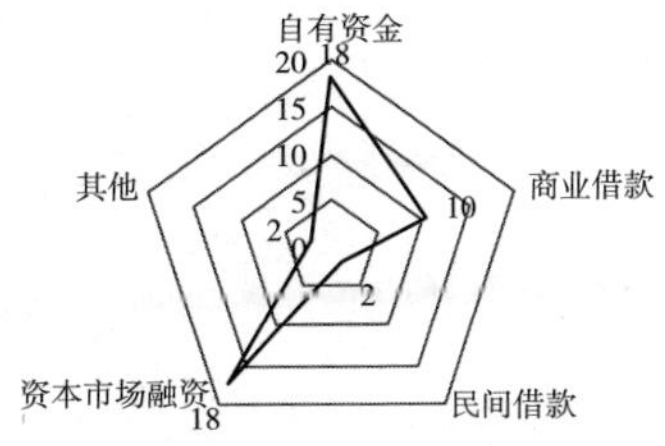

图6 企业转型的主要资金来源

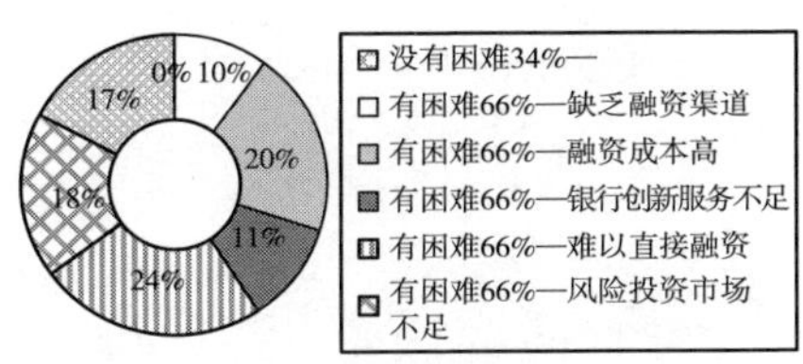

图7 融资方面是否有困难

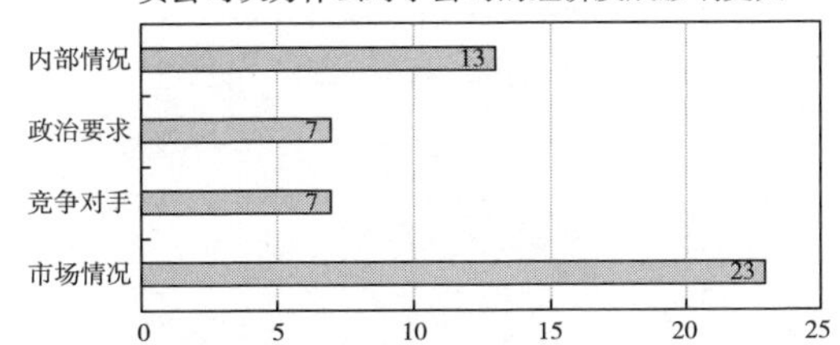

图8 认为对于公司经济发展的影响情况

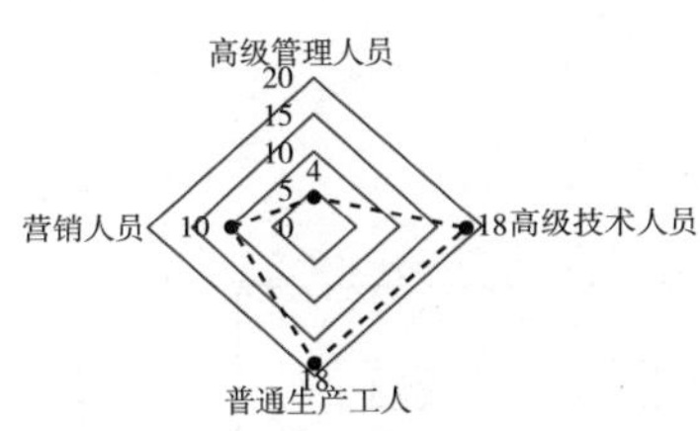

图9 企业最缺乏的人才种类

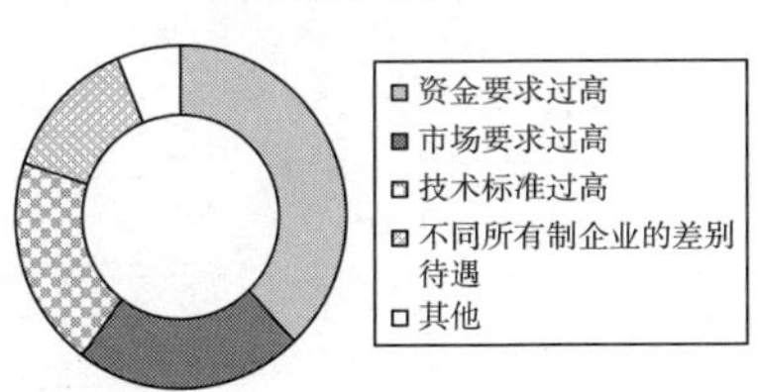

图10 民营企业在市场准入方面存在的问题

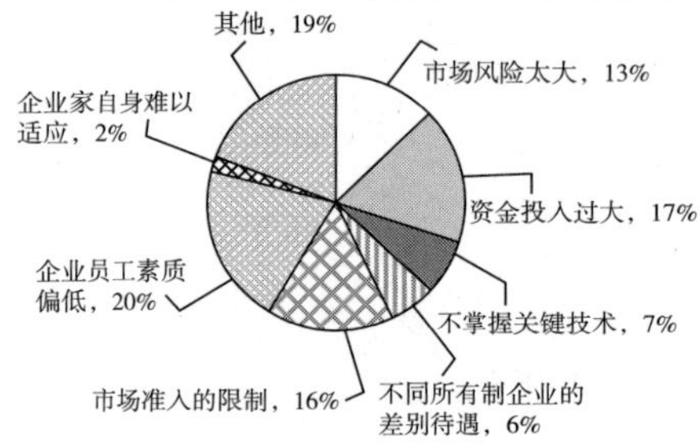

图 11　企业转型升级的困难

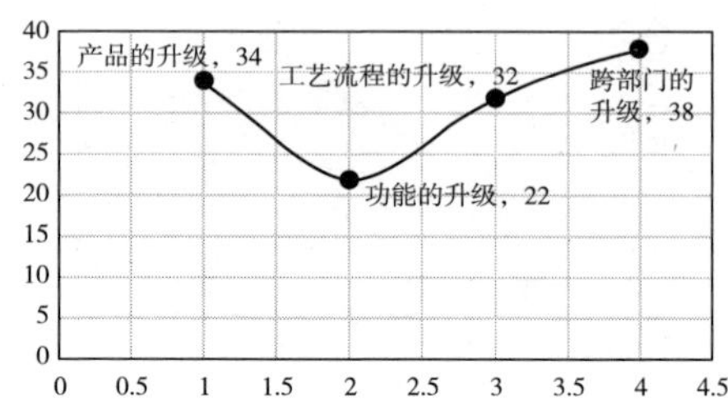

图 12　公司升级的主要方向

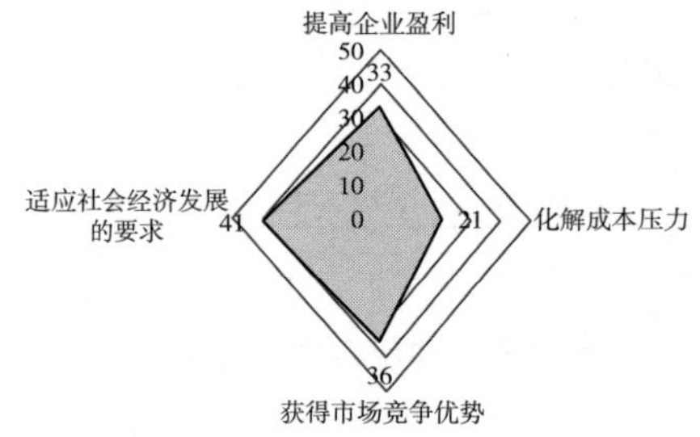

图 13　公司转型的目的

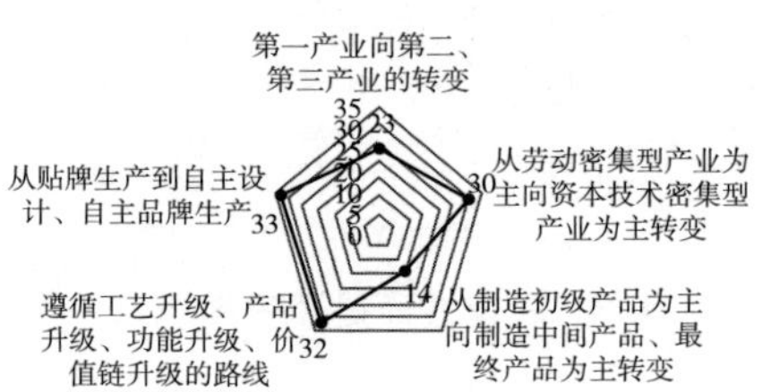

图 14　公司转型升级的主要路径

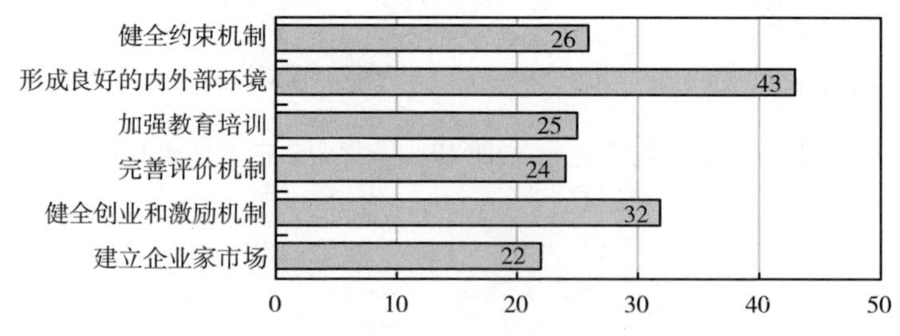

图 15　应采取的政策

专题五　辽宁省科技创新型中小企业发展研究

科技型中小企业在提升科技创新能力、支撑经济可持续发展、扩大社会就业等方面发挥着重要作用。因此，需要进一步凝聚各方力量，培育壮大科技型中小企业群体，带动科技型中小企业走创新发展道路，为经济社会发展提供重要支撑。2017 年，我们与锦州市科学技术和知识产权局对 2015 年和 2016 年认定的 29 家科技创新型中小企业开展了深入调研，从基本情况、经济运行情况、科技创新情况及发展特征和成效等方面进行了详细的数据分析，对各科技创新型中小企业存在的问题有了较全面且深入的了解。现总结如下：

一、科技创新型中小企业基本情况分析

（一）企业性质情况

在科技创新型中小企业中，绝大部分企业为有限责任公司，有 26 家，占企业总数的 89.7%；小部分为股份有限公司，仅 3 家，占企业总数的 10.3%。

（二）企业分布情况

1. 按地域分布

科技创新型中小企业主要分布于高新区（8 家）、太和区（7 家）、义县（5 家）、凌海市（4 家）4 个县（市）区；另外零星分布在滨海新区（2

家）、凌河区（1家）、古塔区（1家）、北镇市（1家）4个（市）区。

大部分科技创新型中小企业聚集于工业园区内（大学科技园、高新区、工业产业区），有22家的科技创新型中小企业位于工业产业园，占企业总数的75.9%。

2. 按技术领域分布

在科技创新型中小企业中，主要集中在电力电子、装备制造、新材料、生物医药、食品饮料、汽车零部件等6个技术领域。其中电力电子领域11家，占企业总数的37.9%；装备制造领域6家，占企业总数的20.7%；新材料领域4家，占企业总数的13.8%；生物医药领域4家，占企业总数的13.8%；食品饮料领域3家，占企业总数的10.3%；汽车零部件领域1家，占企业总数的3.4%，见图1。

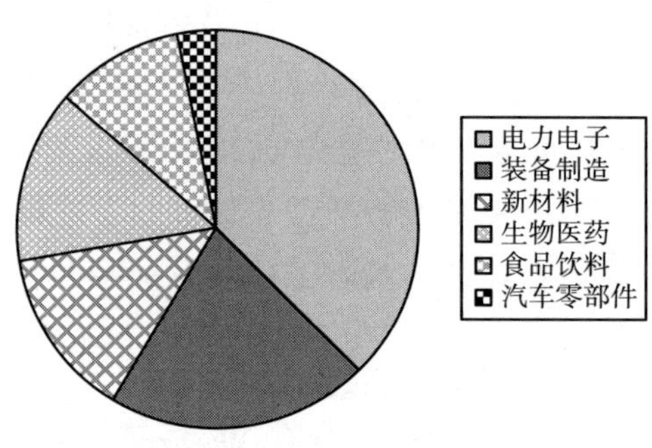

图1 企业技术领域分布

（三）企业上市或预期上市情况

在29家科技创新型中小企业中，有1家企业（辽宁维森信息技术股份有限公司）在新三板上市，有1家企业的母公司（辽西互感器有限公司的母公司）在新三板上市；预期上市的企业有1家。受自身条件等因素制约，各企业上市意愿不强烈。

（四）企业人员情况

29家科技创新型中小企业中，2016年末共有职工4259人（认定科技创新型中小企业后新增就业 1115 人），其中，技术人员为 1003 人，占职工总数的 23.6%；大专以上学历 1527 人，占职工总数的 35.9%。各企业的技术人员、大专以上学历比例显著高于其他类型企业。

二、科技创新型中小企业运行现状

（一）科技经济运营分析

三年来，29 家科技创新型中小企业经过不断创新发展，各企业成长迅速，经济运行良好，具体情况见图 2。

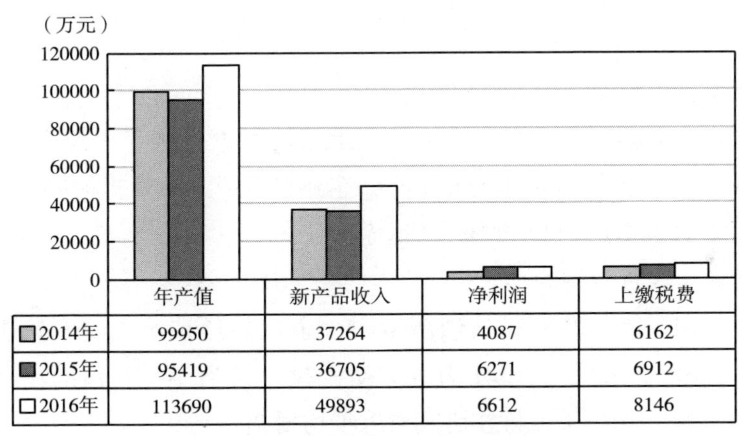

	年产值	新产品收入	净利润	上缴税费
2014年	99950	37264	4087	6162
2015年	95419	36705	6271	6912
2016年	113690	49893	6612	8146

图 2　2014～2016 年科技创新型中小企业运行现状

1. 年产值情况

2014～2016 年，29 家科技创新型中小企业的年产值分别为 99950 万元、95419 万元、113690 万元，年均增长率为 6.9%。各企业的年产值增长速度高于其他类型企业。

2. 新产品收入情况

2014～2016 年，29 家科技创新型中小企业的新产品收入分别为 37264 万元、36705 万元、49893 万元，年均增长率为 16.9%。新产品收入占当年销售收入的比重分别为 37.3%、38.5%、49.9%，新产品收入占当年销售收入的比重逐年增加。各企业的新产品收入比重高于其他类型企业。

3. 净利润情况

2014～2016 年，29 家科技创新型中小企业的净利润分别为 4087 万元、6271 万元、6612 万元，年均增长率为 30.9%。各企业的净利润增长率高于其他类型企业。

4. 上缴税费情况

2014～2016 年，29 家科技创新型中小企业为国家创造税收分别为 6162 万元、6912 万元、8146 万元，年均增长率为 16.1%。各企业的上缴税费增长率高于其他类型企业。

（二）科技创新情况分析

1. 研发机构健全

29 家科技创新型中小企业中，共获批组建 4 家省级工程技术研究中心，组建 11 家市级工程技术技术研究中心，企业自行成立研发机构或与高等院校科研院所联合组建研发机构的有 18 家企业。

2. 研发投入持续增加

2014～2016 年，29 家科技创新型中小企业的科技研究开发费用分别为 9479 万元、10892 万元、11321 万元，研发投入占当年年产值的比重分别为 9.5%、11.4%、10.0%，科技研发投入年均增幅达到 9.7%。

3. 新产品增长迅速

2016 年，29 家科技创新型中小企业共开发新产品 253 种，开发新装置新技术新工艺 190 种，吸收科技成果 27 种。共申请专利 115 种（其中发明专利 25 种，实用新专利 90 种），授权专利 95 种（其中发明专利 4 种，实用新专利 91 种）；获得外观设计、软件著作权等其他知识产权 50 种。

4. 科研水平不断提高

2014～2016 年，29 家科技创新型中小企业共获得科技奖励 12 项，其中市级科技奖励 11 项，省级科技奖励 1 项。

（三）发展特征和成效分析

通过对锦州市 29 家科技创新型中小企业的基本情况、经济运行情况、创新情况等 3 个方面 27 组数据进行统计和分析，我们发现，这些企业经济竞争能力和创新能力强，为锦州市经济结构调整和经济增长方式转变发挥着不可替代的示范作用。其发展呈现以下 6 个方面特点：

1. 各企业中高新技术企业的比重大，新产品收入占企业年产值的比重高

通过各企业科技创新型中小企业的认定，为锦州市国家高新技术企业认定工作打下了良好的基础：在 29 家科技创新型中小企业中，共培育了 11 家高新技术企业，占企业总数的 37.9%；另有 5 家企业正在准备申报高新技术企业认定。各企业新产品收入占企业年产值的比重 4 成以上，2016 年达 49893 万元，占企业年产值的 43.9%。

2. 各企业年产值、利润、税收增长快

2016 年，各科技创新型中小企业在国际和国内大环境不利的情况下，年产值达 113690 万元，同比增长 19.1%；净利润达 6612 万元，同比增长 5.4%；创税收达 8146 万元，同比增长 17.9%。

3. 各企业重视科技投入

2016 年，各科技创新型中小企业的科技研发费用投入达 11321 万元，占年产值的 10.0%；这大大高于锦州市企业平均水平，企业研发投入大，对企业产品科技含量的提高和企业总体水平的进步都发挥着重要作用。

4. 各企业对新产品是既重研究又重开发

2016 年，各科技创新型中小企业已开发的新产品数量为 253 种，正在开发的新产品数量均为 112 种，平均每户企业已开发的新产品和正在开发的新产品数量分别为 8.7 种、3.9 种。锦州市各科技创新型中小企业在研究和开发新产品过程中既注重对新产品的开发，也重视企业对新产品的技术储备，对锦州市其他企业的创新示范作用强。

5. 各企业重视自主知识产权保护

2016 年，各科技创新型中小企业申请专利 115 件，平均每家企业 4.0 件；授权专利 95 件，平均每家企业 3.3 件；申请其他知识产权 50 件，平均每户企业 1.7 件。

6. 各企业的技术人员占比高，职工文化水平较高

2016 年，各科技创新型中小企业技术人员占职工总数的 23.6%；大专以上学历占职工总数的 35.9%。2016 年平均每人创造产值 26.7 万元，创造利税 1.9 万元。

三、科技创新型中小企业存在问题分析

近年来，锦州市各科技型中小企业发展态势良好，但也存在一些问题，值得我们深思。

（一）创新对企业发展支撑较弱

创新尚未成为许多科技创新型中小企业发展的内生动力，因此，它们受外部因素变化的影响巨大，抗风险能力较差。这些外部因素主要包括：一是受国际国内大环境的影响，个别企业经济效益波动明显。如辽宁道光廿五集团满族酿酒有限责任公司受餐饮行业不景气因素的冲击，从 2014 ~2016 年的企业利润、主营业务收入、完成税收等数据均出现了不同程度的下滑。二是国家政策影响，企业业绩出现下滑。如锦州矿山机器（集团）有限公司受国家产业结构调整的影响，企业的产值下降明显，年产值从 2014 年的 14556 万元下降到 2016 年的 8264 万元，缩水 43.2%；锦州华能焊管有限公司的产品主要是为中小型火电厂供货，但因国家对火电厂的政策现在调整为“上大压小”（扶持 100 兆千瓦以上的火电厂，限制 100 兆千瓦以下的火电厂），加之产品原材料涨价、开拓新市场滞后等因素，近两年公司开始出现较大幅度的负增长。

（二）人才结构不合理的问题

面对越来越激烈的行业竞争和越来越开放的市场局面，各科技创新型中小企业对人才素质和人才结构必然提出更高的要求，人才缺乏的企业在成长过程中很难产生质的飞跃。通过调研发现：一是各科技创新型中小企业普遍

面临高层次顶尖人才缺乏的问题。二是个别企业受行业影响存在专业人才招收难的问题。如辽宁道光廿五集团满族酿酒有限责任公司现在年轻专业技术人才少，受专业面窄的因素影响，企业招收刚毕业的大学生特别困难，因年轻的力量充实不到企业来，现在该公司职工平均年龄 40 岁以上，大部分年龄为 40 ~ 50 岁，年龄也成为制约企业进一步发展壮大的因素；锦州盛得包装机械有限公司缺少电气控制方面的人才；锦州华冠环境科技实业股份有限公司软件方面的人才缺乏。

（三）研发资金不足的问题

资金不足问题是企业发展的普遍“瓶颈”问题，科技创新型中小企业也是如此。一是近几年国家和省科技立项少，科技资金扶持减少，政府资金发挥的引导作用减小。二是国际国内金融环境不好，市场不景气，企业资金紧张。三是科技资金不到位问题。截至目前，还有 5 家企业认定科技创新型中小企业后补助资金没到位企业，分别是凌河区 3 家（锦州华能电力成套设备有限公司、锦州阳光气象科技有限公司、辽宁中元至强信息科技有限公司），古塔区 2 家（锦州辽晶电子科技有限公司、锦州盛得包装机械有限公司）。

（四）创新生态系统不健全

锦州尚未形成一个有利于科技创新型中小企业发展的创新生态系统，主要表现为如下方面：一是产业链不完整。有的企业希望改善外协加工条件，如锦州盛得包装机械有限公司外协加工困难，机加产品工艺、质量档次不高，影响产品质量与企业效益；锦州龙威机械有限公司在创新过程中遇到了问题：机械的表面处理方面，如电镀、镀镍等技术要求，因环保问题企业的这一技术需求得不到解决，需要寻找可靠的厂家或可替代的技术。二是科技服务、科技中介机构建设不完备。如锦州景良动物药业有限公司的药品检测、外协实验等工作找不到共享的服务平台。三是配套设施不完善。如锦州华能电力成套设备有限公司门前的道路现在是砂石路，企业恳请政府解决其路面硬化的问题，企业出行“难”。企业现在又处于资金较为紧张的周期节点，希望政府能帮助解决“最后一公里”交通问题。

四、提高科技创新型中小企业创新能力的对策及建议

（一）加强协同创新建设，提高科技创新效率

1. 加强企业在创新中的主导作用

建立高层次、常态化的企业技术创新对话、咨询制度，发挥企业和企业家在创新决策中的重要作用。吸收更多企业参与研究制定技术创新规划、计划、政策和标准。开展龙头企业创新转型试点，探索政府支持企业技术创新、管理创新、商业模式创新的新机制。按照“企业自主、市场运作、政策扶持”的原则，大力发展企业研究院、院士专家工作站和博士后工作站，对获得国家、省、市级认定的企业研发中心和技术中心分别给予奖励。到2020年，组建各级研究机构100家以上，接收10名以上博士后进站工作。

2. 加强协同创新组织建设

积极推进企业与高校、科研院所合作，以产权为纽带、以项目为依托，形成各方优势互补、共同发展、利益共享、风险共担的协同创新机制。支持高校、科研院所将非经营性国有资产转为经营性国有资产，用于科技成果研发和产业化。市级科技资金对驻锦高校、科研院所的支持额度要与其相应的R&D经费支出挂钩。政府通过购买服务的方式，鼓励高等院校和科研院所采用市场化方式，向企业开放各类科技资源，为企业提供检测、测试、标准等服务。支持科技型中小企业与科研院所、高等院校、大企业联合组建技术研发机构和产业技术创新战略联盟，合力开展产业核心关键技术研究开发、推广应用，共享科技创新成果。

3. 强化高校对科技创新的支撑作用

引导高校科学定位、特色发展，建设一批不同层次、不同类型的高水平大学，大力培养创新型人才，为创新发展提供强大支撑。支持渤海大学、辽宁工业大学建设高水平大学。支持辽宁医学院、辽宁省农业经济学校、锦州市机电工程学校、锦州卫生学校迁建工作。支持渤海大学、辽宁理工职业学院扩建工作，优化科技创新环境。支持国内外著名高等院校在锦州市建立专业院校。提升辽宁石化职业技术学院、辽宁铁道职业技术学院、辽宁理工学

院、锦州师范高等专科学校等高职院校办学水平。在凌海、北镇、黑山、义县新建一批与锦州市产业发展导向相对接的中高等职业教育院校。

4. 发挥政府引导协调作用

转变政府科技管理职能，建立依托专业机构管理科研项目的机制，政府部门不再直接管理具体项目，主要负责科技发展战略、规划、政策、布局、评估和监管。建立公开统一的科技管理平台，健全统筹协调的科技宏观决策机制，加强部门功能性分工，统筹衔接基础研究、应用开发、成果转化、产业发展等各环节工作，建立责权统一的协同联动机制，提高行政效能。

（二）实施“创新+”行动计划，培育经济新增长点

1. 实施“创新+创业”计划

通过科技计划、政策服务等方式，力争每年新增100家以上高新技术企业、科技型中小企业。鼓励高校、科研院所科技人员创办科技型中小企业，引导高校毕业生创业创新，积极吸引海外高层次人才来锦落户创业。降低创业门槛，简化科技型企业申请注册程序。鼓励支持在外锦州商人回归创办科技型企业、创新型企业和研发中心回迁。鼓励科技人员以商标、专利和非专利技术等自主科技成果出资入股创办企业。高校、科研机构职务发明获得的知识产权，符合条件的发明人可自行运用实施。创业投资企业采取股权投资方式投资未上市中小高新技术企业的，给予一定的所得税优惠。开展锦州市科技创新百强企业评选活动。

2. 实施“创新+新兴产业”计划

整合各类产业发展专项资金，组织实施产业科技重大专项，实施科技项目、研发机构、创新人才“三位一体”改革举措，积极推进石化及精细化工、钛及金属新材料、汽车及零部件、光伏新能源及电子信息、生物医药及健康产业等战略性新兴产业发展。在经济技术开发区、高新区、大学科技园等高端功能区应按一定比例划出土地专门用于发展战略性新兴产业、高新技术产业。积极培育发展研发设计、知识产权、检验检测、科技成果转化、信息技术、生物技术服务等科技服务业，促进新兴文化产业与传统产业的融合发展。

3. 实施“创新+传统产业”计划

加快新一代信息技术、高新技术和先进适用技术在传统优势产业的推广应

用，提高中小企业新产品开发能力。大规模推进“机器换人”行动，推动企业技术改造向机器化、自动化、集成化、智能化、生态化发展，实现以技术红利替代人口红利。大力实施品牌创新、质量创新和标准创新工程，提升一批具有市场竞争力的“名品”。鼓励和推进先进装备制造业大发展，加大对采购和应用本地先进装备的支持力度。加快推动传统产业向智能化、网络化、服务化转变，推进工业化与信息化深度融合，培育一批在国内外有竞争力的“名企”。

（三）完善创新人才激励机制，提高创新人才能动作用

1. 加大科技人员激励力度

强化尊重知识、尊重创新，充分体现智力劳动价值的分配导向，让科技人员在创新活动中得到合理回报。高校、科研机构职务发明成果转让收益在重要贡献人员、所属单位之间合理分配，对用于奖励科研负责人、骨干技术人员等重要贡献人员和团队的收益比例，可以从现行不低于20%提高到不低于50%。国有企业事业单位对职务发明完成人、科技成果转化重要贡献人员和团队的奖励，计入当年单位工资总额，不作为工资总额基数。鼓励各类企业通过股权、期权、分红等激励方式，调动科研人员创新积极性。对高等学校和科研院所等事业单位以科技成果作价入股的企业，放宽股权奖励、股权出售对企业设立年限和盈利水平的限制。高新技术企业和科技型中小企业科研人员通过科技成果转化取得股权奖励收入时，原则上在5年内分期缴纳个人所得税。

2. 建立科研人才双向流动机制

改进科研人员薪酬和岗位管理制度，破除人才流动的体制机制障碍，促进科研人员在事业单位和企业间合理流动。符合条件的科研院所的科研人员经所在单位批准，可带着科研项目和成果、保留基本待遇到企业开展创新工作或创办企业。鼓励高等学校和科研院所设立一定比例流动岗位，吸引有创新实践经验的企业家和企业科技人才兼职。试点将企业任职经历作为高等学校新聘工程类教师的必要条件。加快社会保障制度改革，完善科研人员在企业与事业单位之间流动时社保关系转移接续政策，促进人才双向自由流动。

3. 实行更具竞争力的人才吸引制度

研究制定更有力度的人才政策，大力发展人才资源服务业。稳步推进人力资源市场对外开放，逐步放宽外商投资人才中介服务机构的外资持股比例

和最低注册资本金要求。鼓励有条件的本地人力资源服务机构走出去与国外人力资源服务机构开展合作，在境外设立分支机构，积极参与国际人才竞争与合作。优化人才住房政策，扩大保障面，允许企业在厂区内自建一定比例的专家楼和公寓用于安置企业高层次人才。完善吸引人才的激励保障政策，加强人才落户、医疗、住房、子女就学、配偶安置等方面的保障，优先解决企业人才困难，创造事业留人、感情留人、待遇留人、环境留人的良好环境。

（四）强化金融创新功能，建立多元科技投融资体系

1. 壮大创新投资规模

发挥金融创新对技术创新的助推作用，培育壮大创业投资、风险投资，提高信贷支持创新的灵活性和便利性，形成各类金融工具协同支持创新发展的良好局面。抓住锦州建设辽西区域性金融中心的契机，争取开展中小企业股份转让系统试点，积极引导民间资本投向科技创新、人才创业。组建科技金融服务中心、科技信贷风险池基金、创业投资引导基金、科技创业投资有限公司、锦州市知识产权交易有限公司等科技金融合作服务平台，支持开展科技银行（支行）设立、科技贷款保证保险试点，引导支持融资性担保公司开发科技担保新产品，加快形成多元化、多层次、多渠道的科技创新投融资体系。建立完善技术交易、文化金融产权交易、技术产权报价系统和创业投资联盟等平台，支持科技型企业进入多层次资本市场，实现风险资本、民间资本和科技项目的对接。

2. 创新财政科技投入方式

财政科技投入的增长幅度应高于本级财政经常性收入的增长幅度。“十三五”期间，市本级用于科学技术经费占本级财政经常性支出的比例达到1.4%以上，其余县（市）的比例分别达到1.3%以上。市、县（市、区）财政科技资金重点向科技创新服务平台建设、企业技术创新和成果产业化项目倾斜。发挥财政科技资金的杠杆作用，创新运用以奖代补、贷款贴息、创业投资引导、公私合营等财政科技多元投入方式，提高全社会科技投入总量和财政资金的使用绩效。整合财政科技资金发起设立风险投资基金、股权投资基金，作为种子基金吸引民间资本投资高新技术企业和科技型企业。

3. 拓宽技术创新的间接融资渠道

以建设辽西区域性金融中心为契机，引导金融机构探索为企业创新活动提

供股权和债权相结合的融资服务，与创业投资、股权投资机构实现投贷联动。稳步发展民营银行、互联网金融，建立与之相适应的监管制度，支持面向中小企业创新需求的金融产品创新。建立知识产权质押融资市场化风险补偿机制，简化知识产权质押融资流程。加快发展科技保险，推进专利保险试点。

（五）构建创新生态系统，营造良好创新环境

1. 加快创新社区网络建设

依托现代互联网技术，组建由科研单位、核心企业、供应商、竞争者、金融与风险投资机构、政府机构、用户和其他成员共同组成的开放式创新社区网络。在创新社区网络平台中，各参与主体通过沟通与交流来产生头脑风暴，从而形成新思想和新理论，为企业创新提供所需的信息知识和技术。同时社区网络也向各参与主体反馈信息，促使它们对创新活动进行相应的改善，调整相应的资源、资金和设施的投入方式和规模，从而进一步提高创新相关者与企业的合作效率，加强合作关系。

2. 完善创新驱动导向评价体系

研究建立科技创新、知识产权与产业发展相结合的创新驱动发展评价指标体系。把创新驱动发展成效纳入对各级政府、市直各有关部门绩效评价和目标责任考核体系，纳入对各级领导干部考核范围，并将考核结果作为干部选拔任用的重要依据。健全国有企业技术创新经营业绩考核制度，加大技术创新在国有企业经营业绩考核中的比重。对国有企业研发投入和产出进行分类考核，形成鼓励创新、宽容失败的考核机制。把创新驱动发展成效纳入对各级领导干部的考核范围。

3. 加大知识产权保护力度

实施重点产业集群专利引领工程、自主知识产权优势企业提升工程和重点区域专利促进工程，开展锦州制造走向海外专利护航行动、招商引资专利服务行动。加大对科技创新活动和科技创新成果的法律保护力度，依法惩治侵犯专利、商标、版权、植物新品种、计算机软件等知识产权的违法犯罪行为，维护良好的市场秩序，为创新驱动发展营造良好的法治环境。

4. 构建创新型人才培养模式

改革基础教育培养模式，尊重个性发展，强化兴趣爱好和创造性思维培

养。以人才培养为中心，引导在锦高校提高教学质量，加快高校相关专业向应用技术型转型，开展校企联合招生、联合培养试点，拓展校企合作育人的途径与方式。鼓励高校探索科教结合的学术学位研究生培养新模式，扩大专业学位研究生招生比例，增进教学与实践的融合。鼓励高等学校以国际同类一流学科为参照，扩大交流合作，稳步推进高等学校国际化进程。

5. 营造创业创新良好氛围

大力弘扬艰苦拼搏、勇于创新、团结协作的创业精神，积极营造敢冒风险、尊重创造、宽容失败、公平竞争的创新文化。引导企业建立以创新为核心价值观的企业文化，向创新要市场、要效益、要发展。建立健全科技创新活动行为准则和规范，建立科技项目诚信档案，加大对学术不端行为的惩处力度，净化学术风气。广泛开展群众性科技创新活动，提高公民科学素养和创新意识。加强舆论引导，营造“大众创业、万众创新”的良好社会氛围。

专题六　辽宁民营经济发展的金融支持策略研究

民营企业在激发创新与发展活力、提高经济效益等方面具有不可替代的作用。近几年中国民营经济得到了快速的发展，但是基于种种客观原因，并未得到金融机构的有力支持，民营经济融资难、融资贵的突出矛盾始终没有真正解决，成为阻碍民营经济进一步发展的重要因素，据相关问卷调查结果显示，有近七成的受访民营企业将资金问题列为影响企业发展的最主要因素。本文以辽宁省金融支持民营经济发展的现状与问题入手，深入剖析影响民营企业融资难的原因，最后从民营企业、金融体系以及政府三个角度提出提升金融对民营经济支持的策略。

一、辽宁省金融支持民营经济现状：以城商行为例

民营企业尤其是小微企业在我国经济发展的地位日益突出，成为解决就业问题的生力军和经济增长新的着力点。但是小微企业发展却面临融资难这一突出问题的困扰。虽然近年来中央及辽宁省政府采取多种措施鼓励和支持小微企业发展，但由于种种原因，融资难问题在全省仍格外突出，小微企业发展过程中始终存在资金缺口，而城市商业银行大都是从城市信用社发展起来，其成立的目标之一就是发展地方经济，因此城市商业银行对地方的产业布局、小微企业的发展以及资金需求等信息的了解有着天然的优势。经过近二十年的发展，城市商业银行已经在地方具有一定的知名度和影响力，并且积累了一定的客户群体，在支持小微企业发展方面拥有天然的地缘和信息等方面的优势。

本文以城市商业银行的视角，探讨研究解决辽宁省小微企业融资难问题的

方法。首先，本文选取盛京银行作为辽宁省城市商业银行代表，选取北京银行和南京银行作为上市的城市商业银行代表，选取民生银行作为一直以来以服务小微企业作为发展目标的城市商业银行代表。由于工行在四大国有商业银行中小微贷款总额和网点的总数超过其他银行，因此选取工商银行作为国有银行代表。用以分析2013年各典型银行小微企业融资水平，见表1。

表1　2013年盛京银行与各典型银行小微企业贷款比较

名称	全部贷款总额（亿元）	小微企业贷款余额（亿元）	小微企业贷款增幅（%）	小微企业贷款占比（%）
盛京银行	1334.68	365.8	19.16	27.4
北京银行	5848.62	1601	25	27.4
南京银行	1469.01	460.7	17.96	31.35
民生银行	15742.63	4047.22	27.69	25.8
工商银行	99200.00	18700.00		18.9
银行平均水平			14.2	18.3

数据来源：各商业银行年报。

可以看出，2013年末以盛京银行为代表的辽宁省城市商业银行在“小微企业贷款比上年增幅”和“小微企业贷款占全部贷款”比重都达到和略超过国有银行和全国银行类金融机构的平均水平，在一定程度上体现出城市商业银行小微金融的优势。但是比照小微企业贷款经营业绩突出的北京银行和民生银行还存在一定差距。由于受到资本量和全部贷款总额的影响，盛京银行由于自身规模限制，支持小微企业贷款绝对值依然较小。

其次，本文选取2014年辽宁省14家城市商业银行、全部金融机构以及中资全国性大型银行（包括四大国有银行、国家开发银行、交通银行和中国邮政储蓄银行）分析2014年辽宁省各银行机构小微企业融资水平，见表2。

表2　2014年辽宁省小微企业贷款比较表　（单位：亿元，%）

分　类	全部贷款总额	小微企业贷款余额	小微企业贷款比年初增加	小微企业贷款增幅	小微企业贷款占比
14家城市商业银行合计	4591.292	2177.822	374.587	0.47	0.325
全部金融机构（含外资）	22603.18	6705.176	759.888	0.30	0.297
中资全国性大型银行	11194.56	2310.401	2310.401	0.21	0.345

数据来源：中国人民银行沈阳分行。

可以看出，2014 年全省 14 家城商行与全部中资全国性大型银行在“小额贷款占全部金融机构小额贷款比重”方面相差不大，城商行小微金融的优势尚未体现出来。就 14 家城商行内部来看，小微贷款占全部贷款比重水平不一，从 0.22～0.73 不等。从城商行小微企业贷款比年初增加来看，有两家城商行出现对小微贷款绝对量下降。综合分析表 1 及表 2，2013 年和 2014 年小额企业贷款占各项贷款余额的比重均较低，小微企业融资需求无法得到满足。可见，辽宁省城商行在支持小微企业贷款方面还存在一定的不足，导致其优势不明显。

二、辽宁省金融支持民营经济存在的问题

课题组对辽宁省不同地区民营企业进行了实地调研，通过调查问卷了解辽宁民营企业实际融资情况。问卷选取辽宁省不同行业民营企业作为样本，涉及餐饮住宿、电力、仓储和邮政业、燃气及水的生产和供应业、制造业、交通运输、房地产业、软件业、批发和零售业、服务业等行业，问卷设定了 55 个问题，调查内容主要涉及四个方面：一是企业基本信息；二是企业经营情况；三是企业的融资情况；四是企业面临的融资政策及环境。本课题组共发放 150 份问卷，实际有效问卷 133 份，有效回收率为 88.7%。作为东北老工业基地，辽宁大企业比较多，民营企业多为配套生产型企业，自主知识产权少，市场竞争力差。通过走访调研，民营企业基本已经进入微利时代，原因主要是成本上升。水费、电费、房租等成本连年增加，人力成本也在提高，利润下滑。同时，行业门槛低，竞争比较激烈，利润难以提高。对于劳动密集型民营企业来说，工资上涨和保险费用的增加是企业面临的最大问题；对于技术密集型企业来说，人才的流失是其比较棘手的问题。税收高也是民营企业面临的一个问题，利润的过半数都以税收的形式上交了，使得民营企业的生存能力进一步减弱。通过调研，辽宁省民营企业融资资金的主要用途为购买原材料和流动资金周转，这两项约占资金用途的 83.4%；融资需求中，10 万元以下占 18%，10 万～50 万元占 32.3%，50 万～100 万元占 32.3%，500 万元以上占 6.8%，不需要的占 10.5%；企业目前的资金状况，认为正常的占 66.2%，认为紧张的占 26.3%，认为充裕的占 7.6%；72.2% 的企业

资金需求期限均在一年以下。

（一）金融支持政策落实不到位

为贯彻中央扶持民营企业政策精神，辽宁出台了《辽宁省人民政府关于支持民营型企业发展的若干意见》，从财政、金融、税费、市场、管理等多方面为民营企业提供政策支持。通过走访调研发现，很多民营企业在政策出台几个月后不知道出台了哪些具体政策；有的民营企业了解相关政策，但不知道如何获取相应的政策优惠；有的政府部门办事人员对于某项微利企业减免税收的政策不知道具体操作方法，各部门互相推诿，导致民营企业主没有精力继续申请。目前出台的金融支持政策，在一定程度上落实不到位，同时也缺乏具体执行细则。各种优惠政策落实不到位，使金融支持民营企业成为口号。

（二）民营企业融资成本高

这是全国民营企业存在的共性问题。由于民营企业信用等级低，融资风险大，所以融资成本很高，辽宁省绝大多数民营企业的融资成本集中在6%～15%，见表3。

表3　辽宁省民营企业获得银行或其他融资的综合成本（年息）占比

序号	综合成本（年息）	百分比
1	6%～10%	43.8
2	10%～15%	31.3
3	15%～20%	19.5
4	20%～25%	4.7
5	25%～30%	0.8

数据来源：调研获得。

在调研中发现，辽宁省民营企业在融资过程中遇到最主要的困难是缺乏银行愿意接受的抵、质押资产，缺乏第三方提供的保证、信用评级无法达到银行标准、利率太高，缺乏与银行长期稳定联系，致使民营企业在融资过程中要承担较高的融资成本。

（三）多层次资本市场体系有待完善，民营企业利用率不高

《辽宁省发展民营经济实施方案》提出，要推动多渠道融资。落实企业上市奖励政策，积极鼓励民营企业通过境内外资本市场上市融资。推动中小企业在全国中小企业股份转让系统、辽宁股权交易中心挂牌融资；鼓励符合条件的民营企业通过发行公司债、企业债、中小企业私募债、非金融企业债务融资工具等方式直接融资。

虽然辽宁省民营企业资本市场建设取得了一定的成绩，但是存在的问题也不容忽视。主要表现在：

首先，企业内部管理等机制尚需完善。企业参与资本市场，基本的前提条件是需要企业有非常健全的内部管理机制和外部市场机制，规范的股份制企业和完善的财务报表也能够改善企业的融资条件。但是从选取的辽宁省民营企业现状看，企业内部管理机制不够健全、对市场预期判断存在一定误差、产能过剩现象较多。

其次，多数民营企业老板对上市（挂牌）认识不足，积极性不高。同时受当前经济下行影响，民营企业盈利水平下滑，企业上市挂牌意愿普遍不强。当前与券商签订上市挂牌辅导协议并进入辅导期的民营企业数量偏少。全省部分企业存在土地、房产等较多历史遗留问题，制约了上市挂牌工作进程。

再次，审批程序烦琐，政府管理思维仍需转变。从企业的反馈情况看，一是审批项目多，审批程序烦琐，是企业期盼政府有所改进的重点之一。2016 年辽宁省陆续出台简政放权的相关政策，给了企业一定的信心。二是有的政策比较模糊，缺乏信息共享平台。三是政府与企业信息沟通不畅，错位协作，相关资源不能有效利用。

最后，专业人才欠缺。在企业上市融资的过程中，除了股份配比的焦灼外，与投资公司打交道、规范和完善企业运营管理等诸多方面都让企业感触颇深。要想在资本市场获得投资者的青睐，关键还是要看企业是否有好的技术和产品，这也是企业的核心竞争力。对于很多省内的民营企业来说，他们对资本市场还是并不熟悉，这方面需要专业的人才来引领企业，但是由于地域和经济等诸多因素限制，高端的专业人才很难寻觅或留住。

（四）地方经济增长缓慢，金融支持力度不够

辽宁省地方经济增长缓慢，全省 GDP 增速远落后于全国平均水平，同时作为东北老工业基地，大企业很多，在这种地方经济环境下，企业违约情况时有发生，临期贷款按时归还具有一定不确定性。融资担保机构代偿、金融机构不良贷款管控压力加大，导致银行机构对小微企业的支持更趋谨慎，甚至“惧贷”，全省民营企业从银行机构获得贷款仍存在一定难度。即使某些企业申请抵押贷款，银行放贷的贷款占抵押品价值也很低，大多集中在 50% ~ 70%，具体见图 1。

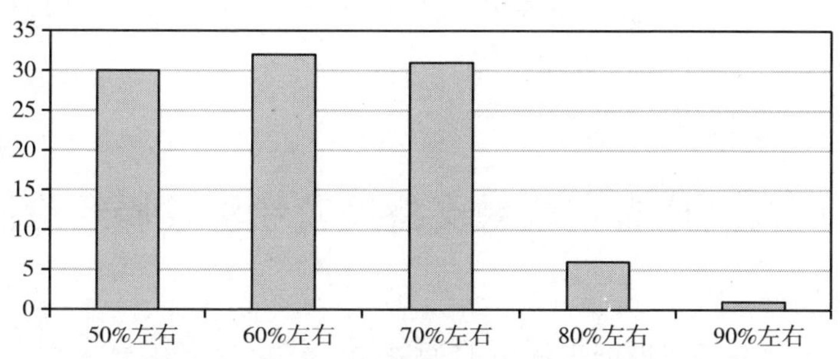

图 1　民营企业在银行贷款中贷款额占抵押品价值的比例

数据来源：调研统计所得。

民营企业与大型企业相比，其主要特点是生产规模小。人力、物力、财力与大型企业相比都有很大差距，所以抗风险能力很差，每年都有很多民营企业面临破产。学者沙勇对国内外学者相关研究成果进行了系统的梳理，并运用德尔菲法将影响我国民营企业发展的主要因素归纳为融资、发展环境、行政事项（包括审批程序、行政处罚、市场准入、财税政策等方面的公平待遇）、要素制约、自身不足（人员素质、经营管理模式、科技含量等）五大方面。本文在对问卷中相关变量进行因子分析中得出企业经营情况、企业融资、要素制约和发展环境这四个因素是制约辽宁省民营企业可持续发展的重要因素。通过对这四个制约因素进行 Logistic 回归分析，发现金融支持对民营企业发展具有显著影响，其他因素在 Logistic 回归中对民营企业发展没有表现出显著影响。而当前辽宁省民营企业所面临的金融支持不足问题主要体现为融资难，民营企业所面临的融资难主要表现为融资渠道少，融资成本高。从

间接融资来看，民营企业大部分为家族式劳动密集型企业，企业竞争力不强、信用风险高等自身原因以及商业银行的贷款偏好，导致银行对民营企业融资的门槛很高，同时在银行贷款过程中各种收费很高的资产评估、财产担保、验资等项中介费用也是提高融资成本的原因，所以民营企业间接融资比较困难。从直接融资来看，由于受到资本市场上市融资条件的限制，民营企业很难直接在中小板甚至创业板上市，所以民营企业通过上市进行直接融资也很困难。因此，辽宁省民营企业融资渠道主要是从亲戚朋友和小额贷款公司等进行借贷，而这些渠道融资成本相对更高，加剧了民营企业生存的困难，不利于民营企业可持续发展。通过对问卷数据的实证分析得出结论，金融支持力度不够是制约辽宁省民营企业可持续发展的根本因素，所以加大对民营企业的金融支持，突破融资困境是当前促进民营企业可持续发展最为紧迫的任务。

三、国内其他省市金融支持民营经济发展经验借鉴

X 市是中原某省典型的煤炭资源型城市，煤电化等国有大型企业在经济结构中占据主导地位，相比之下，民营经济规模较小，主要集中于中小微企业。近年来，面对宏观经济下行形势，X 市积极引导金融机构创新金融产品与服务，加大对中小微企业的有效信贷投入力度，积极引导民营企业利用多层次资本市场融资，多措并举支持民营经济发展。

（一）注重政策引导，调动金融机构支持民营企业积极性

认真贯彻落实中央、省关于金融支持中小微企业融资的金融政策，制定《X 市人民政府关于金融支持经济结构调整和转型升级的实施意见》，引导金融机构加大对中小微企业的有效信贷投入力度，提高金融服务小微企业能力。2015 年，X 市出台《X 市金融机构支持地方经济发展考核奖励办法》《X 市金融产品与服务方式创新评选奖励办法》，将中小微企业贷款增量、存量指标单列考核，赋予中小微企业金融产品（服务）创新更多分值，引导金融机构加大对中小微企业有效信贷投入力度。2016 年，X 市再次修订《X 市金融

机构支持地方发展考核办法》，将“4321”新型政银担合作机制、“税融通”贷款等适合中小企业融资的信贷产品列为单独考核指标，进一步鼓励金融机构扩大信贷投放。

（二）加强银企对接，引导金融机构加大对民营企业的信贷支持力度

一是加强与省级金融机构合作，引导金融机构加大信贷投放力度。2015年，X市政府与浦发银行合肥分行签署战略合作协议，与W银行签署产业发展基金项目合作框架协议。2016年，市政府先后与农业发展银行省分行签署战略合作协议，与W银行签署PPP业务合作框架协议，与建设银行省分行签署政银战略合作协议，积极争取省级金融机构的信贷支持。

二是搭建多种形式的沟通交流平台，推动民营企业与金融机构加强合作。出台《关于建立政银企对接交流机制的通知》，建立常态化、制度化银企对接工作机制。2015年，先后举办规下工业企业、现代农业产业等专场针对民营企业的银企对接活动，参加对接活动企业600余家，累计达成合同类贷款4.08亿元。2016年，先后组织召开涉农企业、外贸企业专场和全市民营企业政策宣讲暨专场银企对接会，向民营企业推介各类金融创新产品，先后为300余家民营企业落实合同贷款近5亿元。

（三）强化金融服务，进一步完善中小微企业信贷服务体系

一是支持地方法人金融机构做大做强。截至2017年5月末，6家地方法人银行机构资本金规模20.08亿元，各项贷款余额295.68亿元，占全市贷款余额的24.1%。地方法人银行机构充分发挥法人机构的审批优势和网点分布广泛的地域优势，不断推出契合中小微企业需要的金融创新产品。2017年5月末，地方法人银行机构小微企业贷款余额229.48亿元，占全市小微企业贷款余额的54.03%。

二是引导金融机构增设立中小微企业专营支行。在全市银行业金融机构普遍设立中小微企业专营机构的基础上，引导各银行机构增设社区银行或小微支行，增强服务小微企业和“三农”能力。对小微企业贷款重点推进行、

专业特色支行给予相应的小微企业信贷规模、授信权限、绩效考核等政策支持。扩大金融服务中小微企业的覆盖面。

（四）扩大直接融资，引导民营企业抢抓多层次资本市场加速发展机遇

一是强化政策激励。市政府出台《关于鼓励企业上市（挂牌）的若干意见》，明确企业上市（挂牌）奖励标准，提高企业上市（挂牌）积极性。2017 年以来已累计奖励企业直接融资和上市（挂牌）560 万元。

二是强化工作调度。分解上市（挂牌）任务到各县区，压实工作责任。开展市委常委、副市长精准帮扶拟上市（挂牌）企业和重点工业企业活动，对 21 家拟上市（挂牌）企业和重点工业企业实施精准帮扶，深入企业帮助解决问题。召开企业上市挂牌调度会，专题协调解决重点后备企业在上市挂牌存在的困难和问题，推动企业加快上市（挂牌）进度。重点调度的 7 个上市（挂牌）企业历史遗留问题基本得以解决。

三是开展全面服务。举办企业上市挂牌培训会，对全市上市挂牌重点后备企业主要负责人和财务负责人专题培训。详细摸排全市上市挂牌后备企业信息，梳理、汇总企业存在的困难和问题。完善上市（挂牌）后备资源库，全面摸排各县区直接融资后备企业，建立企业上市（挂牌）绿色服务通道，加快企业上市（挂牌）进度。

（五）加强金融创新，推动中小企业更好获得金融服务

一是推动金融机构针对中小微企业金融需求，创新产品与服务。开展金融机构支持地方发展和金融创新考核工作，对先进单位进行通报表彰，引导金融机构开发适合小微企业和“三农”的金融创新产品。各银行机构不断加大金融创新力度，相继推出的“商标专利贷”等金融产品与服务，一定程度上缓解了民营经济融资抵押贷款难问题。

二是设立小微企业续贷周转资金。市政府出台《关于设立小微企业续贷周转资金的意见》，建立起 2.4 亿元规模的续贷过桥资金，授权政策性融资担保机构与银行合作开展小微企业“过桥”贷款业务。单户贷款额度原则上不

超过1000万元，贷款期限不超过10日，贷款利率为日息0.3‰～0.8‰。2017年1～5月份，全市累计投放“过桥”贷款171笔，金额12.05亿元，有力地解决了基本面好的小微企业续贷难题。

三是全面推进新型“政银担”合作机制。全面建立“4321”风险共担补偿机制，新增单户在保余额500万元以下的业务已全部纳入“4321”政银担合作试点。市政府出台《关于促进融资担保行业发展的若干意见》，推动Y区成立政策性融资担保公司，实现政策性融资担保机构业务县区全覆盖。2015年6月，市政府印发《X市政银担风险补偿资金使用管理暂行办法》，市本级和Z县分别设立2000万元、1000万元风险补偿基金，支持银行、担保机构扩大“政银担”贷款业务量。2017年1～5月份，全市累计发放“政银担”贷款10.71亿元。

四是全面推广“税融通”业务。市政府印发《关于实施“税融通”业务的意见》，支持诚信纳税中小微企业融资发展。通过《X日报》等媒体公示符合“税融通”业务办理条件的中小微企业名单，有意申办“税融通”业务的企业可自主确定主办银行，符合主办银行及融资担保公司贷款准入和授信条件的，根据其近两年纳税增幅等情况，按其年平均纳税额的1～5倍提供信用担保，给予最高不超过1000万元的贷款。2017年1～5月份，全市已审批投放“税融通”业务贷款1.5亿元。

（六）健全融资担保体系，为小微企业提供担保增信服务

市政府先后出台《关于促进融资担保行业发展的若干意见》《关于促进融资担保行业加快发展的实施意见》，推动经济技术开发区成立政策性融资担保公司，实现政策性融资担保机构业务县区全覆盖。2016年，争取省级民营经济发展专项扶持资金4736万元、省信用担保集团注资参股资金7200万元，进一步壮大政策性融资担保机构资本金规模。市财政安排不少于3000万元专项扶持资金，用于支持市级国有及国有控股融资担保机构发展。截至2017年5月末，全市融资担保机构在保户数2402家，在保余额43.07亿元。

（七）全力维护区域金融秩序稳定，为中小微企业发展打造良好金融生态环境

对全市融资担保机构和小额贷款公司开展涉嫌非法集资风险排查，严格落实小额贷款公司和融资担保机构相关监管政策，加大监管力度，督促其合规经营。组织开展非法集资风险专项整治、防范非法集资宣传月和涉嫌非法集资广告咨询信息排查清理工作，切实防范和化解非法集资风险。开展互联网金融风险专项整治摸底排查，金融市场秩序专项整治与互联网金融风险专项整治、防范和打击非法集资结合起来，厉打击扰乱、破坏金融市场秩序的行为。组织金融监管部门、金融机构、企业，加强沟通协调、制定处置方案，及时化解企业资金链断裂引发的各类金融风险。健全金融监管部门沟通协调工作机制，努力打造 X 市良好金融生态环境。

四、辽宁省民营经济发展的金融支持策略

（一）加强民营企业自身规范建设，提升民营企业自身素质

民营企业规模小、治理机制不健全、财务制度不完善，管理落后、创新乏力、守法经营意识差和企业家本人发展激情不足是制约民营经济通过外部金融支持做大做强的重要因素。从收益风险角度考虑，以逐利为根本目的金融资源很难向民营经济倾斜，从这点考虑，提升民营企业尤其是中小微企业的自身素质是解决民营企业融资难的根本要素。具体而言：

首先，要改善自身内部的经营环境。民营企业要有探索开拓精神，积极寻求符合特色的发展模式，同时把树立良好的企业形象放在重要位置，完善经营机制，创新管理体制机制，稳健经营，最大程度上降低企业潜在风险。

其次，要使企业树立良好的诚信经营观念。诚信经营理念要求企业要严格依照国家法律规定、市场规则和商业道德规范，形成良好的信誉。民营企业要注重培育公司诚信文化，塑造公司诚信形象，增强公司各级经营管理人员和职工的诚信观念和信用素质；公司成员遵纪守法、诚实守信。提高民营

企业的信用等级。

再次，要完善民营企业的财务制度，优化融资环境。民营企业要注重设立财务管理机构，负责企业的资金融入，资金管理，财务分析，预算编制以及决策实施；同时建立规范的会计制度，以确保会计信息能够真实、准确、完整以及会计工作的效率提高；强化财务监督工作，设立专门的监督与纠偏机构，利用所掌握的能力相互制约，有利于重大差错和背离目标事项的发现，重点关注现金成本的控制，尤其是应收账款的追踪管理，通过优化融资环境，提升民营企业获得金融支持的可能性。

最后，要通过构建现代企业制度，完善法人治理结构，提升企业运用直接融资工具获得金融支持的能力。一方面要引导企业通过清产核资、界定产权、清理债权债务，核实企业法人财产占有量，重点对企业的商标商誉、专利技术、知识产权等无形资产进行评估，促进民营企业进行规范的股份制改革；另一方面要建立健全组织制度，促进民营企业制定规范的公司章程。对符合现代企业制度的民营企业要积极进入主板、中小板、创业板以及在海外资本市场上市，或在“新三板”、区域性股权交易市场等多层次资本市场融资，拓宽民营企业直接融资渠道，降低融资成本。

（二）构建为民营经济发展服务的金融组织体系

1. 完善银行的组织体系，加强银行体系服务民营企业的功能

首先，要切实加大对民营经济的信贷支持力度。要不断增强自身实力，利用信贷资产证券化、次级债、金融债等手段，盘活存量资产、补充资金来源，提高服务民营企业的内在能力；要用足用好风险补偿、财政贴息、融资担保等各类扶持政策，缓释金融风险、激发工作动力，增加对民营经济的贷款规模；要科学确定业务重点，有计划、有步骤地扶持一批有市场有效益有信用的民营企业。

其次，加强业务创新，推广应用符合民营经济发展特点的金融产品和服务模式。应切实根据民营企业的产权性质和业务特点，创新金融产品、加大营销力度，提升服务层次、加强业务合作，提供全方位、多元化的金融服务。

最后，完善内控制度，积极创建适应民营经济需要的信贷管理机制。要改造审贷流程、下放授信权限、提高放款效率，确保符合贷款条件的民营企

业获得方便、快捷的金融服务；要提升评级方法，建立符合民营企业特点的定性与定量相兼顾的评级制度，突出对企业法人代表的信用及其所处经济环境的评价比重，适度增加信用贷款规模，进一步发挥金融对大众创业、万众创新的支持作用；要完善考核机制，将业绩评价的关注重点从执行结果向实施过程转变，实行科学合理的正向激励；要改进贷后管理，按照尽职免责的原则，落实和追究不良贷款形成责任，不能因所有制形式不同而有轻有重。

2. 建设支撑民营企业转型升级的多层次资本市场体系

多层次资本市场建设是解决中小企业融资难的有效平台。近年来，随着辽宁省多层次资本市场建设的不断发展，尤其是以辽宁省股权交易中心为代表的四板市场的建立，逐步唤醒了辽宁民营企业的资本意识，也加深了与资本市场的亲密度。截至2016年底，通过股权质押、私募债、私募股权、收益权和与银行合作等方式，辽宁省股权交易中心已推动1252家企业挂牌，培育了锦州银行、沈阳煤业、金柏园林等近20家企业转至香港证券交易所、沪深、新三板等更高层次资本市场挂牌或上市，协助企业实现融资达200亿元。但受民营企业缺乏抵押物、融资渠道单一、企业信用等级低、企业管理不规范、财务制度不健全等因素制约，民营企业的多层次资本市场利用率还相对较低。因此，应从两方面着手建设多层次资本市场。

一方面，要积极鼓励和引导股权投资基金进入辽宁民营经济市场。支持私募股权投资基金、创业投资基金和各类产业基金规范发展。加快推动全省产业转型发展基金设立和投放进程，鼓励各县（市、区）参与设立专项子基金。引导社会资本和金融资本发起设立能源转型、绿色产业、装备制造业、旅游业等不同特点的产业子基金。吸引各类投资基金在本市设立管理机构，开展各类投资合作，实现投资主体多元化。

另一方面，要促进支持民营企业发展的债券市场的壮大。债券市场作为直接投融资市场的重要组成部分，是企业融资的重要渠道。债券融资不仅能为企业提供资金，还能优化企业的融资结构，对企业的财务状况形成硬约束机制，促使发债企业改善经营管理，提升资金使用效率。但是，据中国银行间市场交易商协会统计，2016年民营企业在企业信用债发行市场中占比为16.37%，不足两成，民营企业利用债务融资的程度仍然较低。与之相对应的是民营企业债务融资成本的居高不下，据WIND资讯统计，市场上资质差不多的民企和国企，发出来的债券利差相差约100BP。为此，资本市场要不断推出企业专项债、双创债、可转债、项目收益债、资产证券化等债券新品，适当地降低债券的发行门槛，为民营企业发债扩容奠定基础，同时要帮助企业选择合适的债券品种、发行时机，遴选评级、评估、审计、法律、担保机构和承销商，寻找债券投资者，高效完成发债流程，降低发债成本，提高发债成功率。

（三）明确发展民营经济战略，加强政策引导和支持

1. 确认民营企业中小微企业地位，保证小微企业信贷权利

在我国的特定经济体制下，小微企业主要是指民营企业为主的非公所有制企业。由于非公所有制企业经济性质的原因，该类企业在我国的政治地位迟迟得不到很明确的确认。现在，小微企业虽然在政治上得到了承认，且经过近十年的发展，产业覆盖经济体系的各个环节，为国家创收、创新和研发做出了巨大的贡献，成为国民经济中非常重要的组成部分，但是他们却仍然生存在夹缝中。政府在制定相关规定包括金融支持政策、税收优惠政策、财政补贴政策时，仍主要向大型企业或国有企业进行倾斜，小微企业被放在了政府政策扶持的边缘地带。

确认小微企业地位，政府不能仅仅是在法律中明确民营企业为代表的小微企业的市场地位，更应将小微企业作为一个合法的市场主体，对市场的参与者一视同仁，提供平等的机会。

2. 制定民营经济发展战略规划，提供配套的政策支持

政府应该把民营经济的发展纳入发展规划，将其发展提升至战略高度，为民营经济的发展提供政策导向，从而引导社会资源对民营经济倾斜。同时，辅以相关配套政策支持民营经济的发展。

3. 消除已有的政策歧视，优化民营经济融资环境

除了要通过法律确定民营中小企业在国民经济中所处地位和政府的基本政策方向，保证民营企业在经济中的平等竞争地位以外，政府还要制定相关行政法规和采取必要措施，为民营企业的发展提供政策性贷款。同时，通过法制建设加强政府金融机关的职能，指导和监督民间金融机构对中小企业适当融资。此外，通过制定规范性文件和立法，鼓励发展由政府出资或参股的非营利政策性担保机构，为民营企业提供融资担保服务。最后，完善政策实

施监管体系，持续跟进和监督政策法规的实施情况，确保有利于民营企业发展的政策有效落实。

4. 采取各项政策措施，引导民间资本进入金融领域

民营资本进入金融领域在进一步丰富和完善银行业金融机构体系的同时，可以激发民营经济活力，并在一定程度上解决民营经济融资难的问题。发展民营金融业，是希望利用其来自民间、熟悉民企、贴近民众的天然特点，能够补充传统金融服务小微企业的不足，进而逐步提升金融服务实体经济的能力。

2014 年起，经党中央、国务院批准，银监会首先开展了首批民营银行试点工作。近年，辽宁省相继出台了《辽宁省人民政府关于印发辽宁省发展民营经济实施方案的通知》《辽宁省人民政府关于发展产业金融的若干意见》《辽宁省金融业发展“十三五”规划》《辽宁省人民政府关于进一步提高金融服务实体经济质量的实施意见》等政策性文件，鼓励与吸引民间资本进入金融领域。具体包括：放宽民间资本投资领域，鼓励民营企业进入金融服务领域，鼓励支持民营资本平等参与 PPP 项目，发起设立创业、风险、产业、并购等各类股权投资基金，支持符合条件的民营企业参与城市商业银行、农村信用社等地方法人金融机构改革与改造，推动符合条件的民营企业发起设立民营银行、财险公司等各类金融机构等相关鼓励政策。

在此基础上，本文认为相关政府部门应采取进一步有效政策措施，将上述意见落到实处，切实营造促进民营金融发展的改革环境；同时，推进制度建设，营造良好信用环境，为民营金融业控制系统风险提供重要保障，真正满足民营中小企业在发展中的资金需求。

专题七　辽宁省民营经济发展营商环境研究

营商环境是指伴随企业活动整个过程的各种周围境况和条件的总和。营商环境通俗地讲，就是企业在开设、经营、贸易活动、纳税、关闭及执行合约等方面遵循的政策法规所需的时间和成本等条件。营商环境包括影响企业活动的社会要素、经济要素、政治要素和法律要素等方面，是一项涉及经济社会改革和对外开放众多领域的系统工程。

随着经济全球化、区域一体化快速发展，营商环境日益成为城市和区域竞争的核心和焦点。一个地区营商环境的优劣直接影响着招商引资的多寡，同时也直接影响着区域内的经营企业，最终对经济发展状况、财税收入、社会就业情况等产生重要影响。概括地说，营商环境包括影响企业活动的法律要素、政治要素、经济要素和社会要素等。良好的营商环境是一个国家或地区经济软实力的重要体现，是一个国家或地区提高综合竞争力的重要方面。区域经济之间的竞争，已由过去的拼资源、比区位、抢政策、要倾斜，转变为“环境决定成败”。哪里营商环境好，生产要素就会向哪里集聚，营商环境已成为区域竞争力的核心要素。

民营企业是社会主义市场经济的重要组成部分，相对于国有企业，民营企业需要更好的营商环境来实现公平竞争和健康发展。

一、辽宁省营商环境的总体评价

为评估各国企业营商环境，世界银行通过对155个国家和地区的调查研究，对构成各国的企业营商环境的十组指标进行了逐项评级，得出综合排名。

营商环境指数排名越高或越靠前，表明在该国从事企业经营活动条件越宽松。相反，指数排名越低或越靠后，则表明在该国从事企业经营活动越困难。

作为辽宁省的省会城市沈阳，其营商环境应该具有很强的很强的代表性。厦门大学课题组参照世界银行《2017 年营商环境报告》评估标准体系，通过对沈阳市部分典型企业和相关政府部门的深入调研，分别选取创业阶段的开办企业，获得场地阶段的办理施工许可、获得电力和登记财产，获得融资阶段的获得信贷和保护少数投资者，日常运营阶段的纳税、跨境贸易、出了问题阶段的执行合同以及办理破产等 10 项指标，定性分析与定量分析相结合，对沈阳市的营商环境进行了评价。2017 年初公布的《沈阳市当前营商环境整体评估报告》显示，沈阳 2017 年营商环境的“前沿的距离”分数为 61. 25，排名相当于世界 190 个经济体中第 92 位的肯尼亚。沈阳市的营商环境整体情况处于中等水平，但相比较于国际先进经济体存在较大的差距。沈阳在办理施工许可、获得电力、保护少数投资者、纳税、跨境贸易等方面与国际一流水平还存在明显差距。

（一）服务效率还有待提升

从开办企业方面来看，沈阳市开办企业需办理手续 6 个，办理时间 19 天，平均成本为 1130 元，占人均可支配收入的 3. 1%。排名前茅的新西兰可以将名称预先核准、公司设立、银行开户及三方扣款协议等程序合并为一个手续，从而大大简化流程。

沈阳开办企业的 6 个手续有的环节可能因审核人不同、标准不一而延误一些时间。市场配置不充分导致中介机构感觉不公平。缺少标准化操作指导，部分环节办理时间偏长。有些环节工作人员受理过程服务不够规范，例如，某企业到审批大厅办理股权变更，办事人员一次改动一个字，然后让办事人员去打印，前后改了 7 次，打印了 7 次。此外，职务清单不明确，存在推诿责任现象。

（二）企业对政府服务、政策落实、承诺兑现的不满意

企业对政府服务、政策落实、承诺兑现的不满意，尤其是招商引资，直

接影响政府诚信度，更影响今后的招商引资。据调研企业反馈，每过一个环节，审批和论证都很难，政府部门不主动提供帮助，部门之间协调很难。

（三）手续多，成本高

从办理施工许可看，办理施工许可所需手续为 25 个，平均时间 166 天，平均成本 98210 元。从获得电力来看，获得电力所需手续为 8 个，平均时间 93 天，平均成本 160000 元，占人均可支配收入的 436.40%，供电可靠性和电费透明度指数为 5。用电手续个数在世界排名 176 位，受手续个数、成本和供电可靠性与电费指数透明度的影响，使得沈阳市获得电力的“前沿距离”与对标的第 51 名的意大利相比有较大差距。在意大利，由于专业公司承担了大量服务工作，获得电力所用时间很短。

从登记财产来看，企业进行不动产登记交易需办理手续 6 个，办理时间 8 天。反映出资金监管相关规定不合理，“两证合一”后土地分割缺乏可操作性，尚未开通网上预约登记服务，登记财产手续较多，登记财产时间偏长，登记财产成本偏高。

（四）中小企业的金融支持较差

在法规和行政服务上，还不能对大中小企业一视同仁。初创期的企业获得债务融资较为困难，而发展期的企业大部分都存在着上有大型企业为天花板、下有小型企业围追堵截的境地。对于成熟期的企业，大部分金融行业和政府资源以及政策都有所倾斜。沈阳获得信贷方面的“法律权利指数”为 4 分，“信息深度指数”为 8 分。

从保护少数投资者权益来看，由于缺乏相应的查询平台，企业的资料获取便利性不足，国企少数股东诉讼难以进行。沈阳保护少数投资者方面的“纠纷调解指数”为 5，“股东治理指数”为 4。

（五）税收政策信息不透明

税收政策把握具有明显的不确定性。在近年来的税制改革中，地方税收机关对于新出台的税收政策不能给出明确的解释，不利于纳税人进行合理决策。部分省级税务机关下发的政策，存在未明确具体执行程序和办法的情况，地方税务机关则没有办法具体操作。

由于税种和税率与全国其他地区一致，故纳税办理次数和总税率两项指标与北京、上海一致。沈阳企业企业纳税需办理次数为 9 次，时间共 576.3 小时。以世界银行的标准，我国的耗时是较高的。

（六）跨境贸易效率低下，跨境贸易成本过高，跨境贸易服务能力低

由于缺乏针对非常规业务的监管机制，从跨境贸易看，企业进口一柜集装箱平均所需时间为 255 小时，平均所需成本为 1100.91 美元/箱，进口单证流转平均所需时间为 105 小时，平均所需成本为 114.68 美元/箱；出口一柜集装箱平均所需时间为 96.15 小时，平均所需成本为 948.72 美元/箱，出口单证流转平均所需时间为 87 小时，平均所需成本为 62.5 美元/箱。

（七）司法程序相对烦琐，办案效率低

由于基层法院法官员队伍不稳定，人员少，经常出现审限超期现象。小额诉讼简易程序的绿色通道制度没有普及起来，小额诉讼简易程序需与庭前会议、调解、独任审判和法院电子化全面整合，并为其设立相应的绿色通道和电子化平台，受制于客观条件的限制，诉讼效率有待提高。需整合公安、交通、金融、房产和企业登记等政府监管部门的信息数据库，提高法院执行庭利用整合数据库加速执行的办案效率。从执行合同来看，执行合同所需时间为 290 天，执行合同所需成本为 13189 元，成本占标的额的 18%，执行合同中的司法程序质量指数得分为 14 分。

（八）重整与和解程序的启动不敏感

重整与和解程序的启动不敏感，导致企业债务风险累积和推后，恶性破产清算纠纷膨胀，国有企业长期亏损、资不抵债、贷款养人等情况较为普遍。

破产程序耗时漫长，诉讼成本和费用高昂，中小型民营企业主作为债务人弃厂出逃成为“老赖”较为普遍。从办理破产程序看，办理破产的前沿距离是由回收率和破产框架力度指数计算而来，其中，回收率为36.9%，破产框架力度指数为11.5。

二、辽宁省改善营商环境的举措

近年来，辽宁省委、省政府贯彻习近平总书记新时代中国特色社会主义思想和党的十九大精神，落实新发展理念和“四个着力”“三个推进”，高度重视营商环境建设。辽宁省成立了软环境建设工作领导小组，成员包括44个省直部门和14个市的主要负责人，明确各级党政一把手要作为营商环境建设工作的“第一责任人”。与此同时，还专门组建了省营商环境建设监督局，负责全面推进营商环境建设工作，各市均组建了专门的行政管理机构。

2016年1月11日，辽宁省委全面深化改革领导小组第十二次会议审议《关于优化投资环境的暂行规定（试行）》，以投资环境的优化带动整个发展环境的改善。2016年12月7日，省十二届人大常委会第三十次会议全票通过了《辽宁省优化营商环境条例》，这是全国首部省级优化营商环境地方性法规。2017年1月，辽宁省政府工作报告将“优化投资营商环境”列在9项重点工作的第一位，并将2017年确定为优化营商环境建设年。将营商环境建设作为全面深化改革和实现老工业基地振兴的抓手和突破口，打一场优化营商环境的“攻坚战”和经济平稳健康发展的硬仗，并已制定了详细的优化营商环境建设年实施方案。此外，辽宁将对各市、各部门优化营商环境的成效进行督查和考核，并明确四个标准，即全年经济发展目标是否如期实现、市场主体是否增加、企业满意度是否提升以及民间投资是否回稳。

2017年2月8日，省委、省政府又先后印发了《条例》实施意见、实施方案，标志着本省营商环境建设步入法治化、规范化的轨道。2017年2月9日，召开了全省优化营商环境建设年电视电话会议，省、市、县、乡各级领导干部5000余人分别在主会场、分会场参会。会议指出，要从转变观念、优化服务、放活市场、完善法治、诚信建设、聚贤纳才六方面着手，推动全省营商环境建设。不仅明确严格依法清理政策、审批职权，更在政府守信践诺方面提出要求。例如，凡是政府做出的承诺，必须按期兑现；凡是企业和群众对损害营商环境的举报投诉，必须在七个工作日内书面答复等。

2017 年 4 月份，发布了《辽宁省加强政务诚信建设的实施方案》，从构建监督体系、健全政务信用管理体系、加强重点领域政务诚信建设、健全保障措施等方面进行了顶层设计。2017 年 5 月 26 日至 27 日，全省贯彻落实新发展理念和“四个着力”“三个推进”现场会在沈阳召开。省委、省政府给出科学判断，营商环境是生产力，营商环境建设是推进振兴发展的突破口。6 月 14 日，辽宁省营商局通过电视、网络和各大主流媒体曝光了 6 个典型案例，相关责任单位立即行动，立行立改，制定整改方案。7 月 20 日，全省营商环境建设推进会在沈阳召开。会议强调，各地区、各部门要牢固树立“服务投资者就是服务经济、关注投资者就是关注发展”的理念，从提高政府诚信入手，切实提升服务意识，提高服务能力水平，着力构建“亲”“清”新型政商关系。9 月初，沈阳市公布第二批优化营商环境可推广经验，比如“最多跑一次”“容缺受理”“弹性离校”“医学检查结果互认”，涉及安监、工商、税务、教育、医疗等多个部门。大连将营商环境建设纳入领导干部工作实绩考核重要内容，强化绩效考核和目标管理，实行“营商环境建设一票否决制”。锦州对建设项目流程再造，整合原来分散在建委、气象、人防、消防等多个部门的建设项目图审职能，在政务服务中心设置联合图审窗口，一窗收件，并联审图。

辽宁省提出，把优化营商环境建设作为体制机制改革的重要突破口，坚持问题导向，从一点一滴做起、从细节抓起，加快构建法治化、国际化、便利化的体制机制，打造法治社会、诚信社会和服务型政府。全省各地区各部门正通过优服务、降成本、提效率、放权力，形成优质生产要素集聚的“洼地”，厚植后发优势，活水养鱼。

全面推进“诚信辽宁”建设，建立健全覆盖全社会的诚信体系，加大对诚信主体激励和对失信主体惩戒力度，营造向上向善、守信践诺的良好社会风尚。出台了《辽宁省加强政务诚信建设的实施方案》，进一步提高政府行政效率、提升政府公信力、提升各级政府诚信行政水平和公务员队伍诚信履职意识。将加大对各级人民政府和公务员失信行为的惩处和曝光力度，追究责任，惩戒到人。

2017 年辽宁省进一步围绕政务审批效率低、政府招商不讲诚信、滥用职权、涉企乱收费、特定行业服务设定霸王条款等 7 个方面的突出问题进行专项整治。通过行政效能督查、明察暗访等行动，对损害企业和投资者利益的机构和人员，依纪依规给予严肃处理，截至 2017 年 9 月，辽宁省共对 628 个营商环境案例启动了问责机制，党纪政纪处理 254 人。

三、辽宁省营商环境建设的主要成效

辽宁省营商环境建设已经取得了阶段性成果。重视营商环境、维护营商环境、建设营商环境的氛围正在形成。良好的营商环境已转化成生产力。

（一）政务环境不断优化

1. 建立了“首问负责”“限时办理”等制度

辽宁省政务服务中心是企业开展省级业务必须要打交道的一个部门。为了让办事者尽量少跑路，中心深入推进了相对集中行政许可权改革。首先，按照“一个窗口受理、一站式服务”要求，完善工作机制，规范审批行为，建立了“首问负责”“限时办理”等制度，能及时办理的业务就及时办理。并且通过定期培训、考核等活动加强业务能力省（中）直 41 个单位 416 项审批进入省政务服务中心，2017 年上半年，累计办理业务近 6 万件，40% 业务做到即来即办，审批时限平均压缩 50%。

2. 流程再造，提高审批效率

辽宁省政务服务中心还对审批流程进行了标准化梳理，并进行动态管理，对应环节都会通过短信等方式告知行政相对人以及审批人员，保证审批高效进行。通过科学挤压不受法律法规限制环节的时限，提高审批效率。辽宁省质量技术监督局通过改革，对评审机构和人员实施的不及时环节时限平均压缩了 51%，平均压缩 32 天。

辽宁自贸区进一步加快行政体制改革。在沈阳、大连、营口片区都设立了一站式综合服务大厅，并且设立了国际贸易“单一窗口”、国地税“联合办税窗口”、行政审批“综合窗口”、多规合一“审批窗口”等方便企业办事的功能区和办事窗口。其中，国际贸易“单一窗口”在对标上海经验基础上还进行了创新。大连海关在自贸区开展了“归类尊重先例”的尝试，企业以前在全国任何口岸进出口的商品，今后在大连口岸办理通关手续时，海关不必再审核商品归类，而是直接认可先前结果。这项改革的首例受益者是一汽（大连）通商有限公司，一批汽车零部件在海关归类环节中只有4个流程，仅花了20分钟。

3. 创新审批方式，探索“容缺受理”

这一模式利用“辽宁省守信红榜和失信黑名单”数据信息，对信用记录良好的企业，如果主要申报材料齐全有效，即使次要材料有所欠缺，只要行政相对人做出承诺，就可以“边补齐材料，边受理审核”，从而节约了整体审批时限。2017年以来，辽宁省食药监局窗口就在药品、医疗器械等7个事项中，容缺办理业务达61件。

4. 推行网上审批制度

组建了辽宁政务服务网，如今已有326项业务可以直接使用辽宁政务服务网在线审批，而且审批条件、要件、要求等内容都清晰可查。辽宁省畜牧局等单位还借助网络平台采用了电子证照和电子签章技术，不仅节约了大量纸张成本，还降低了偏远地区企业的运营负担。此外，行政相对人可随时随地在网上提交申请材料、查询办理进度和审批结果等信息，对办理结果过程进行监督。借助网络平台还能进一步强化审批监管体系，并推动投资项目在线审批监管平台应用，从而让审批权力在阳光下运行。

5. 持续简政放权

2016年下半年，辽宁省政府启动新一轮部门“三定”规定优化调整工作，科学配置部门职责，精简优化内设机构和人员编制。省政府机构设置进一步优化，55个部门优化职责750余项，精简处室85个、领导职数192名、人员编制104名。2013年以来，辽宁省政府先后十批取消调整行政职权2146项，其中行政许可521项；14个市政府取消调整的行政职权更达到12124项。目前，省政府部门保留行政职权和行政许可事项分别比5年前减少70%、59%。2017年以来，除取消33项中央指定地方实施行政许可外，针对下放职权“接不住、管不好”等问题，还开展了放权“回头看”活动，取消市、县政府行使行政职权71项，调整到省政府部门行使的有13项。此外，通过制度手段进一步加强了权责清单建设，并推动放权“落地生根”。辽宁省执行的工商登记前置审批事项由最初的226项削减至32项，执行企业变更登记、注销登记前置审批事项削减至30项。“先照后证”改革取得进展，全面实施“五证合一、一照一码”、个体工商户“两证整合”登记制度，鞍山、抚顺、本溪、丹东、阜新、辽阳、铁岭、朝阳、盘锦、葫芦岛十市结合地方实际，制定印发了推进“多证合一”改革的实施意见。截至2017年11月26日，全省共核发“多证合一”营业执照近20万张。

6. 推进行政许可权改革

辽宁省不仅启动了全省统一的政务服务事项目录和办事指南编制工作，还积极开展相对集中的行政许可权改革。扎实推进行政审批标准化建设，编制政务服务事项目录和办事指南，公布全省政务服务事项1184项，通过定标准、审项目、清要件、减环节、优流程，实现省、市、县同一事项的“三级五统”和办事指南9项共性要素全省统一。除建设省政府服务中心外，2016年，辽宁省在锦州、营口、辽阳、朝阳4个市和32个县（市）组建了行政审批局；2017年鞍山市新组建了行政审批局。实行“一颗印章管审批”，大大提升了审批效率。此外，辽宁省编委办还组织各级政府部门全面梳理公布了《行政审批中介服务事项清单》，进一步规范中介市场。

辽宁自贸区以引资引智为契机，大力推进国有企业改革，并且以实施2017年版负面清单为着力点，降低外资企业准入门槛。同时，通过问卷调查等方式了解企业需求，并因需施策创新工作机制。经过这一系列努力，从2017年4月10日挂牌至7月10日，辽宁自贸区共新增注册企业9681家，注册资本1312亿元。其中，内资企业9594家，注册资本1162亿元；外资企业87家，注册资本22.3亿元；平均每天新增注册企业100家以上。

（二）市场环境不断规范

1. 积极构建事中事后监管新机制

推进“双随机、一公开”监管改革有效推进。放权之后，还要管得好，这就需要加强事中事后监管。为此，辽宁省不仅在2017年3月底公布了省、市、县三级政府随机抽查事项清单，基本实现“双随机、一公开”监管改革全覆盖；还以“三局合一”模式，推动各县（市、区）组建市场监督管理局，推进市场监管领域综合执法改革，构建起覆盖生产、流通、消费全过程的大市场监管体系。此外，辽宁省编委办还组建了5个督导组，对各市、县的改革进行实地督导。

2. 加强诚信建设

经过10年的建设，辽宁已建成省、市、县三级信用数据交换平台，形成了健全的信用信息征集、交换、共享、发布体系，并在全省各市设置了查询窗口。按照2017年出台的《辽宁省加强政务诚信建设的实施方案》，辽宁省将加快建立以信用为核心的政务诚信监督体系，上级政府要定期对下级政府进行政务诚信监督检查，实施政务诚信考核评价，考评结果作为对下级政府绩效考核的重要参考。各级政府存在政务失信记录的，要根据失信行为对经济社会发展造成的损失情况和社会影响程度，对具体失信情况书面说明原因并限期加以整改，依规取消相关政府部门参加各类荣誉评选资格，予以公开通报批评，对造成政务失信行为的主要负责人依法依规追究责任。对存在政务失信记录的公务员，按照相关规定采取限制评优评先等处理措施。此外，辽宁省还将探索开展省社会信用体系建设，领导小组成员单位联合对区域政务诚信状况进行评价，在改革试点、项目投资、社会管理等政策领域和绩效考核中应用政务诚信评价结果。这意味着，地方政府若存在政务失信行为，影响的将不仅仅是对政府及其负责人的考核与评价，还有可能对这一地区未来的发展“机会”产生影响。2017年初，“信用黑名单”信息进入省行政审批大厅，初步实现了“逢报必查，逢办必查”。其中处理政府失信案件则是一个重要抓手，2017年上半年已处理包括政府拖欠企业工程款等在内的失信政府机构案件200余件。

3. 降费减负

“营改增”改革等结构性减税和普遍性降费政策得到落实。集中清理了房地产开发建设领域、进出口环节、检验检疫、计量检定系统涉企收费，实行11项行政许可零收费，减轻了企业负担。经过清理和规范，目前辽宁省行政事业性收费项目降至63项，其中，中央设立43项，省级设立20项（减少了12项）。在全部行政事业性收费项目中，涉企24项，全部为中央设立，辽宁省无专门针对企业设立的收费项目。辽宁成为全国省级设立行政事业性收费项目较少的省份之一。辽宁省财政厅相关负责人表示，“降费减负后，预计全年可减轻全省企业和社会负担2.2亿元。”

大连在全省率先公布权责清单，对54个市直部门申报的5684项行政职权逐项论证，精简比例超过46%。同时，大连还在全省率先公布了行政审批中介服务事项清单，在全国率先出台了行政审批中介清单动态管理办法。针对企业反映负担重的问题，大连加大减税降费力度，累计为企业减负 300 多亿元。营口对重点项目实施精准帮扶，给重点项目“吃小灶”，建设服务高地。辽宁忠旺铝业有限公司组建营口忠旺铝业有限公司，已完成投资 130 亿元。为了减轻企业负担，营口积极向辽宁省物价部门争取减免城市建设附加费 3000 万元，将电价计算方式全部调整为以平段电价计算，节约成本近 4000 万元。得益于营商环境的不断优化，辽宁忠旺铝业有限公司如今打消了在外地扩建的念头，决定继续在营口投资新项目，忠旺集团总部提前启动了三期和四期建设，到 2021 年五期和六期投产后，总投资将达 700 亿元。

（三）法治环境不断完善

辽宁省出台了全国首部省级优化营商环境地方性法规《辽宁省优化营商环境条例》，成立全国唯一一个省级营商环境建设监督局。

省政府把加强营商环境建设工作作为对各地区、各部门领导班子和领导干部工作实绩考核的重要内容，按照时间节点进行考核。开展了行政效能督查，明察暗访等行动，对出现的问题视而不见、整治不力的地区、单位的主要负责人、分管负责人及相关责任人进行约谈和问责，对不作为、乱作为，损害企业和投资者利益的机构和人员，依纪依规给予严肃处理。

（四）文化环境不断提升

进一步加大“诚信辽宁”推进力度，建立完善守信联合激励和失信联合惩戒制度。沈阳、大连、鞍山、辽阳四市成功获批创建国家社会信用体系建设示范城市。

创新创业氛围浓郁，民营经济发展后劲十足。辽宁各地都在争创民营经济发展新优势，着力解决民营企业反映强烈的突出问题，激发和保护企业家精神，为民营经济创造良好环境。

（五）经济增长出现新态势

经过一系列目标明确、措施得当、执行有力的攻坚战，辽宁省在优化和提升营商环境工作方面，已经取得初步成效。良好的营商环境，更容易激起人们投资创业的热情，更容易释放投资创业潜能，这是经济总量扩张的原生动力。全年引进国内外资金增长 15% 左右，新增专业技术人才 9 万人、高技能人才 4 万人，引进高层次人才 1000 人，国外“高精尖”人才 500 人，市场活力的持续释放。统计显示，2017 年 1 ~ 8 月，全省新登记各类市场主体 40.3 万家，同比增长 32.1%；新登记企业 10.55 万家，同比增长 34.1%；新登记外资企业 786 家，同比增长 39.4%。全社会用电 1381.88 亿千瓦时，同比增长 4.1%；辽宁自贸试验区新增注册企业 13319 家；2017 年前 7 个月，全省外贸进出口总值达 3926.1 亿元人民币，同比增长 25.6%。

据辽宁省工商联问卷调查显示，企业满意度比 2016 年提高了 4.4 个百分点，营商环境建设工作取得初步成效。

四、沈阳市营商环境建设的实践

为打造国际化营商环境，确保实现“世界银行营商环境排名前 70 名经济体水平”的目标。2017 年沈阳确定 15 项重点任务：（1）五个专项整治行动；（2）转变政务服务办职能，统一市区两级行政审批流程、标准；（3）全面复制厦门经验，完成联合审批平台、“多规合一”平台、“项目信息”平台建设以及行政审批流程再造；（4）改善进出口贸易通关环境；（5）学习借鉴德国会展业及工业设计方面的成功经验；（6）建设信用信息平台；（7）推进企业登记全程电子化；（8）加强垄断行业的专项整治；（9）解决空气质量、环境质量等问题；（10）集中力量解决设施环境突出问题；（11）强化“共同缔造”，打造“群众广泛参与”基础性平台；（12）积极打造城市文化品牌，树立城市良好形象；（13）推进依法办事；（14）解决信访积案；（15）实施科学有效的社会网格化管理。

沈阳市着眼于进一步降低企业发展成本、打破权力寻租链条、提高行政审批效率、规范监督管理措施，对不作为乱作为、破坏营商环境的人和事，必须及时曝光，严肃追责。通过 96123 营商专线、监督员、明察暗访队伍、公开电话等渠道，广泛收集企业和群众诉求，由 7 个专项组牵头负责事项办理和反馈工作。涉嫌党员干部违纪问题，市纪委将严肃查处问责。同时，沈阳将把整治和建立长效机制紧密结合起来，加强制度化、规范化建设，推进标本兼治，促进城市文明和市民文明素质不断提升。沈阳广泛发动群众，不断营造共建共享的良好氛围。一方面，通过共建共享查找不足，真正把营商环境工作和百姓生产生活联系起来。另一方面，依靠群众的力量将打造国际化营商环境推向深入，让群众通过“共同缔造”真正感受到营商环境优化带来的好处，用打造国际化营商环境的实际成果取信于民。

沈阳市专门制定出台了服务企业全生命周期、优化营商环境建设的一系列创新性措施，围绕企业创业、获得场地、获得融资、日常运营等全生命周期的几个阶段，出台32条具体服务内容，包括区域综合环评能评审批、设立中小企业过桥融资基金等。通过对全市行政审批和公共服务事项的梳理、调整，形成企业和群众到政府部门办事“最多跑一次”事项清单。据统计，市、区两级“最多跑一次”事项共2647项。搭建“多规合一”联合审批平台，形成以“表单共享、材料共享、流程共享”为特征的全新审批模式，优化审批流程，压缩审批时限，不断提高建设项目审批效率。项目单位仅需在政务服务中心综合受理窗口进行申报，提交“一套申报材料”，填写“一份申请表单”，即可“完成多项审批”。同步受理、并联审批，共性材料以及平台内已有材料进行内部调阅，无须项目单位再次提交。较复杂的审批事项，设立代办窗口，安排专人提前介入服务指导。以“多规合一”平台建设为依托，深化行政审批制度改革，完成国民经济社会发展规划、城乡规划、土地利用规划、环境保护规划“一张蓝图”“一个平台”建设，构建具有统一空间坐标系、数据标准和接口标准的业务共享平台，让规划之间不再“打架”。

审批改革把投资建设项目从立项到取得施工许可的政府部门审批时限由98个工作日压缩至47个工作日，让申请人办事平均精简审批环节30%、削减审批要件50%、缩减整体申报时间60%、减少申请人反复提交信息70%以上。在审批改革之前，项目单位在项目投资计划下达后，要到市规划和国土资源局等10余个部门逐项申报，申报材料分项提交后，还需经历选址意见、用地预审、水土保持方案审批等25个环节。各审批环节间相互独立，一个环节出现问题，就将严重影响整个项目的审批进度。根据沈阳市营商办的统计，全市行政审批事项已由原来的666项减少至548项，削减18%；公布了公共服务清单。市房产部门将商品房预售许可办理时限由法定10个工作日压减至4个工作日，水务集团将施工用水审批由原来的15个工作日压缩到3个工作日。企业获得电力手续从 8 个缩减至 3 个，获得电力总时长明显缩短，可控服务总时长也比原来减少 40% 左右。

沈阳市进一步降低垄断行业涉企服务收费，降低企业制度性交易成本。燃气部门将民用燃气工程和维护费用从原来的每户上限 7000 元降到 4800 元。市国税部门开展“派单制”执法，完善“无风险不打扰，无派单不执法”工作模式，减少对企业的非正常干扰。市地税部门等窗口服务单位实行双休日不休息，方便市民随时就近缴纳契税。476 个政务服务窗口实现“双休日”无休，工作日延长工作时间。其中，市公安局车辆管理中心、驾驶员管理中心、出入境管理中心、户籍管理中心等 344 个窗口单位全年无休。

2017 年全年沈阳市对窗口单位服务质量差、乱收费乱罚款乱检查、垄断性行业涉企服务效能低、政府和企业失信、企业正常跨区迁移难的“五大专项整治行动”。累计解决企业和群众反映强烈的问题 2675 个，对 825 人次进行问责等处理。企业投诉量下降 90%、涉企行政处罚案件减少 91%。开展政府拖欠工程款、拆迁款专项行动，涉及政府投资项目 3000 余个、地块 300 余个，逐个制定清偿计划，各地区累计偿还欠款 32.92 亿元。企业跨区迁移已经常态化运行，15 项重点任务及 65 个重点问题取得明显成效。全市共出台营商举措 2140 条，形成三批可复制、可推广举措 71 条。另外，2017 年全市累计接收诉求 14.8 万件，解决 14.2 万件，解决率 95.95%。围绕行政执法、城市建设及噪音扰民等投诉居高不下问题，市、区开展了 763 次明察暗访、驻局督办，处理了 825 人次，有力推动了问题解决。行政审批事项、要件、平均时限削减幅度分别达到 17.89%、28.61%、74.33%，投资项目的审批时限缩减 52%，综合各项指标达到行政效能提速 50% 的总体目标。

经过近一年持续治理，一批制约沈阳经济发展软环境的“卡脖子”问题已经得到根治。企业家在沈投资的信心不断增加，市场活力大幅增强。企业跨区迁移常态化运行，全市 431 家企业完成跨区迁移，其中自行办理迁移的企业有 409 家；各县市区累计偿还欠款 32.92 亿元；全市共出台营商举措 2140 条，形成三批可复制、可推广举措 71 条。2017 年沈阳全市新登记市场主体 16.86 万家，同比增长 62.37%。其中，外埠来沈投资企业 35881 户，同比增长 78.94%，占新登记企业总量的 60.70%。沈阳市推进亿元以上重点项目 630 多个，目前，沈阳共有外埠来沈投资企业 11.57 万家，占企业总量的 48.06%。

随着沈阳营商环境的持续改善，越来越多的企业和市民有了软环境优化的获得感。最新民意调查显示：近八成受访者表示沈阳营商环境改善很大或有所改善，与2017年初相比提升55个百分点（详见《人民日报》2018年2月23日第6版）。全市“千人计划”人才同比增加29%，长江学者增加40%，接收高校毕业生增加8%。

厦门大学中国营商环境研究中心的第三方评估，参照世界银行《2017年营商环境报告》评估标准，沈阳市2017年上半年营商环境评分达64.85分，排名上升了14位，成为辽宁营商环境大力改善的实践案例。

2018年，沈阳市提出要全力打造高品质营商环境，年底前达到世界银行营商环境排名前60名经济体水平，使沈阳成为全国行政效能最高的城市之一，成为全国营商环境最优的城市之一。把“马上办、钉钉子”“不为不办找理由、只为办好想办法”“办事不用求人、办事依法依规、办事便捷高效”作为机关干部的基本要求和营商环境工作的重点。把深化“放管服”改革作为重要任务。全面落实《沈阳市关于深化“放管服”改革的实施方案》，提高“放”的精准度、“管”的有效性、“服”的满意度，最大限度激发市场活力和社会创造力。把改善项目服务和园区（开发区）环境建设作为重点。进一步创新园区管理机制，提高园区服务效能，精简园区审批事项，推广承诺制审批，建立健全领导包保项目机制，及时解决园区和项目存在的问题。把开展专项整治作为重要抓手。牢牢坚持问题导向，重点围绕政务服务窗口质量、乱收费乱罚款乱检查、垄断性服务行业、政府和企业失信、中介机构服务、政策落实“最后一公里”等方面，逐个问题梳理查摆、整改解决，进一步巩固成果、扩大效果。把群众和企业满意作为重要标准。持续开展好“企业评、群众议”活动，全面梳理并解决各环节工作中的“痛点”“堵点”和“难点”问题，不断提高企业和群众的满意度和获得感，着力在完善工作载体、狠抓政策落实上下功夫，让各个方面切实感受到营商环境建设带来的成效。

五、继续优化辽宁省营销环境的措施与建议

2018年，辽宁省提出了“打造营商环境最优省份”的目标，将从9个方

面91个问题入手，整治“管卡压”“推绕拖”等营商顽疾，全面打造“发展环境最优省”。“管卡压”“推绕拖”等新老问题，说大话、表空态，好的政策被打折扣、念歪经、政策空转，机关部门“中梗阻”等懒政、怠政现象将被重点督查问责。辽宁省省长唐一军提出：“要深化放管服改革，全力构建审批事项最少、办事效率最高、服务质量最优的营商环境。”“投资不过山海关”是辽宁人民心中的痛。“冰冻三尺非一日之寒”，也绝非一朝一夕就能彻底解决。辽宁省在优化营商环境这半年来虽取得了一定成效，但仍面临诸多挑战和难题。

（一）继续深化“放管服”改革

各地要加快商事主体综合服务平台建设，大力推进“一窗制”“一证制”“一表制”“错时延时服务”等制度。不让企业、居民两头跑，深化“最多跑一次”改革，进一步提高审批效率。针对企业群众办事过程中了解政策难、准备材料难、表单填写难的问题，要推进需求侧改革，让企业群众办事“像网购一样方便”。进一步落实行政许可事项进驻政务服务中心政策，各地区政务服务中心集中办理实现100%，做到“厅外无审批”。同时，推广网上审批应用，建设全省统一的“互联网＋政务服务”平台体系。推动电力、热力、燃气、供水、通信、消防等特定行业将服务标准、办事程序、收费标准和法定条件向社会公开、及时更新，提高服务质量，主动接受监督。完善中介服务的规范和标准，指导监督本行业审批中介服务机构建立服务承诺、限时办结、执业公示、一次性告知、执业记录等制度，细化服务项目，优化服务流程，提高服务效率和能力。

（二）支持实体经济发展，降低企业运营成本

电力部门要研究推进电力工程引入竞争机制，降低收费标准，减轻企业负担，确保获得电力指标明显提升。燃气、供水在燃气、供水工程费最高限价的基础上，研究降低燃气、供水工程设计费和监理费收费标准，进一步降低企业成本，减轻企业负担。热力提升供热服务质量，重点在供热收费、报修服务、申请暂停（恢复）供热、测温退费、投诉处理等方面，

明确程序环节，缩短办理时限，加强监督考评。引入第三方评估机制，切实解决政策不透明、公开不到位、执行过程烦琐、兑现条件苛刻等问题。认真落实国务院六项减税措施，积极推进减税降费工作，有效减轻中小企业税负压力。

（三）深化为企业服务意识

直面非公有制（民营）企业与政府沟通难、市场准入门槛高、融资难、人才引进难等问题，建设好民营经济发展的服务平台，并与政府“网络回应”平台对接，实现信息交换，实现政府与民营企业界限分明、关系清白、沟通密切。在加快园区管理体制机制创新基础上，推行重点工程项目企业“定制化+”、包保责任制等具体措施，实行项目招商、签约、审批、开工、竣工、运营全过程、全链条管理和服务，及时解决项目建设中遇到的问题。

（四）继续深化专项整治行动

各地政府要编制、清理好涉企行政事业性收费、政府性基金、政府定价经营服务性收费目录清单，明确具体收费项目子项和收费标准。聚焦当前企业和群众反映强烈的政策落实“最后一公里”等问题，揭短亮丑不回避，严肃处理不手软，全力推动热点难点问题得到实质性解决。建立完善企业失信“黑名单”制度，建立守信联合激励和失信联合惩戒机制，着力整治政府类投资项目不及时结算、长期拖欠工程款等问题。树立辽宁新形象，对机场、车站、码头、风景区等场所的检查将成为重点，倡导文明出行，规范车站、码头、机场运营车辆管理。

专题八　辽宁省及各市促进民营经济发展政策

一、辽宁省发展民营经济实施方案

为认真贯彻落实辽宁省委、省政府关于加快发展民营经济的决策和部署，进一步强化措施、改善环境、提振信心、释放活力，确保在发展壮大民营经济中形成新的经济增长点，为辽宁老工业基地新一轮振兴发展培育新动能，2015 年 8 月 11 日，辽宁省人民政府出台了《辽宁省发展民营经济实施方案》。为做好这项重大战略实施方案的贯彻落实工作，在辽宁省委领导下，辽宁省政府成立了由省长任组长、相关副省长任副组长、省政府常务会议组成人员和各市市长及相关部门主要负责同志为成员的领导小组，负责统筹规划、协调指导、扎实推进。

（一）总体目标

到 2020 年，全省民营经济总体规模进一步扩大，民营企业创新发展动力进一步增强，转型升级取得显著成果。民营经济单位数达到 230 万家，企业法人单位达到 50 万家；民营经济增加值年均增长 11.8%，总体规模达到 3.5 万亿元，占地区生产总值比重达到 70%；规模以上民营工业企业达到 2 万家以上，增加值达到 1.7 万亿元；重点培育年营业收入超 500 亿元及以上企业 2 家，100 亿元及以上企业 20 家，50 亿元及以上企业 30 家，10 亿元及以上企业 300 家。

（二）主要措施

1. 改革创新民营经济发展体制机制

（1）推动民营经济发展改革试点工作。扎实推进国务院在东北地区开展民营经济发展改革试点，积极拓展试点政策覆盖范围，力争年内取得实质性进展。

（2）推进非公有制经济综合配套改革示范区建设。研究制定支持示范区建设的政策意见，支持营口市开展先行先试，为全省发展非公经济提供可复制、可推广的经验。

（3）加快行政审批制度改革。进一步取消和下放一批行政审批事项。推行各级政府部门权责清单制度。开展投资领域负面清单管理模式改革试点，出台投资项目审批事项清单和流程图，让激发民营经济活力的源泉充分涌流。

（4）放开民营资本投资领域。根据国家发展改革委《基础设施和公用事业特许经营管理办法》，研究制定本省民营企业进入特许经营领域的具体办法。

（5）支持民营资本参与国企改革。鼓励国有资本投资项目吸收非国有资本参股。支持民营企业在推进国企改组改制、主辅分离、服务外包过程中，通过并购、控股、参股等形式参与国企股份制改造。

（6）参与金融创新。支持有条件的民营企业发起或参与设立民营银行、村镇银行、融资租赁公司等新型金融机构。鼓励民间资本进入消费金融领域。

2. 培育引导大型民营企业做优做强

（1）促进企业增强核心竞争力。全面落实企业技术创新、科技创新重大专项相关政策，支持企业购买海外、省外企业股权或向海外、省外企业投资。支持企业应用自主核心技术，开发研制填补国内空白的重大技术装备或关键零部件产品。鼓励企业引进海外先进适用技术。

（2）加速重大项目研究开发。重点支持能源装备、智能化数控机床、智能型工业机器人、轨道交通装备、海洋工程装备等对本省经济发展有牵动作用的重大项目研究与开发，鼓励以企业为主体、产学研相结合的多学科、跨单位联合攻关。

3. 重点扶持科技型小微企业加快成长

（1）创新专项资金支持方式。在部分国家级高新区试点开展“科技创新券”工作，通过后补助方式，支持科技型小微企业加强产学研合作。

（2）加强面向企业的科技服务。组织高校、科研院所专业技术人员，为民营企业提供制定技术发展战略、新技术转化、新产品研发、经营管理模式创新、技术人才培训等专项服务，搭建高校、科研机构与中小企业合作平台。

（3）支持创办科技型企业。对科研院所、科研人员创办科技型企业，经有关部门认定的高新技术企业、软件企业、符合国家规定的高新技术产品出口企业，按照相关规定享受财税优惠政策。

4. 持续加大对小微企业创业发展支持力度

（1）营造宽松便捷创业环境。全面推行企业工商营业执照、组织机构代码证、税务登记证“三证合一”登记制度，加快实行“一照一码”制度，提高市场主体准入便利化，激发小微企业创业热情。

（2）加大减税降费力度。全面清理涉企行政事业性收费、政府性基金、具有强制垄断性的经营服务性收费、行业协会商会涉企收费，落实涉企收费清单管理制度和创业负担举报反馈机制。

（3）加快推进科技企业孵化器建设。形成以综合孵化器为主体，专业孵化器为补充，大学科技园、留学人员创业园等各类孵化器协同发展的科技企业孵化体系。

5. 着力推进传统产业领域企业转型升级

（1）支持企业技术中心及新产品（新技术）研制。重点对企业开展的重大新产品、新技术研制项目，企业技术中心新产品（新技术）研制项目和企业创新平台建设项目给予支持。

（2）支持企业利用信息技术集成创新应用。推动互联网产业应用示范，提高“两化”融合服务能力和水平，培育信息化和工业化相融合的新兴业态。

（3）促进企业走“专精特新”发展道路。支持引导中小微企业提高专业化生产、服务和协作配套的能力，实施精细化生产、管理、服务，发展特色产业、产品、技术工艺，开展技术、管理及商业模式创新。

（4）加强质量品牌建设。引导民营企业建立健全质量管理制度，实行质量管理体系认证，严格执行企业标准化体系规范，建立产品溯源管理制度。支持企业创建地方名牌、著名商标和驰名商标，争创国家名牌产品。鼓励企业商标国际注册，使用自主商标拓展市场。

6. 大力开拓国内外市场

（1）推动民营经济新一轮对外开放。支持民营企业参与国际产能和装备制造合作，扩大对外合作交流。推进跨境电子商务发展，促进贸易平台和国际营销网络建设，鼓励企业的产品和技术大规模走出去。

（2）支持企业开展营销模式创新。鼓励民营企业利用“互联网+”等新技术、新载体，创新营销模式，整合线上、线下渠道，拓展国内外营销网络。

7. 加大金融支持力度

（1）创新金融服务模式。启动产业金融服务体系建设，促进金融与产业深度融合。探索建立科技金融服务新模式，鼓励金融机构开展科技小额贷款、科技保险和科技担保业务，为产业技术创新活动提供全程金融支持。

（2）推动多渠道融资。落实企业上市奖励政策，积极鼓励民营企业通过境内外资本市场上市融资。推动中小企业在全国中小企业股份转让系统、辽宁股权交易中心挂牌融资；鼓励符合条件的民营企业通过发行公司债、企业债、中小企业私募债、非金融企业债务融资工具等方式直接融资。

（3）加大信贷支持力度。鼓励银行业金融机构为民营企业提供1年期以上的中长期贷款，对有足额抵押物或由担保机构提供足额担保的贷款，贷款利率给予适当优惠。推动各银行业金融机构加快完善和创新小微企业贷款服务，银行业金融机构同意续贷的，应当在原流动资金周转贷款到期前与小微企业签订新的借款合同，通过新发放贷款结清已有贷款等形式，允许小微企业继续使用贷款资金。

8. 培育高素质企业家队伍

（1）建立人才培养和引进机制。将民营企业家培训作为年度培训计划重要内容，通过整合高校、服务机构资源，组织开展民营企业家培训。每年选送一批企业家到知名高校进修培训。积极引进海外研发团队，吸引国际高层次人才和海外留学人员来辽宁创业创新。

（2）积极培育“创二代”健康成长。围绕民营企业代际传承，积极开展“创二代”培育计划，帮助企业接班人掌握现代化企业管理知识，转变“家族式管理”思维，引导建立现代企业制度，增强依法经营意识。

9. 营造民营经济发展良好环境

（1）规范市场秩序。依法惩处垄断行为和不正当竞争行为，保障市场公平竞争。保护各类知识产权，坚决打击侵犯知识产权和制售假冒伪劣产品行为。加快推进社会信用体系建设，建立守信激励和失信惩戒机制，促进信用信息有效应用。

（2）强化行政权力制约。全面推进行政权力运行制度系统、公共资源交易系统、行政绩效管理系统、行政权力电子监察系统、民意诉求反馈系统建设，切实解决在发展民营经济上的不作为、乱作为、慢作为等问题。

（3）保护合法权益。全面贯彻落实《辽宁省中小微企业权益保护条例》，建立民营企业维权投诉、处理和反馈机制，依法保护民营企业家合法权益。应由省中小企业局、省监察厅、省公安厅、省司法厅、省工商局、省政府法制办等部门负责。

（三）统筹推进民营经济发展改革工作

1. 落实目标责任

省政府各部门、各单位根据国家相关政策，及时研究制定本省促进民营经济发展改革具体政策措施，明确工作重点和目标，分年度细化工作进度安排，加强分类指导，及时总结经验，确保各项任务扎实推进。各市负责各项政策的具体落实。省政府要将各项任务措施进行细化分解，配套制定考核评价指标体系，加强对各市发展民营经济任务落实情况的跟踪考核，确保各项措施早见成效。

2. 营造发展氛围

充分发挥政府引导推动作用，调动社会各界积极参与民营经济发展改革，加速在全省形成“小企业铺天盖地、大企业顶天立地”的良好发展局面。发挥新闻媒体和网络作用，广泛宣传本省促进民营经济发展政策举措和成效，大力营造大众创业、万众创新的良好社会氛围。

二、辽宁省民营工业企业培育行动实施方案（2016～2018年）

为认真贯彻落实《中共中央国务院关于全面振兴东北地区等老工业基地

的若干意见》精神，进一步激发民营经济活力，促进民营企业快速健康发展。2016 年 11 月 8 日，辽宁省人民政府办公厅印发了《辽宁省民营工业培育行动实施方案（2016～2018 年）》。

（一）总体要求

1. 总体思路

贯彻落实党的十八大和十八届三中、四中、五中、六中全会精神，创新民营经济发展体制机制，充分发挥市场在资源配置中的决定性作用，突出企业创新发展主体地位，更好地发挥政府支持促进功能，落实各项政策，强化服务措施，着力培育一批大型民营企业集团、龙头企业，大力发展规模以上企业，促进个体工商户转型升级为企业，不断扩大民营工业总量规模，提升发展质量与效益，使民营工业在本省经济社会发展中发挥更加重要的作用。

2. 主要目标

经过 3 年培育，到 2018 年全省民营工业企业总量进一步扩大，发展质量与效益明显提高，创新发展动力显著增强，对全省经济发展贡献率进一步提升。

实施“大做强”工程。重点培育壮大一批主业突出、核心竞争力强的民营企业集团、龙头企业，促进企业向规模化、集团化方向发展，企业群体规模进一步壮大，核心竞争力进一步增强，对全省经济发展的贡献进一步提升。到 2018 年，培育形成主营业务收入 500 亿元及以上企业 1 家，100 亿～500 亿元（含 100 亿元）企业 16 家，50 亿～100 亿元（含 50 亿元）企业 20 家，10 亿～50 亿元（含 10 亿元）企业 100 家。

实施“小升规”工程。重点培育发展规模以上工业企业，着力促进企业转型升级，规模以上民营工业企业整体发展质量和效益进一步提高，企业数量进一步增多，梯队规模进一步扩大，对全省经济发展的支撑作用更加显著。到 2018 年，全省规模以上民营工业企业数量达到 11000 家，其中新兴产业企业达到 1100 家以上。

实施“个转企”工程。重点培育促进个体工商户转型升级为企业，实现小微企业整体发展水平进一步提高，创新活力进一步增强，对活跃经济、稳定就业的作用进一步巩固。计划到 2018 年，三年累计促进“个转企”达到

30000 家以上（包括非工业）。

（二）主要任务

1. 着力推进企业转型发展、做优做强

（1）支持大型民营企业跨地区、跨行业、采取混合所有制形式进行资产并购重组。以竞争类企业和新投资项目为重点，推进国有资本与集体资本、非公有资本交叉持股、相互融合，发展混合所有制经济。非公有资本投资主体可通过出资入股、收购股权、认购可转债、股权置换等多种方式，参与国有企业改制重组或国有控股上市公司增资扩股以及企业经营管理。

（2）放开民营资本投资领域。积极探索推广运用 PPP 模式的有效途径，鼓励支持民营资本平等参与 PPP 项目，拓宽民间资本投资领域和范围。鼓励民营企业进入金融服务领域，支持符合条件的民营企业参与城市商业银行、农村信用社等地方法人金融机构改革与改造。推动符合条件的民营企业发起设立民营银行、财险公司等各类金融机构。

（3）培育促进规模以上工业企业健康发展。充分发挥财政资金的引导作用，在积极争取国家工业转型升级有关专项资（基）金的基础上，利用省产业（创业）投资引导基金，加大对重点骨干企业的扶持力度，重点支持装备制造、冶金、石化等传统产业升级项目，支持利用信息技术改造提升传统产业、支持强化工业基础能力、支持国际产能合作和装备“走出去”。在省、市、县（市、区）开展工业纳税“百强企业”评选表彰活动，构建支持工业转型升级、健康发展的激励机制。优先支持政府重点扶持的战略性新兴产业和高技术产业，深入实施“互联网 +”行动计划，推动“两化融合”，促进创新创业型中小微企业做大做强，培育一批新兴产业骨干企业。

（4）培育支持规模以下工业企业加快发展。鼓励引导传统制造业企业转型升级，支持企业采用新技术、新工艺、新设备、新材料进行改造提升。加大高新技术企业认定政策宣传力度，鼓励引导小微企业向高新技术企业方向发展，将基本符合国家重点支持高新技术领域发展方向的小微企业纳入高新技术企业培育库，加强跟踪指导和培育服务，推动小微企业认定为高新技术企业。进一步利用税收优惠政策的普惠性，促进小微企业快速发展壮大。

（5）培育促进个体工商户转型升级为企业。工商部门在办理“个转企”

注册登记时，按照变更程序办理，无须办理个体工商户注销手续；不改变住所（经营场所）的，转型后企业设立无须重复提交住所（经营场所），使用证明即予以登记；个体工商户转型为个人独资企业和合伙企业的，允许继续使用原登记字号；个体工商户转型为有限责任公司的，允许沿用其名称加“有限公司”；个体工商户转型升级为企业领取营业执照后，在办理银行账户、资产过户、涉税事宜等相关后续手续，以及办理原有许可审批事项延续手续时，有关部门和相关许可审批部门凭工商部门出具的《个体工商户转型证明》，应按照变更程序办理相关手续，按照有关规定免收相关费用。符合条件的个体工商户转型升级为企业后，年应纳税所得额在30万元以内（含30万元）的，减半征收企业所得税，同时月销售额不超过3万元（含3万元）的小微企业在2017年底免征增值税。从转型升级为企业当年起，其企业基本养老保险统筹基金缴费比例可实行3年过渡，过渡期结束后，统一按企业缴费比例缴纳企业基本养老保险费。个体工商户转型升级为企业后，以上月工资总额作为企业基本养老保险单位缴费基数。

2. 促进企业创新发展

（1）推进企业技术创新。支持企业自建或与高等院校、科研院所共建重点实验室、工程技术研究中心、企业技术中心等研发机构，搭建企业与高等院校、科研院所科技合作平台，创新科技成果对接机制，建立形成长期、紧密、系统合作，促进高等院校、科研院所的科技成果转化，为企业创新发展提供技术支撑。支持企业兼并收购境外拥有核心技术的企业和研发机构，提高企业集成创新和引进消化吸收再创新能力。

（2）鼓励引导民营企业加大研发投入。落实研究开发费用税前加计扣除政策，对符合条件的知识产权费用按规定实行加计扣除。对电子商务企业开发新技术、新产品、新工艺发生的符合税法规定的研究开发费用，形成无形资产的，按照无形资产成本的150%摊销。围绕先进装备制造、新材料、信息技术、生物医药、节能环保、海洋开发等领域，组织符合条件的重点企业申报国家重大专项和国家重点研发计划等国家科技项目，争取资金支持。

（3）促进企业提升自主创新能力。鼓励企业自主知识产权研发，对申请发明专利和申请国际PCT专利的给予相应资助。对取得显著成效的专利项目，获得中国专利金奖的给予一次性50万元奖励，获得中国专利优秀奖的给予一次性20万元奖励，获得省专利金奖的给予一次性5万元奖励，获得省专利优秀奖的给予一次性 2 万元奖励。

（4）鼓励引导中小微企业走“专精特新”发展道路。对标《中国制造2025》，培育一批核心基础零部（元器）件、先进基础工艺、关键基础材料和产业技术基础等领域的“专精特新”中小企业。推动中小企业与大企业协同创新，通过任务众包、生产协作、资源开放等方式，促进大企业带动产业链上下游中小企业协同研发、协同制造、协同发展。加大对中小微企业的资金扶持力度，进一步完善科技创新券制度，鼓励引导中小微企业开展技术创新。

（5）推动中小企业信息化应用。实施“互联网 +”小微企业专项行动，促进互联网和信息技术在企业生产制造、经营管理、市场营销各个环节中的应用，支持中小企业通过信息化提高效率和效益。

（6）推进企业管理创新。实施民营企业建立现代企业制度引领计划，研究制定民营企业建立现代企业制度示范标准和认定办法等相关配套政策，树立民营企业管理创新示范，引导企业建立健全现代企业制度，完善法人治理结构和内控管理体系。加强企业经营管理知识培训与咨询服务，促进企业创新经营理念与经营方式，提升管理水平。实施“两化”融合管理体系贯标试点工作，推进企业“两化”融合管理体系发展。

（7）推进企业品牌创新。开展辽宁名牌产品认定工作，引导企业增加品牌意识，加强品牌建设，提升品牌知名度。培育树立企业先进质量管理典型，开展先进质量管理方法培训，鼓励引导企业争创省长质量奖。开展品牌价值评价活动，对符合条件的民营工业企业免费提供品牌价值评价，促进企业和产品品牌价值的提升。

（8）推动企业建立人才引进激励机制。鼓励企业充分运用市场手段引进高层次企业家领军人才及创新团队，支持企业探索实行高层次经营管理人才股权激励等中长期激励办法。鼓励各类企业专业技术人才申报人才工程、项目。在“百千万人才工程”人选选拔过程中，单独设置企业产业创新领军人才组别，加大对企业人才的支持力度。

3. 支持企业开拓国内外市场

（1）支持企业“走出去”。充分利用省政府支持企业“走出去”专项资金政策，支持企业到境外，特别是到“一带一路”国家和地区投资建厂，参与国际产能合作和装备制造；支持企业资源回运，建设境外大型资源基地和境外经济贸易合作区；支持企业承接境外工程，发展对外劳务合作；提高对外投资合作项目融资能力，降低企业开展对外投资合作风险。充分发挥辽宁企业“走出去”大联盟作用，优化政府统筹协同和公共服务机制，整合各类要素资源，为企业“走出去”开拓国际市场提供全方位服务。

（2）支持企业扩大出口。深入推进区域通关一体化改革和加快国际贸易“单一窗口”建设，构建“信息互换、监管互认、执法互助、资源共享”的“3+1”新型通关模式，进一步提高贸易便利化水平。加强对出口企业分类指导，进一步降低海关出口查验率，对高资信企业实施0.5%出口商品查验率，对一般资信企业降低出口商品查验率至2%。对符合条件的货物实施“出口直放”和“进口直通”检验检疫工作模式，出口货物经原产地检验检疫合格后口岸不再查验，进口货物在口岸实施必要处理后，直接由目的地检验检疫机关实施检验检疫和监管。落实国家关于优化出口退税率结构，提高部分机电产品出口退税率等相关政策。

（3）支持企业应用电子商务开拓市场。鼓励企业利用自建平台或第三方平台开展跨境电子商务，开拓国内外市场。鼓励和支持各类专业性、综合性跨境电子商务服务平台建设，为企业应用电子商务提供一站式、全流程服务。充分发挥驻外经商机构和企业驻外机构的作用，为企业开展跨境电子商务提供信息服务。

（4）组织中小企业参加国内外大型展览展示、投资洽谈等经贸活动，搭建对外交流合作平台。鼓励有条件的企业开展商标境外注册，使用自主商标拓展国际市场。

（5）推动产业链协作配套。鼓励大型企业发挥产业龙头带动作用，与中小企业建立稳定的生产、研发等配套协作关系。支持中小企业不断提高配套能力和水平，为大企业、大项目提供配套，深化产业链合作。

4. 推进企业家队伍建设

（1）加快推进民营企业家培养体制机制创新。针对辽宁产业发展和企业家培育需求，提升本省高等院校工商管理、应用经济学等相关学科建设水平，提高人才培养质量。投入专项资金，在东北财经大学和辽宁大学建设两个工商管理学科的省级一流特色学科和两个应用经济学的省级一流特色学科。推进高等院校深化供给侧结构性改革，优先支持高等院校面向民营工业企业发展需要增设的专业申请备案或审批。鼓励和支持高等院校与民营工业企业合作，建设二级学院，探索、实践校企协同育人的体制机制。

（2）培育高素质企业家队伍。通过整合高等院校、服务机构资源，每年选拔一批优秀企业家进入高等院校进修培训，分期举办企业高级管理人员短期培训班，培养造就一大批具有战略思维、创新能力和社会责任感的企业家和优秀经营管理者。

（3）促进“创二代”健康成长。围绕民营企业代际传承，实施“创二代”培育工程，推动民营企业建立接班人培养机制，组织“创二代”企业家到高等院校集中培训，帮助“新生代”企业家掌握现代企业管理新理念、新思维，增强爱国、敬业、诚信、守法意识。

5. 加大金融服务力度

（1）加强银行信贷支持。引导银行机构稳步扩大小微企业贷款规模，在有效提高贷款增量的基础上，努力实现小微企业贷款增速不低于各项贷款平均增速、贷款户数不低于上年同期户数、申贷获得率不低于上年同期水平的“三个不低于”目标。鼓励银行机构开发符合小微企业资金需求特点的流动资金贷款产品，科学运用循环贷款、年审制贷款等业务品种，降低企业资金周转成本，缓解企业债务压力。鼓励银行机构加强小微企业金融产品创新、服务创新和渠道创新，为小微企业提供多样化授信、支付结算、资产管理、咨询等综合金融服务。

（2）大力发展多渠道融资。支持民营企业充分利用境内外各类资本市场、“新三板”、区域性股权市场募资发展。支持民营企业合理利用企业债、公司债、债务融资工具等债券募资发展。深化科技金融服务体系建设，加强对知识产权质押融资风险补偿资金池设立和运行的指导。完善融资担保体系，强化增信服务功能。鼓励小额贷款公司开展以信用贷款为主的差异化贷款服务模式，积极服务于小微、“三农”等重点领域。

（3）积极推广知识产权融资新模式。鼓励拥有自主知识产权的高新技术企业到境内外市场融资，支持已上市的高新技术企业通过增发、配股、公司债、可转债方式实现再融资，将自主知识产权等无形资产转化为直接生产力。鼓励具有知识产权的企业发行企业债、中小企业集合债、非金融企业债券融资工具等，扩大债券发行规模。完善知识产权质押融资政策，设立知识产权质押融资风险补偿基金，引导金融机构加强开展知识产权质押贷款业务。支持知识产权运营交易平台建设，运用省产业（创业）投资引导基金，引导和促进科技成果产权化、知识产权产业化。探索开展知识产权海外侵权责任保险工作。

6. 加快推进公共服务体系建设

（1）大力推进全省中小企业公共服务平台网络建设。培育建设一批“窗口”服务平台，汇集相关政策信息，带动各类优秀服务资源开展线上线下协同服务，满足民营企业、中小企业多元化服务需求。

（2）积极搭建创业创新平台载体。鼓励政府、企业及社会各类资本投资建设中小微企业创业基地，进一步扩大中小微企业创业服务体系规模。大力发展科技企业孵化器、创业园、众创空间等创业载体，充分利用各类工业园区闲置厂房、楼宇等场所，构建一批低成本、便利化、全要素、开放式的众创空间。促进中小微企业创业基地完善公共服务设施，提高服务质量，加快形成基础设施完备、服务功能齐全、布局合理、运作规范的中小微企业创业服务体系。

（3）大力推进产业技术创新平台建设。依托省内高等院校、科研院所，重点建设一批围绕本省重点产业发展开展关键共性技术和前瞻性技术研发的产业共性技术创新平台。支持骨干企业联合高等院校和科研院所建立一批产业专业技术创新平台，深化产学研合作，提升企业技术研发实力。鼓励有条件的单位建立产业技术创新综合服务平台，围绕企业创新提供多元化服务。

7. 不断优化民营企业发展环境

（1）提供高效的政务服务。进一步清理、精简涉企审批事项，简化审批流程，对企业投资项目核准阶段实行并联审批。创新政务服务机制，强化服务意识，推广“一站式”服务、“一窗式”办理新模式，全面实行政务公开制、业务办理限时制和服务承诺制，建立公开、优质、高效的政务服务新模式。

（2）切实维护公平竞争的市场环境。依法规范市场秩序，惩处垄断行为和不正当竞争行为，保障公平竞争。依法保护各类知识产权，坚决打击侵犯知识产权和制售假冒伪劣产品的行为。

（3）加快推进社会信用体系建设。不断完善省、市、县三级信用数据交换平台系统，推进企业信用信息的征集、整合、交换和共享。积极促进企业信用信息对外查询和信用产品服务应用，建立健全守信联合激励和失信联合惩戒机制。鼓励企业建立健全信用管理制度，提升自身诚信水平。

（4）规范涉企检查。严格执行涉企例行执法检查计划管理制度，对涉及食品安全、药品安全、生产安全、公共安全、金融安全、环境保护、工程质量安全及省、市、县政府临时部署的专项执法检查实行备案管理。

（5）依法保护民营企业权益。全面贯彻执行《辽宁省中小微企业权益保护条例》等政策法规，建立民营企业维权投诉、处理和反馈机制，建立健全各级维权服务体系，畅通企业反映诉求和举报的渠道，及时受理和协调督办企业反映的问题，提供法律维权服务，依法保护民营企业和企业家的权益。

（6）切实减轻企业负担。坚决取缔违规设立的收费基金项目，凡没有法律法规依据、越权设立的，一律取消；凡擅自提高征收标准、扩大征收范围的，一律停止执行。对清理规范后保留的行政事业性收费、政府性基金和实行政府定价的经营服务性收费，实行收费目录清单管理，及时对外公布，接受社会监督。

（三）保障措施

1. 加强组织领导

在省推进十三项重点工作领导小组的领导下，省发展民营经济实施方案推进工作办公室负责统筹协调推动本方案落实工作。各市、县（市、区）及省直有关部门要结合实际，明确年度工作目标和任务分工，充实加强人员力量，制定政策措施，建立重点培育企业库，实行省、市、县（市、区）领导定点培育联系制度，每1家入库企业有1名领导跟踪联系，切实帮扶企业解决实际困难，确保各项任务落到实处。

2. 大力营造发展民营经济的良好社会氛围

充分利用各类媒体，广泛宣传相关政策措施，大力营造政府和社会关心、支持民营企业发展的良好氛围。积极吸纳思想政治素质高、行业代表性强、参政议政能力强、社会信誉好的民营经济代表人士参与社会政治生活，努力构建形成以“亲”“清”为主要特征的新型政商关系。

3. 完善民营经济统计运行监测分析机制

进一步完善民营经济统计调查制度，健全监测点和动态数据库，形成完善的分类统计监测体系。加强统计数据分析，及时发布民营经济运行监测统计报告，为省委、省政府提供决策依据。

4. 建立绩效考评体系

自2017年起，将民营企业培育行动落实情况纳入省政府对各市政府年度绩效目标考核内容，建立绩效考评制度和考评指标体系，实行定期评估报告，加强对培育行动的督查。

5. 加强非公有制企业党建工作

规模以上非公有制企业都要单独建立党组织，中小微企业实现党的组织和工作覆盖。以爱国、敬业、创新、守法、诚信、奉献为主要内容，努力构建民营企业家精神家园。对民营企业家的评先选优、政治安排，要事先征求企业党组织和非公有制企业党建工作机构、地方工会组织的意见。

三、沈阳市、大连市的主要措施

（一）沈阳市的措施

为继续深入推进供给侧结构性改革，切实做好深化经济体制改革工作，沈阳市人民政府印发了《沈阳市2017年深化经济体制改革工作要点》。其中，补齐民营经济短板，进一步完善政策和服务体系，激发和保护企业家精神，大力支持民营经济发展，着力增强市场微观主体活力的工作要点格外醒目。

《改革工作要点》指出，要以市场准入负面清单为基础，允许民营企业进入未明确限制和禁止的领域，鼓励民营企业参与公共基础设施建设，完善民营企业参与教育、文化、医疗、卫生、养老等行业发展的体制机制，突破民间资本进入各领域投资的门槛和障碍。鼓励民营企业参与国有企业改革，鼓励发展非公有资本控股的混合所有制企业。充分释放民营企业活力，完善民营企业公共服务平台，强化创新创业、人才培训、市场开拓等方面的服务能力。完善融资服务体系，启动规模1亿元的小微企业流动性债权基金。

《改革工作要点》表示，将落实《关于完善产权保护制度依法保护产权的意见》，总结产权保护方面的优秀案例，剖析侵害产权的典型案例，甄别纠正社会反映强烈的产权纠纷申诉案件。出台政务诚信建设工作方案，创新政务诚信监管机制，提升政府公信力，完善政府守信践诺机制。

《改革工作要点》明确指出，要激发和保护企业家精神，跟踪落实国家关于激发和保护企业家精神的相关政策，加强对优秀企业家的社会荣誉激励，完善对企业家的优质高效务实服务，健全企业家容错帮扶机制。完善支持企业家专心创新创业的政策体系，支持企业家持续创新、转型发展。

《改革工作要点》还提出要深入推进“放管服”改革，以清单管理推动减权放权，精简行政许可前置要件，并进一步正税清费，合理调整水电气垄断性公益服务的收费价格，降低企业融资、流通、用工等经营性成本以及收费、税收、审批等制度性成本。

（二）大连市的主要做法

大连市出台《关于进一步促进民营经济发展的实施意见》（以下简称《意见》），《意见》重点围绕制约民营经济发展的主要问题，提出了五个方面的具体措施和意见。一是进一步营造公平环境，破除准入瓶颈；二是进一步优化政务和法制环境，提高公共服务效率；三是进一步优化金融环境，破解融资难题；四是进一步优化人才环境，加强企业家队伍建设；五是进一步优化政策环境，引领企业转型升级。《意见》总体目标是：到2020年，全市民营经济市场主体数量达到58万家，其中企业法人单位达到18万家；民营经济增加值五年增长30%，占全市生产总值比重达到65%左右；重点培育50家“领军型”创新龙头企业、200家“成长型”创新骨干企业、1000家初创型企业，规模以上企业数量达到3000家以上。

四、鞍山市发展民营经济的政策措施

为贯彻落实党中央、国务院和省委、省政府关于加快发展民营经济的决策部署，进一步优化营商环境，提振信心，增强老工业基地振兴的内生动力，根据《中共中央、国务院关于全面振兴东北地区等老工业基地的若干意见》和《辽宁省人民政府关于印发辽宁省发展民营经济实施方案的通知》精神，鞍山市出台了“鞍山市加快发展民营经济实施意见”。

实施意见指出，到2020年，全市民营经济总体规模进一步扩大，发展环境进一步改善，产业结构进一步优化，空间布局日趋合理，核心竞争力显著增强，社会贡献率明显提高。全市规模以上民营经济增加值年均增长6.5%以上；营业收入超亿元的民营企业达到800家、超百亿元的企业达到3家；新增省级“专精特新”产品（技术）50个；开展小微企业创业创新基地建设，争创国家级小型微型企业创业示范基地；在中小企业集聚的区域和行业建立、充实和完善一批中小企业公共服务平台，提升为中小企业服务的功能和质量；完善民营企业投融资服务体系，加强创业投资体系、贷款担保体系、政府资金扶持体系、直接融资服务体系建设。主要做好以下工作任务：

（一）创造民营企业良好营商环境

第一，优化民营经济的行政权力运行体系。强化依法行政，进一步清理和规范相关行政审批事项，推行权责清单制度，将新增的行政职权及依据、行政主体、运行流程、对应责任等内容在清单中列示，认真推行“两集中两到位”行政审批制度改革。邀请市人大代表、市政协委员、外来投资者和民营企业代表、个体工商户、来鞍创业者对相关部门的政务公开、行政审批、行政事业收费、服务态度等情况进行不定期评议，并将评议结果向社会公布，同时将其纳入领导班子和领导干部工作实绩考核内容。

第二，保护民营企业合法权益。全面贯彻落实《辽宁省中小微企业权益保护条例》《鞍山市促进中小企业发展条例》等法律法规，有效治理不作为、乱作为、慢作为等问题。畅通民营企业合法诉求渠道，将“综合性、窗口化、一站式”服务延伸到各级法律服务组织，支持企业通过仲裁、调解等方式解决商事纠纷，依法维护自身合法权益。

第三，引导市场健康有序发展。依法惩治垄断等不正当竞争行为，打击侵犯知识产权和制售假冒伪劣产品行为。贯彻执行《辽宁省公共信用信息管理办法》及《鞍山市人民政府办公厅关于印发〈鞍山市失信企业惩戒联动实施办法〉的通知》精神，推进社会信用体系建设，构建守信激励和失信惩戒机制，促进信用信息有效应用。

第四，推行涉企收费清单管理制度。严格执行省政府出台的涉企行政事业性收费目录，并向社会公示，未列入目录的一律不得收费。严格按照省物价局印发的《辽宁省定价目录（2015年版）》规定的定价权限和具体适用范围行使定价权。严格落实收费公示制度，规范收费行为。

（二）拓展民营资本投资领域

第一，探索试行民营资本投资准入“负面清单”管理模式。以“权利平等、机会平等、规则平等”为原则，鼓励民营资本平等进入清单之外所有领域，取消股比、经营范围等限制，不得设定歧视性准入条件。

第二，鼓励民营资本参与国企改革。引导民营资本通过上市公司、产权交易机构等平台，以出资入股、受让国有股权、股权投资基金、认购可转债等方式参与国有企业混合所有制改革。支持民间资本参与国有企业信息、管理、技术等服务平台建设，形成国有资本引领带动，集体资本、民间资本和外商资本共融共进的多种所有制经济发展新格局。

第三，支持民营资本参与市政公用事业、基础设施及社会事业投资。在公用事业、基础设施等领域推出一批政府和社会资本合作（PPP）项目，支持引导民营资本平等参与。支持民营资本进入城市供气、供热、污水处理、再生水和垃圾处理、城市园林绿化等领域；支持民营企业参股建设原油、天然气、成品油的储运和管道输送设施及网络；引导民营企业通过招投标等形式参与土地整理、复垦、矿山地质环境恢复治理等工程建设；鼓励民营资本参与政策性住房建设；扶持鼓励社会资本兴办各类医疗机构，参与公立医院改制，并按照国家相关规定给予相应税费优惠；鼓励民营资本兴办各类教育和社会培训机构；鼓励民营资本投资建设专业化的社会服务设施，兴办养（托）老服务和残疾人康复、托养服务等各类社会福利机构。

第四，鼓励民营资本参与金融服务。支持民营资本以入股方式参与商业银行的增资扩股，参与农村信用社的改制工作。鼓励民营资本在符合准入条件、承诺自担风险的前提下发起设立民营银行、村镇银行、融资租赁公司、股权投资企业、消费金融公司等新型金融机构和金融中介服务机构。鼓励民营资本参与和发起成立农村资金互助社。

（三）推动创新，加速壮大民营企业

1. 鼓励民营企业做大做强

落实《中国制造 2025 鞍山行动纲要》，推动企业走出一条新技术、新产业、新业态、新模式“四新”发展道路，扶持培育一批主业突出、行业优势明显、技术先进并拥有自主知识产权和知名品牌、在国内外市场有竞争力的民营企业集团。

2. 支持民营企业开拓国内外市场

落实现有政策，支持民营企业开拓国内外市场、引进先进技术。组织民营企业参加国内外产品展销会，开展国际标准认证和境外商标注册活动。鼓励民营企业扩大产品出口。帮助有条件的民营企业到境外创办企业、收购技术和品牌，带动产品和服务出口。

3. 加快发展科技型民营企业

对经相关部门认定的高新技术企业、软件企业、符合国家规定的高新技术产品出口企业，给予相应的财税优惠政策。鼓励各类科研机构、高等院校、社会团体、国有企事业单位及科技人员以自有技术成果和专利等无形资产作价入股民营企业。对民营企业的新产品、新技术开发和科技成果引进、转化、生产以及先进技术和关键设备的引进等，给予政策上的扶持。对主要起草国际标准、国家标准、行业标准的，具有自主知识产权的民营企业，从政策上给予重点扶持。

4. 鼓励民营企业与高等院校、科研院所联合协作

积极争取高校在鞍设立研究院，搭建政产学研相融合作研发平台。支持民营企业建立高新技术研发中心、工程技术研究中心、企业技术中心，设立博士后科研工作站、企业博士后科研基地，为民营企业产品创新和产业转型升级提供技术支撑。加快建设国家知识产权示范城市和国家科技成果转化服务示范基地。

5. 扶持民营企业“专精特新”产品（技术）项目

进一步完善创新型企业“专精特新”产品（技术）项目库建设，实行分类、分级管理，同时加大资金政策支持力度。

6. 鼓励企业利用高新技术对传统产业生产进行改造升级

对企业重大新技术研发项目、新产品开发项目和企业创新平台建设项目给予支持。引导企业利用信息技术集成创新应用，推动互联网产业应用示范，培育信息化和工业化相融合的新兴业态。加快“智慧城市”建设，为民营企业提供信息化管理的公共支撑环境，降低运营成本。

7. 引导企业创新营销思维和模式

提高民营企业“品牌兴企”的意识，使其充分认识品牌商品在市场竞争中的特殊作用和巨大的价值，争创名牌产品，对获得国家、省、市名牌产品、著名商标的企业及获得地理标志产品保护和商标注册的申请人，按规定给予相应奖励，激励民营企业不断提高产品质量和服务水平。鼓励民营企业利用“互联网+”等新技术新载体，整合线上、线下渠道，参与国际交流合作，发展跨境电子商务，拓展国内外营销网络，让“鞍山制造”的产品和技术大规模走出去。

（四）扶持创业，增添民营经济新生力量

1. 营造创业的良好外部环境

加大政策宣传力度，在全社会弘扬创业精神，激发创业热情。积极推进落实“五证合一”制度和“一照一码”制度，放宽企业注册登记管制，将企业名称初审管理权限下放至各县（市）区或委托下放至各开发区，将“一照多址”登记备案适用范畴扩大至市域，让创业主体准入更加便捷宽松。

2. 推动科技企业孵化器建设

建立灵活的供地机制，确保有一定的土地指标专门用于企业孵化器建设，逐步实现各县（市）区、各开发区都有一个创业服务平台，为一大批创业初期的小微企业提供一定的发展空间。鼓励社会各界兴办特色众创空间，大力推进商业性孵化器建设，构建以综合孵化器为主体，专业孵化器为补充，大学科技园、留学生创业园等多元化协同发展的孵化体系，为知识型创业企业提供物理空间和基础设施等培育服务，降低创业者的创业风险和创业成本，提高创业成功率。

3. 扩大创业主体范围

引进创业人才，以创业带动就业，使更多有创业意愿和能力的人才成功创业；鼓励企业“凤还巢”回乡创业；建立重点培育档案，鼓励民营企业“二次创业”。

4. 加强创业辅导

依托国家、省、市创业辅导（孵化）基地及各县（市）区、开发区服务机构，扩大培训范围，将更多有创业愿望和培训要求的城乡劳动者纳入创业

培训范围，提升创业者素质，提高创业率和创业成功率。

（五）畅通民营企业金融服务渠道

1. 推进多元化直接融资

鼓励有条件的企业用好中小企业集合债、中小企业集合票据、小微企业增信集合债券以及私募债等债券融资工具。充分利用全国中小企业股份转让系统和辽宁股权交易中心这两个融资平台，促进更多符合条件的民营企业挂牌及展示。为企业上市提供全方位服务，建立企业上市培育信息库，根据企业需求进行分阶段重点培育，开展企业上市培训及辅导，组织上市对接活动，落实企业上市的各项资金扶持政策，推动符合条件的民营企业到各资本市场上市及挂牌融资。

2. 强化间接融资服务

引导商业银行、担保机构、融资租赁机构深入产业园区，入户对接，为企业提供面对面的融资服务，提高融资服务效率。鼓励金融机构加大对民营企业的信贷支持，为民营企业提供一年期以上中长期贷款，符合条件的给予适当利率优惠。对于已同意续贷的小微企业，应在原流动资金周转贷款到期前与其签订新的贷款合同，通过新发放贷款结清已有贷款等形式允许小微企业继续使用贷款资金。

3. 创新融资方式

积极探索以保险增信促进企业融资的新方式，发挥保险在企业融资中的作用。鼓励金融机构创新针对科技研发、文化创意、工业生产等不同类型和不同规模民营企业的融资产品，完善抵押物和质押物的评估机制，推广知识产权质押融资、应收账款融资、商品融资、商标权质押融资、股权质押融资等多种融资产品。鼓励金融机构优化民营企业贷款流程，提高贷款审批效率。鼓励非银行金融机构发展融资租赁业务。鼓励风险投资基金公司对处于初创期和上升期的、具有良好产业发展前景的民营科技企业和创意企业进行股权投资。

4. 完善信用担保体系

通过资本注入、风险补偿或奖励补助等方式减轻担保机构对民营企业贷款担保的后顾之忧，提高担保机构服务民营企业的能力。支持银行、担保机构与民营企业加强合作，探索开发符合民营经济特点的担保抵押方式，拓宽动产担保范围，并积极探索开展融资租赁担保、经济合同履约担保、信托计划担保等多种贷款担保方式。规范现有担保机构运行，加强对中小企业贷款担保机构培训，推进担保机构提升管理水平，增强担保能力，加强风险管控。

（六）提高民营企业人力资源质量

1. 开展多种形式的职业技能培训

充分利用远程教育课程、网上培训、中小企业大讲堂等优势资源，为企业提供方便、快捷的培训服务。鼓励和引导企业抓好员工培训，广泛开展各种短期适应性培训和职业技能培训，提升民营企业员工素质。鼓励民营企业通过产教融合、校企合作等方式兴办或参与兴办职业院校，培育高素质劳动者和技术技能人才。

2. 加强人才的培养和引进

定期组织开展民营企业家培训，将民营企业管理人员培训纳入人才发展规划。结合民营企业核心技术需求，引进国内外高层次人才。加强企业管理者的职业能力建设，提高其科技素质和管理素质。推进职业经理人市场体系建设，建设专业化的职业经理人市场，逐步实现企业经营管理人才配置的市场化。

五、抚顺市进一步发展民营经济实施方案

2016 年 3 月 4 日，抚顺市推动民营经济持续健康发展，根据《辽宁省人民政府关于印发辽宁省发展民营经济实施方案的通知》要求，制定了《抚顺市进一步发展民营经济实施方案》。

方案提出，要主动适应和引领经济发展新常态，发挥民营经济在转变发展方式、优化经济结构、提高创新能力、激发创业活力等方面的重要推动作用，通过落实政策、优化环境、提升服务和搭建平台等手段，推进民营经济发展上升到一个新的水平。到 2020 年，全市民营经济总体规模进一步扩大，占地区生产总值比重稳步提升；民营企业创新发展动力进一步增强，转型升级取得显著成效；规模以上民营工业企业数量不断增加，重点培育的民营龙

头企业实力明显增强；科技型中小企业加速发展，成为促进民营经济增长的新生力量。提出做好以下重点任务。

（一）营造良好发展环境

1. 全面改善提升服务水平

大力整治推诿扯皮、吃拿卡要、办事拖沓等现象，打造公平开放的投资环境、竞争有序的经营环境、体贴到位的服务环境。进一步取消和下放一批行政审批事项，为民营企业投资项目实施创造良好条件，激发民营经济发展活力。

2. 放开民营资本投资领域

对企业一视同仁，保障企业公平参与市场竞争、平等使用生产要素、同等受到法律保护，努力做到规则公平、机会均等。根据国家发展改革委《基础设施和公用事业特许经营管理办法》，结合省发展改革委落实意见，加速本市民营企业进入特许经营领域的步伐。

3. 支持民营资本参与国企改革

鼓励国有资本投资项目吸收非国有资本参股。支持民营企业盘活国有企业厂房、设备等闲置资产，以及在推进国企改组改制、主辅分离、服务外包过程中，通过并购、控股、参股等形式参与国企股份制改造。

4. 营造宽松便捷创业环境

全面推行企业工商营业执照、组织机构代码证、税务登记证“三证合一”登记制度，加快实行“一照一码”制度，提高市场主体准入便利化，为大众创业、万众创新创造条件。

5. 鼓励民间资本参与金融服务

支持有条件的民营企业发起或参与设立民营银行、村镇银行、融资租赁公司等新型金融机构。

（二）鼓励扶持企业发展

1. 支持民营企业做优做强

全面落实各项鼓励扶持政策，主动帮助企业争取政策资金支持，降低企业生产经营成本。推进企业提升核心竞争力，支持企业应用自主核心技术，开发研制填补国内空白的重大技术装备或关键零部件产品，以及引进海外先进适用技术。

2. 加速重大项目研究开发

支持能源装备、智能型工业机器人、石油炼化装备等对全市经济发展有牵动作用的重大项目研究与开发，鼓励以企业为主体、产学研相结合的多学科、跨单位联合攻关。鼓励、支持申报国家、省科技计划专项和基金。

（三）扶持科技领军企业加快成长

1. 支持科技创新企业发展

开展科技小巨人领军企业评选工作，对遴选出的科技小巨人领军企业，市政府设立的投资等基金重点给予支持。同时，强化对各项基金申报的培训工作，使更多的科技型企业受益。

2. 实施科技成果转化工程

建立科技成果转化服务平台，定期发布科技成果目录，提高科技成果转化效率。支持建立多种形式的校院企合作，对国内高校和科研机构高价值科技成果在本地转化的，对项目企业给予补助。

（四）加大小微企业创业发展支持力度

1. 推进创业基地建设

积极推进县、区和新城小微企业园项目建设，重点培育一批独具特色、产业配套、优势突出、效益显著的省级小微企业创业示范基地。进一步完善各级企业服务中心等创业基地服务功能，鼓励支持县、区和新城推进创业基地建设。

2. 加快推进科技企业孵化器建设

大力发展企业孵化器、大学科技园、大学生创业基地等创新创业载体，完善创业服务体系，促进科技企业孵化培育和科技成果产业化。

（五）加快推进传统企业转型升级

第一，促进企业走“专精特新”发展道路。支持引导中小微企业提高专业化生产、服务和协作配套的能力，实施精细化生产、管理、服务，发展特色产业、产品、技术工艺，开展技术、管理及商业模式创新。

第二，支持企业利用信息技术集成创新应用。推动互联网产业应用示范，深化新一代信息技术的推广与应用，提高信息化与工业化融合服务能力和水平。

第三，支持企业技术中心建设和新产品研制。对企业开展的重大新产品、新技术研制项目，企业技术中心新产品（新技术）研制项目和企业创新平台建设项目等，积极支持申报国家和省专项资金支持。

（六）积极开拓国内外市场

第一，加快民营经济对外开放步伐。支持民营企业参与国际能源和装备制造等领域合作，扩大对外合作交流。推进跨境电子商务发展，促进贸易平台和国际营销网络建设，鼓励企业产品和技术大规模走出去。

第二，推进企业营销模式创新。鼓励民营企业利用“互联网 +”等新技术、新载体，创新营销模式，整合线上、线下渠道，拓展国内外营销网络。

第三，发挥政府资金引导作用。建成集信贷、评估、担保于一体的中小企业金融服务中心。用好产业投资（引导）基金和中小企业“过桥”基金。鼓励企业申报国家战略新兴产业、科技成果转化和创业投资等基金。

第四，拓宽企业融资渠道。鼓励中小企业进入辽宁股权交易市场挂牌交易，支持企业上市，解决企业“融资难”“融资贵”问题；鼓励和引导符合条件的民营企业通过发行债券和通过互联网金融平台等方式直接融资。鼓励金融机构探索可持续、可复制、易推广的创新道路。推进中小微企业“助保贷”业务开展。鼓励民营企业通过境内外资本市场上市融资。

（七）培育高素质企业家队伍

第一，大力倡导和培育企业家精神。厚植民营企业发展土壤，建立健全激励和约束机制，营造企业家成长的良好环境。大力倡导做精主业、开创新业、追求卓越、诚实守信、回馈社会的企业家精神，让企业家精神成为产业结构调整、城市转型发展的强大动力，充分发挥企业家引领产业革新、推动经济发展的主力军作用。

第二，强化人才培养和引进机制。将民营企业家及管理和技术人员培训作为年度培训计划重要内容，通过大专院校和服务机构等，开展民营企业家培训活动，进一步丰富企业家知识。积极引进海外研发团队，吸引国际高层次人才和海外留学人员投资创业。

第三，积极培育“创二代”健康成长。围绕民营企业代际传承特点，鼓励支持接班人深入掌握现代化企业管理知识，拓宽视野，转变家族式管理思维，引导建立现代企业制度。

（八）加大金融支持力度

方案提出要加强组织领导、明确目标责任、落实支持、营造发展氛围等政策措施，加强分类指导，及时总结经验，确保各项任务扎实推进。引导和鼓励市政府设立的产业、投资和创业基金重点支持中小企业发展。指出要发挥新闻媒体和网络作用，广泛宣传国务院及省、市政府扶持民营经济发展政策举措，以及中小微企业转型升级、科技创新取得的成效，形成各级政府引导与推动，社会各界积极参与和支持民营经济发展的良好氛围。

设立市民营企业和中小微企业协调服务中心（协调服务处），在市场经济和信息化委网站与市中小企业服务中心网站开设统一的问题受理与结果反馈专项平台，开通公开电话，受理企业在技术创新、产业升级、项目建设、市场准入、合资合作、融资需求、信用担保、投资创业、与中省直大企业协作配套，以及合法权益保护等方面需要市政府协调解决的诉求。通过以上渠道受理的事项，市民营企业和中小微企业协调服务中心能够直接处理的，3个工作日内办理或答复；涉及其他市直相关部门职权的，10个工作日内与有关部门会商后反馈；需多个部门综合协调解决的问题或重大事项，报请市政府研究决定后及时反馈。支持县（区）指定具体部门开设网络平台受理民营企业和中小微企业的诉求。

六、本溪市破除阻碍民营经济发展准入门槛的措施与办法

鉴于对阻碍民营经济发展准入门槛的一些基础性工作比较薄弱，根据《辽宁省破除阻碍民营经济发展准入门槛专项工作方案》要求，本溪市软环境办制定了《本溪市破除阻碍民营经济发展准入门槛专项工作方案》。本溪市政府提出，要认真贯彻落实党中央、国务院，省委、省政府和市委、市政府关于软环境建设、优化营商环境的重要部署，深入落实《辽宁省优化营商环境条例》（以下简称《条例》）和省、市《政府工作报告》确定的破除一切阻碍民营经济发展的准入门槛规定和部署，以推进简政放权、放管结合、优化服务、深化改革为突破口，加强领导、落实责任，注重协调、密切合作。要求结合各相关部门的职责职能，结合各地区实际，突出问题导向，精准解决问题，边清理、边规范，落实长效机制，激发市场活力，补充民营经济发展短板，为本溪民营经济健康发展，进而推进本溪全面振兴建功立业。按照总体要求，确定以下工作重点和具体安排。

（一）重点任务

第一，取缔规范没有法律法规直接依据，由各级行政机关设立的限制民营企业进入的条款（包括投资项目、垄断行业、政府采购、工程建设招投标、土地出让、产权交易等）。

第二，取缔规范没有法律法规直接依据，在工程建设领域（含所辖、行业管理和业务指导的城建和公共服务等）招投标和准入等民营企业进入限制条件。按照《条例》有关要求进行清理规范。

第三，取缔规范没有法律法规直接依据，在本溪金融领域的限制民营企业进入的条件或门槛（包括银行、证券、担保等金融公司的设立条件，以及相关的融资和转贷门槛等）。

第四，取缔规范没有法律法规直接依据，在政府采购中对民营企业和中小企业的歧视。

（二）认真开展自查自纠

各部门、各有关单位要按照本通知要求，特别是上述重点任务分解分工要求，认真扎实开展涉及准入门槛的清理自查，并对本部门设定的各类涉及准入门槛的进行全面自查和合法性审核，有则改之。同时，对设定相关限制条件的，要填报《限制民营经济发展准入门槛自查表》。

在工作中，一要坚决依法取缔没有法律、行政法规依据或未经国务院批准的限制门槛条件；二要坚决纠正和查处国家、省、市明令取消的限制民营经济门槛条件或变换名目继续限制民营经济市场准入的文件和规程等；三要迅速纠正没有及时按照调整后的法律法规进行更新规范的限制条件；四要主动与上级对口部门沟通衔接，确保清理准确、规范；五要牵头单位或第一顺序责任单位，要积极沟通协调，研究解决管理职能相同或相近没有统一标准、多头管理、重复管理的限制条件问题。

（三）在取缔规范基础上探索建立负面清单目录制度

各部门、各相关单位要按照通知要求，特别是重点任务分解中，有设定民营经济准入条件并确须依法保留的，须提出确定拟保留的准入条件申请单，并填报《拟保留民营经济准入条件项目明细表》，为下一步工作奠定基础。

国家已于2015年出台实施市场准入负面清单制度，在天津、上海、福建、广东四省市现行试点，将建立市场准入负面清单制度，确保民营经济公平进入市场，激发市场活力。同时，加强民营经济公平市场准入的政务公开力度，并通过公共媒体扩大宣传，进一步破除一切阻碍民营经济发展的限制门槛。

（四）严格市场准入监管

各有关部门、各相关单位，要抓紧制定完善市场公平准入的制度，公布办事指南、准入条件，规范审核审批程序、办理手续、工作时限等，并进行公开公示。同时，明确工作责任，加强监督检查，坚决制止和查处限制民营经济市场准入的门槛等违法违规行为。

七、丹东市发展民营经济的实施方案

为贯彻落实《辽宁省人民政府关于印发辽宁省发展民营经济实施方案的通知》精神，主动适应经济发展新常态，落实民营经济发展政策，以改革激发活力，以创新驱动发展，着力打造大众创业、万众创新“双引擎”，着力推动转型升级，着力优化发展环境，着力提升服务水平，促进全市民营经济平稳健康发展。2016 年 4 月 26 日，丹东市出台了《发展民营经济工作落实方案》。方案提出，到 2020 年，全市民营经济总体规模进一步扩大，民营企业创新发展动力进一步增强，转型升级取得显著成果。民营经济增加值年均增长 4. 8% 左右；规模以上民营工业增加值增速年均增长 5. 0% 左右；新增 10 亿元企业 5 家；新增规模企业 100 家；培育创新示范企业 100 家；培育企业技术中心 20 个；开发新产品 3000 项。

方案提出统筹推进民营经济发展改革工作。要落实目标责任，市政府各部门、各单位根据国家、省相关政策，及时研究制定本市促进民营经济发展改革具体政策措施，明确工作重点和目标，分年度细化工作进度安排，加强分类指导，及时总结经验，确保各项任务扎实推进。各地区负责各项政策的具体落实。市政府要将各项任务措施进行细化分解，配套制定考核评价指标体系，加强对各地区发展民营经济任务落实情况的跟踪考核，确保各项措施早见成效。营造民营经济发展氛围，充分发挥政府引导和推动作用，调动社会各界积极参与民营经济发展改革，加速在全市形成“小企业铺天盖地、大企业顶天立地”的良好发展局面。发挥新闻媒体和网络作用，广泛宣传本市促进民营经济发展政策举措和成效，大力营造大众创业、万众创新的良好社会氛围。提出的主要工作任务及措施如下：

（一）改革创新民营经济发展体制机制

一是推动民营经济发展改革试点工作。积极争取国家、省在丹东地区开展民营经济发展改革试点。

二是加快行政审批制度改革。进一步取消和下放一批行政审批事项。推行各级政府部门权责清单制度。开展投资领域负面清单管理模式改革试点，出台投资项目审批事项清单和流程图，最大限度激发民营经济活力。

三是放开民营资本投资领域。根据国家发改委、省发改委基础设施和公用事业特许经营管理办法的相关规定，研究制定本市民营企业进入特许经营领域的具体办法。

四是支持民营资本参与国企改革。鼓励国有资本投资项目吸收非国有资本参股。支持民营企业在推进国企改组改制、主辅分离、服务外包过程中，通过并购、控股、参股等形式参与国企股份制改造。

五是参与金融创新。支持有条件的民营企业发起或参与设立民营银行、村镇银行、融资租赁公司等新型金融机构。鼓励民间资本进入消费金融领域。

（二）培育引导大型民营企业做优做强

1. 促进企业增强核心竞争力

全面落实企业技术创新、科技创新重大专项相关政策，支持企业购买外埠企业股权或向外埠企业投资。支持企业应用自主核心技术，开发研制填补国内空白的重大技术装备或关键零部件产品。鼓励企业引进外埠先进适用技术。

2. 加速重大项目研究开发

重点支持新能源装备、新能源汽车、高性能纤维及复合材料、工业机器人、海洋工程装备和高速、精密数控机床等对本市经济发展有牵动作用的重大项目研究与开发，鼓励以企业为主体、产学研相结合的多学科、跨单位联合攻关。

（三）重点扶持科技型小微企业加快成长

一是创新专项资金支持方式。充分发挥财政资金的杠杆作用，与金融机构合作推出科技金融贷款业务，加大对科技企业的信贷支持，拓宽科技企业的融资渠道。

二是加强面向民营企业的科技服务。协调高校、科研院所专业技术人员，为民营企业提供制定技术发展战略、新技术转化、新产品研发、经营管理模式创新、技术人才培训等专项服务，搭建高校、科研机构与中小企业合作平台。

三是支持创办科技型企业。对科研院所、科研人员创办科技型企业，经有关部门认定的高新技术企业、软件企业、符合国家规定的高新技术产品出口企业，按照相关规定享受财税优惠政策。

（四）持续加大小微企业创业发展支持力度

一是营造宽松便捷创业环境。全面推行“一照一码”制度，提高市场主体准入便利化，激发小微企业创业热情。

二是加大减税降费力度。全面清理涉企行政事业性收费、政府性基金、具有强制垄断性的经营服务性收费、行业协会商会涉企收费，落实涉企收费清单管理制度和创业负担举报反馈机制。

三是加快推进科技企业孵化器建设。加快建设一批中小型创新创业孵化器、学子园、网络技术交易平台、咨询机构，突出重点，分类实施，拓展和强化服务功能，提高创新创业服务质量。

（五）着力推进传统产业领域企业转型升级

1. 支持企业技术中心及新产品（新技术）研发。重点对企业开展的重大新产品、新技术研发项目，企业技术中心新产品（新技术）研发项目和企业创新平台建设项目给予支持。

2. 支持企业利用信息技术集成创新应用。推动智能制造项目的实施，提高“两化”融合服务能力和水平，培育信息化和工业化相融合的新兴业态。

3. 促进企业走“专精特新”发展道路。支持引导中小微企业提高专业化生产、服务和协作配套的能力，实施精细化生产、管理、服务，发展特色产业、产品、技术工艺，开展技术、管理及商业模式创新。

4. 加强质量品牌建设。引导民营企业建立健全质量管理制度，实行质量管理体系认证，严格执行企业标准化体系规范，建立产品溯源管理制度。支持企业创建地方名牌、著名商标和驰名商标，争创国家名牌产品。鼓励企业商标国际注册，使用自主商标拓展市场。

（六）大力开拓国内外市场

1. 推动民营经济新一轮对外开放

支持民营企业参与国际产能和装备制造合作，扩大对外合作交流。推进跨境电子商务发展，促进贸易平台和国际营销网络建设，鼓励企业的产品和技术大规模走出去。

2. 支持民营企业开展营销模式创新

鼓励民营企业利用“互联网＋”等新技术、新载体，创新营销模式，整合线上、线下渠道，拓展国内外营销网络。

（七）加大金融支持力度

1. 创新金融服务模式

启动产业金融服务体系建设，促进金融与产业深度融合。探索建立科技金融服务新模式，鼓励金融机构开展科技小额贷款、科技保险和科技担保业务，为产业技术创新活动提供全程金融支持。

2. 推动多渠道融资

落实企业上市奖励政策，积极鼓励民营企业通过境内外资本市场上市融资。推动中小企业在全国中小企业股份转让系统、辽宁股权交易中心挂牌融资；鼓励符合条件的民营企业通过发行公司债、企业债、中小企业私募债、非金融企业债务融资工具等方式直接融资。

3. 加大信贷支持力度

鼓励银行业金融机构为民营企业提供1年期以上的中长期贷款，对有足额抵押物或由担保机构提供足额担保的贷款，贷款利率给予适当优惠。推动各银行业金融机构加快完善和创新小微企业贷款服务，银行业金融机构同意续贷的，应当在原流动资金周转贷款到期前与小微企业签订新的借款合同，通过新发放贷款结清已有贷款等形式，允许小微企业继续使用贷款资金。

（八）培育高素质企业家队伍

1. 建立人才培养和引进机制

将民营企业家培训作为年度培训计划重要内容，通过整合高校、服务机构资源，组织开展民营企业家培训。每年选送一批企业家到知名高校进修培训。积极引进海外研发团队，吸引国际高层次人才和海外留学人员来丹东创业创新。

2. 积极培育“创二代”健康成长

围绕民营企业代际传承，积极开展“创二代”培育计划，帮助企业接班人掌握现代化企业管理知识，转变“家族式管理”思维，引导建立现代企业制度，增强依法经营意识。

（九）营造民营经济发展良好环境

1. 规范市场秩序

依法惩处垄断行为和不正当竞争行为，保障市场公平竞争。保护各类知识产权，坚决打击侵犯知识产权和制售假冒伪劣产品行为。加快推进社会信用体系建设，建立守信激励和失信惩戒机制，促进信用信息有效应用。

2. 强化行政权力制约

全面推进行政权力运行制度系统、公共资源交易系统、行政绩效管理系统、行政权力电子监察系统、民意诉求反馈系统建设，切实解决在发展民营经济上的不作为、慢作为、乱作为等问题。

3. 保护合法权益

全面贯彻落实《辽宁省中小微企业权益保护条例》，建立民营企业维权投诉、处理和反馈机制，依法保护民营企业家合法权益。

八、锦州市促进民营经济发展的政策措施

近年来，锦州市民营经济实现了快速发展。到 2017 年 10 月末，全市各

类市场主体达到 17.36 万家，注册资本（金）1280.35 亿元，分别占全市市场主体总量和注册资本（金）总额的94%和64.2%，民营经济占全市经济总量的78%，占就业总量的 80%，已经成为锦州市经济发展的重要支撑、吸纳就业的主要渠道和创业创新的主体力量。

锦州市把促进民营经济发展作为贯彻落实党的十九大精神的具体举措，作为贯彻落实省委、省政府实施的五大区域发展战略三年行动计划的实际行动，作为加快锦州振兴发展、全面建成小康社会的重要抓手，旗帜鲜明地为民营企业家鼓劲加油，全力以赴促进民营企业做强做大，形成发展的新动力新优势。2017 年 11 月 27 日，出台了《锦州市促进民营经济发展扶持政策》。

（一）设立民营经济发展专项基金

锦州市人民政府发起设立民营经济发展专项基金 1 亿元，专项用于促进全市民营经济稳增长、调结构、拓市场、引人才等方面。各县（市）区也要配套设立民营经济发展专项基金。

（二）促进民营经济稳定增长

鼓励民营工业企业做大做强。对年主营业务收入首次突破 3 亿元、10 亿元、20 亿元、30 亿元、50 亿元、80 亿元、100 亿元并增加地方财力的，分别给予企业 50 万元、80 万元、100 万元、150 万元、200 万元、300 万元、500 万元奖补；所增财力不足奖补数额的，按实际财力增加额给予奖补。

（三）加大对小微企业的财政支持

对首次晋升规模以上工业、资质等级建筑业、限额以上批零住餐业、规模以上服务业的“四上企业”，一次性给予每户 10 万元的奖励。

（四）帮助民营企业拓展市场

每年市政府将有计划地组织企业“走出去”参加域外商品展销活动，凡本市规模工业企业参加此类活动，将给予参展企业展位费补贴。

鼓励企业扩大产品销售渠道，激励销售人员，积极开拓国内外市场，业绩突出的企业销售有功人员，每两年择优评选出全市工业企业 10 名销售状元，由市政府授予“锦州市十大销售状元”称号，并给予每人 5 万元的奖励。

对建筑企业新开拓域外市场，当年承接项目合同额达到 2 亿元以上（专业承包公司 5000 万元以上），产值 5000 万元以上（专业承包公司 2000 万元以上），形成地方财力增量的给予 5 万元奖补，增量不足 5 万元的按实际增量数额奖补。

（五）加强供给侧结构调整

鼓励实体经济发展，对供给侧改革起引领作用的重大工业项目给予支持。一是对新开工的 3 亿元以上重大工业项目，在建设周期内，实现财务支出完成 40% 以上的，一次性给予 200 万元奖励。二是对新开工的 3000 万元以上工业项目，在建设周期内实现财务支出完成 50% 以上，且有银行固定资产贷款 1000 万元以上的给予当年基准利率的 50% 贴息（最高 100 万元）；全部使用自筹资金的经验收后，给予 100 万元奖励。

对获得国家、省、市智能制造及智能服务试点示范项目的企业给予一次性补助，国家级 100 万元，省级 50 万元，市级 20 万元。对本市列入国家、省首台（套）重大技术装备推广应用指导目录产品的企业给予一次性补助，国家级 100 万元，省级 50 万元。

鼓励推进“两化融合”。对获得国家两化融合管理体系贯标试点的企业，给予 20 万元奖励；对通过国家两化融合管理体系标准评定的企业，给予 50 万元奖励。

（六）推进质量品牌建设

保护和促进“老字号”企业发展，提升老字号核心品牌价值，传承和弘扬老字号优秀文化。对当年新认定为国家级中华老字号、省级老字号品牌的民营企业，分别给予一次性奖补资金 20 万元、10 万元。同时获得以上奖项的以最高奖项为准，不重复奖励。

支持民营企业争创“中国质量奖”，对第一次获得“中国质量奖”的企业给予100万元的奖励。对认定为中国驰名商标的企业，给予一次性奖励50万元。民营企业同时获得中国驰名商标和“中国质量奖”荣誉的，不重复奖励。对获得“鲁班奖”的民营建筑业企业一次性奖励50万元。

（七）支持民营企业人才引进

鼓励支持民营企业采取高层次人才加项目方式引进携带具有一定先期开发基础和良好发展前景的科技项目或具有核心专利的技术，到本市从事高新技术成果转化，对评定入选并经市政府批准的引进人才项目给予100万元启动资金。

对企业聘任年薪20万元以上的中高端人才，缴纳个人所得税形成地方财力部分，企业注册地可视情况给予奖励。20户龙头企业享受返还额最多不超过100万元，100户成长型企业享受返还额最多不超过30万元。

支持和引导市属及以下企业招录高校毕业生，对上述企业招用毕业年度全日制本科毕业生，与之签订1年以上期限劳动合同并依法缴纳社会保险费的，按照签订的劳动合同期限，给予最多不超过2年（锦州籍高校毕业生不超过3年）的单位承担部分基本养老保险、基本医疗保险和失业保险补贴；对驻锦高校毕业年度高校毕业生（含大专）给予不超过3年的上述补贴。

由市政府安排专项资金，组织锦州企业家进行疗养、考察、研讨、培训等活动。每2年开展一次功勋企业家评选活动，对本市域内企业销售收入和纳税进行加权平均后，选出排名前10名企业家，授予“锦州市功勋企业家”称号，每人奖励10万元。

（八）支持创新创业载体建设

大力支持双创平台建设，支持小微企业创新创业基地、科技孵化器及众创空间建设，根据规模和发展情况，给予国家、省级创新创业平台（大学科技园、众创空间、孵化器等）100万元、50万元资金补助。主要用于基础设施、孵化平台、创新创业团队和项目资助及创新创业辅导培训等。

（九）强化集中集群发展

将发展民营经济与城镇化建设有机结合，逐步引导建立服务业、电子商务、商贸业、物流业等民营企业产业片区、特色街区、综合市场和商贸城，提高民营经济产业发展集中度、丰厚度。通过3～5年，在现有园区内，各县（市）区应重点支持，打造2～3个布局合理、规划科学、产城融合、经济活跃的民营经济示范点，奖励每个民营经济示范点100万元。

（十）健全组织和考核机制

各县（市）区政府要建立健全民营经济工作领导小组，形成政府“一把手”负责，分管领导具体抓的工作格局，切实加强对民营经济工作的组织领导、统筹协调和大力支持。要及时配强、配齐民营经济工作机构和人员，加强机构运行保障，全面推进政策宣传、产业引导、规划制定、数据统计、调查研究、情况收集、督促检查和绩效考核等各项工作。

开展红旗县（市）区评选，设金、银、铜奖，表彰发展民营经济业绩突出的县（市）区。

九、营口市积极推进民营经济发展改革示范工作

营口市围绕国家批复的“营口市重点在政策环境、创新环境、市场环境建设及促进民营经济转型升级领域开展示范工作”任务，进一步强化措施、改善环境、释放活力，立足营口民营经济发展基础、发展优势和发展特色，推进支持民营经济发展政策落到实处，以改革激发活力，以创新驱动发展，着力完善发展环境，着力提升创新环境，着力优化市场环境，着力推动转型升级，努力打造东北民营经济发展改革示范区，制定了“东北地区民营经济发展改革示范工作实施方案”。

方案提出，要坚持以问题为导向，切实解决制度性障碍和交易成本等问题，复制推广辽宁自贸区营口片区经验，勇于改革创新，争取在重点领域、

关键环节进行先行先试，加强事中事后监管，提升服务水平，到2020年，民营经济科学发展的政务环境、市场环境、创新环境基本形成，民营经济转型升级取得显著成果，民营经济年均增速居东北地区前列，民营经济增加值超过1360亿元，年均增长8%以上；上缴税金110亿元，年均增长8%以上；民营经济比重力争达到80%；规模以上民营企业达到850家以上，培育一批年销售收入达到百亿元以上的民营经济龙头企业。主要措施包括：

（一）积极打造有利的政策环境

1. 继续缩减行政审批权限

凡是没有法定依据的审批一律取消，凡是没有法定依据的投资限制一律取消。

2. 切实加大放权力度

坚持问题导向，通过采取差异性放权进一步提高放权精准度和含金量。

3. 推行权责清单制度

进一步明晰职责权限，将行使的行政职权及依据、行使主体、运行流程、对应的责任等以清单形式列示，接受社会监督。

4. 进一步深化投资领域审批制度改革

不断探索建立“多规合一、多证合一、集中审批、综合执法”等服务模式，逐步实现“一张蓝图、一证准入、一章办结、一次抽查、一口执法”。企业投资项目将一窗受理，并联办理，提高审批效率。在工程建设领域，探索实行“多规合一、多图联审、区域评估、联合验收”等模式，全面提升事中事后监管水平。

5. 进一步降低企业成本

（1）推行涉企收费清单管理制度。进一步清理涉企收费项目，《营口市行政事业性收费及政府性基金目录清单》之外的一律不得收费。

（2）清理中介服务事项。审批部门能够通过征求相关部门意见、加强事中事后监管解决或者申请人可按要求自行完成的事项，一律不得设定中介服务。

（3）降低企业用地成本。积极推进工业用地长期租赁、先租后让、租让结合供应，工业用地的使用者可在规定期限内按合同约定分期缴纳土地出让价款，降低工业企业用地成本。保障物流业用地供应，科学合理确定物流用地容积率。

（4）降低企业用能成本。降低企业用电成本，着力推进电力市场化进程，使更多的民营企业参与电力直接交易，同时通过调整基本电价计费方式变更周期，加强电力工程建设管理等措施，切实降低企业用电成本，严格执行国家电价政策，加大燃气管道公共基础工程建设。

（5）依托电子口岸公共平台建设国际贸易单一窗口，推进单一窗口免费申报。

（6）推进涉税业务自助预约制度，涉税事项网上审批备案、网上自主办税。

（7）降低企业社保缴费比例。从2017年5月1日起将失业保险总费率降至1%，其中，用人单位费率统一降为0.5%，个人费率仍为0.5%，期限执行至2018年8月30日。对稳定就业的企业，按该企业及其职工上年度实际缴纳失业保险费总额的50%给予稳岗补贴。

6. 扶持小微企业发展

（1）建立全市小微企业名录库。实行扶持政策集中公示，为小微企业融资、产品销售、人员招聘等提供便捷服务。

（2）开展创业跟踪服务。每年至少确定100家新设小微企业、个体工商户，提供不短于一年的创业跟踪服务，深入了解企业在准入、经营、审批、税收、融资等方面实际困难，协调有关部门有针对性解决。

（二）构建民营经济创新发展环境

1. 推进民营企业制度创新

推进民营企业建立现代企业制度，完善企业法人治理结构，加大对民营企业家培训力度，建立健全激励约束机制，完善制度标准，推广示范试点经验。

2. 加强为民企科技服务

搭建高校、科研机构与民营企业合作平台，组织高校、科研院所专业技术人员，为民营企业提供制定技术发展战略、新技术转化、新产品研发、经营管理模式创新、技术人才培训等专项服务。

3. 提高民营企业自主创新能力

充分发挥企业研发主导作用。注重发挥好骨干企业的资金、技术、规模优势，鼓励增加研发投入，建立研发机构，开展科技攻关，推动技术改造，形成一批具有自主知识产权的核心技术和重点产品。

4. 加快推进科技企业孵化器建设

形成以综合孵化器为主体，专业孵化器为补充，大学科技园、留学人员创业园等各类孵化器协同发展的科技企业孵化体系。

5. 推进创业基地建设

构建一批政府主导型、民营主导型和混合型中小微创业基地，到2020年，力争每个县（市）区、园区培育一家省级创业示范基地。

6. 完善创业创新支持政策

（1）积极帮助民营企业争取企业技术创新、科技创新重大专项相关政策，支持企业应用自主核心技术，开发研制重大技术装备或关键零部件产品，鼓励企业引进先进适用技术。

（2）支持企业技术中心及新产品（新技术）研制。重点对企业开展的重大新产品、新技术研制项目，企业技术中心新产品（新技术）研制项目和企业创新平台建设项目给予支持。

（3）扶持创业带头企业。经人力资源社会保障部门审核认定为创业带头人的企业，为其吸纳符合条件的就业人员（签订1年以上劳动合同、并依法缴纳社会保险费）缴纳的基本养老、基本医疗、失业保险费3年内给予社会保险补贴。

（4）支持创办科技型企业。经有关部门认定的高新技术企业、软件企业、符合国家规定的高新技术产品出口企业，按照相关规定享受财税优惠政策。

（5）实行知识产权服务“绿色通道”制度。

（三）努力营造公平竞争的市场环境

1. 扩展民营经济经营领域

（1）坚决破除阻碍民营经济发展准入门槛，制定《营口市破除阻碍民营经济发展准入门槛专项工作方案》。

（2）支持民营资本参与事业单位及国企改革，支持民营企业在推进事业单位和国企改组改制、主辅分离、服务外包过程中，通过并购、控股、参股等形式参与股份制改造。

（3）积极扩大政府向民营企业购买服务范围。

（4）建立健全政府和社会资本合作（PPP）机制，推进基础设施、公用事业、公共服务的 PPP 模式。

2. 支持企业开展营销模式创新

鼓励民营企业利用“互联网 +”等新技术、新载体，创新营销模式，整合线上、线下渠道，拓展国内外营销网络。

3. 规范市场秩序

依法惩处垄断行为和不正当竞争行为，保障市场公平竞争，保护各类知识产权，坚决打击侵犯知识产权和制售假冒伪劣产品行为。

4. 加快推进社会信用体系建设

建立守信激励和失信惩戒机制，促进信用信息有效应用。

5. 保护民营企业合法权益

全面贯彻落实《辽宁省中小微企业权益保护条例》，建立民营企业维权投诉、处理和反馈机制，依法保护民营企业家合法权益。

6. 创建公平公正的法治环境

健全完善行政执法级别管辖制度，明确行政执法部门行政执法主体资格，细分行政执法职权。完善行政执法程序，坚持严格规范公正文明执法，严格禁止无依据执法。

（四）推动民营经济转型升级

1. 深入落实《中国制造 2025 营口行动纲要》

以调整优化产业结构为主线，以制造业提档升级为重点任务，以推进智能制造及智能服务为主攻方向，充分发挥本市的区位优势和产业基础，加速提升制造业核心竞争力，促进产业结构调整优化。到 2020 年，打造 10 个国家和省级试点示范及 50 个市级重点支撑智能制造项目建设。

2. 推动民营企业集聚发展

推进民营企业产业集中集聚布局，围绕主导产业，统筹建设、改造提升一批特色产业集聚区。进一步提高大石桥镁产品及深加工、仙人岛石化、营口汽车保修装备和鲅鱼圈钢铁深加工 4 个省重点产业集群的集中、集聚、集约化水平。

3. 加强产业链协作配套

建立健全龙头企业与本地中小企业协作配套的工作机制，努力建立现代产业集群发展的协作配套体系，提高产业集群内部和产业集群之间的协作配套水平。

4. 推进传统产业升级，培育壮大新兴产业，促进服务业提档升级

（1）改造提升传统产业。镁质材料产业要做好“深”文章。加快产业结构调整，促进产业转型升级，依托青花集团、金龙集团等龙头企业，重点发展镁合金、镁化工、镁建材精深加工，打造世界级镁质材料及精深加工产业基地。到 2020 年，实现规模以上工业增加值 165 亿元。轻纺产业要在“优”上下功夫。依托嘉里粮油、圣士食品、银珠化纺等龙头企业，着力提高附加值，推出自己的品牌。到 2020 年，实现规模以上工业增加值 140 亿元。汽保产业要拓宽汽车用品市场，积极进入汽车服务用品领域，打造中国最大最强的汽车保修设备和服务用品产业集群。

（2）培育壮大战略性新兴产业。高端装备制造产业。要在“智”上见实效，依托新东北电气、金辰机械、瑞华科技、卓异装备、绿源锅炉等重点企业，提高输变电设备成套能力，推进太阳能光伏电池组件自动化生产线建设，大力发展海洋工程装备、安防装备、节能技术装备、大型冶金设备、印刷包装机械等。

（3）促进服务业提档升级。生产性服务业。依托综合交通网络，大力发展现代物流业，打造物流分拨中心，加快营口港中俄国际集装箱物流园等项目建设，培育一批大型专业贸易商及物流企业。不断壮大金融业，推动金融创新。生活性服务业。提升传统商业发展水平，推进实体店网上商城建设，实现线上线下融合发展。加快发展旅游业，打造旅游品牌，扶持旅游企业做大做强，努力把旅游业打造成为支柱产业。新兴服务业。积极培育和引入电子商务龙头企业，完善电子商务产业链。推动信息、健康、养老、教育、体育、文化等新型服务业态实现新突破。

5. 加大推动民营经济转型升级的保障力度

（1）建立统一的公共资源交易平台制度。整合公共资源交易平台，实现

互联互通，将工程招投标、政府采购、土地与矿业权交易、国有资产交易及其他公共产品交易等统一纳入平台，实现公共资源集中交易。

（2）提高金融服务质量。完善信贷资金向实体经济融通机制，推动营口市中小企业信用担保公司等国资担保公司改革发展，增强融资担保机构服务实体经济能力，降低贷款中间环节收费。支持民营股份制企业根据自身特点在主板、中小板、创业板、新三板等多层次资本市场上市、挂牌和融资。

（3）加快盘活企业存量资产。对不符合产业政策、无法生存和因经营不善导致资产闲置的企业，本着“企业自愿、政府及部门推荐”的原则，根据企业资产状况编制招商目录，通过兼并重组、股权转让、拍卖等形式盘活资产。打通盘活资产行政审批绿色通道，提供全程服务。鼓励实体经济将符合条件的经营性资产采用灵活金融方式盘活存量资源。提高土地使用效率，为招商工作提供有利的用地条件。

（4）鼓励企业独立举办职业教育，支持企业与职业院校合作举办二级学院（或专业），探索引校进厂、引厂进校、前厂后校等校企一体化的合作形式。对举办职业院校的企业，将当年上缴教育附加费总额的一定比例用于购买本企业职业院校举办职业教育的公共服务。

（5）完善项目一条龙服务机制。建立健全招商引资项目统筹协调推进工作制度，做到“一个项目、一位领导、一个团队、一抓到底”，形成专门团队负责全程跟踪服务，解决项目推进过程中遇到的各项问题，直到项目投产运营。

（6）建立投产运营企业帮扶机制。对于投产运营企业，做到“一个企业、一个部门、一个班子、一包到底”。组织成立一套班子具体负责解决生产经营中遇到的困难和问题，促进企业平稳运行。

（7）提升重点园区发展水平。以提质增效升级为核心，推动园区实现绿色集约发展。围绕项目落地，加快完善基础设施，提升园区承载能力，为企业建设运营提供优质高效服务。

（8）进一步完善招商引资工作机制，落实各县（市）区、园区和各部门招商引资责任，坚持引资引智引技并举，围绕重点产业，突出重点地区，加强与江苏对口合作，实施产业链招商、点对点招商、龙头企业招商，加快引进一批重大项目。

（9）用足用好外贸扶持政策，引导企业调整产品结构，做大进出口规模。加大“走出去”力度，鼓励企业赴外开展工程承包带动出口。

十、辽阳市促进民营经济发展改革措施

为贯彻落实《中共中央、国务院关于全面振兴东北地区等老工业基地的若干意见》和《国务院关于深入推进实施新一轮东北振兴战略加快推动东北地区经济企稳向好若干重要举措的意见》，按照国家发展改革委等四部委《关于开展东北地区民营经济发展改革示范工作的通知》要求，重点在民营经济发展改革的政策环境、金融环境、创新环境建设及促进民营经济转型升级4个领域开展示范工作。2017年8月9日，辽阳市出台了“民营经济发展改革实施方案”。

方案提出，要统筹推进“五位一体”总体布局，协调推进“四个全面”战略布局，全面落实新发展理念和“四个着力”“三个推进”要求，紧紧抓住新一轮东北振兴的重大机遇，适应把握引领经济发展新常态，聚焦“四个辽阳”建设目标，坚持稳中求进的总基调，深入实施供给侧结构性改革，健全和完善促进民营经济健康发展的体制机制，优化民营经济发展环境，推动建立“亲”“清”新型政商关系，大力发展民营实体经济，推动民营经济、民营企业成为本市振兴发展的主力军。坚持政府主导，建立组织领导体系，形成多部门联动、责权明确的工作机制。紧扣本市发展基础和发展特色，探索形成具有辽阳特色的民营经济发展新模式。坚持问题导向，勇于改革创新，率先在政策环境、金融环境、创新环境建设及促进民营经济转型升级4个重点示范领域取得突破，制定出台有突破、可操作、具特色的措施，努力在简政放权、健全公共服务体系、优化发展环境、减轻企业负担、设立和完善创新创业平台等方面先行先试，探索形成支持民营经济发展的有效手段。

坚持问题导向，先行先试原则；坚持非禁即入，公平公正原则；坚持创新驱动，融合发展原则；坚持市场引领，政府推动原则；坚持诚信守法，依法监管原则。实现1年全面铺开，2年取得明显成效，经过3年努力，政府职能进一步转变，支持民营经济发展的政策合力初步形成，体制机制创新取得新突破，民营企业的市场经营和投资环境显著改善，民营企业家大量涌现，

民营经济规模不断壮大，活力和创造力明显提升，产业转型升级取得显著成效，初步形成具有本地特色的民营经济发展新模式。

到2019年，民营经济发挥重要作用，为建成芳烃及精细化工、铝合金精深加工两个千亿元产业基地和一个装备制造及汽车零部件产业集群打下坚实基础；发展3个创新型产业园区，培育3家国家级技术创新示范民营企业；民营企业营业收入实施“1234”工程培育计划，即营业收入超千亿元民营企业1家、百亿元企业2家、50亿元企业3家、10亿元企业40家；民营经济单位数达到10.7万家，年均增加3000家；从业人员41万人，年均增加5000人；民营经济营业收入力争达到1800亿元，年均增长8%以上。

（一）营造促进民营经济大发展的政策环境

以建立健全体制机制、深化投资领域审批制度改革、合理降低企业税费负担、进一步放宽民间资本进入的行业和领域为重点，为民营企业营造良好的政策环境。

1. 进一步优化营商环境

加强机制建设，在全市范围内成立营商环境建设监督局，强化全市软环境建设。加强制度建设，制定《辽阳市优化营商环境条例》，制定招商引资优惠政策，努力营造开放包容、互利合作、重信守诺、亲商清商、尊商护商的浓厚氛围。到2019年，体制机制创新取得新突破，切实优化营商环境，基本建立以“亲”“清”为主要特征的新型政商关系。

2. 进一步推进“放、管、服”改革

深化投资领域审批制度改革，实行项目审批绿色通道机制，基本实现政务服务事项“一号申请、一窗受理、一网通办”。完善事中事后监管制度，“双随机、一公开”实现全覆盖。大力推进“互联网+政务服务”，简化办事流程，提高服务效率，支持设立为企业创建提供全程服务的商务秘书公司，最大限度方便群众和企业。进一步转变观念，更加注重对审批项目跟踪服务，定期回访，针对生产经营中存在的困难和问题给予协调服务。着力建设“零审批”园区，在辽阳经济开发区等重点园区先行先试，探索以标准替代审批、“先建后验”和“容缺受理”的企业投资项目政府管理模式。到2019年，政府运行机制和管理方式基本完善，支持民营经济发展的政策合力初步形成。

3. 进一步强化权力约束和监督

全面推进行政权力运行制度系统、公共资源交易系统、行政绩效管理系统、行政权力电子监察系统、民意诉求反馈系统建设，切实解决在发展民营经济上的不作为、乱作为、慢作为等问题。实施优化民营企业服务环境监测制度，完善动态监测机制，探索实施挂牌保护制度。到 2019 年，科学有效的行政权力运行制约和监督体系基本形成，企业知情权、参与权、表达权、监督权得到切实保障。

4. 进一步减轻企业负担

全面清理不合理收费和制约民营经济发展的规范性文件。依法依规取消不必要的中介、评估、论证，缩短项目审批时间。按照国家和省统一部署全面深化行政执法体制改革，推进部门内、跨部门综合执法改革，有效解决多头执法、重复执法的问题。认真落实减税降费等政策，对涉企中介行政收费加大执法检查力度，合理减轻企业负担。推进债务源头企业进行债务清理整合，开展中小企业应收账款融资。到 2019 年，通过对全市规范性文件清理，取消不必要审批等方式，全面推进“法治辽阳”建设，基本形成良好的法治环境。

5. 进一步拓宽民营企业投资渠道

研究制定本市民营企业进入金融、石油、电力、电信、公用事业等特许经营领域的具体办法，促进民营经济公开、公平、公正参与市场竞争。继续开展政府和社会资本合作，鼓励国有资本投资项目吸收非国有资本参股。加强 PPP 项目的谋划储备，着力打造 1 至 2 个省级重点示范 PPP 项目。有效整合支持民营经济和中小企业发展的政策举措，促进大众创业、万众创新。到 2019 年，政府和社会资本广泛合作，形成民营经济公开、公平、公正参与的良好环境。

6. 进一步加大民营企业帮扶力度

完善市县乡三级帮扶工作机制，推进“五包五促”活动向纵深发展，以“服务企业、服务群众”为主题，坚持问题导向，针对市场、资金、环保、土地、消防等影响生产经营的具体问题，研究切实可行的对策和办法，针对本市产业特点，研究延伸上下游产业链，重点对芳烃及精细化工、工业铝材、装备制造及汽车零部件等产业，组织企业开展协作配套及产品精深加工，降低企业成本，提高竞争力。到 2019 年，形成市县乡三级帮扶工作机制，快速反应，切实帮助企业解决生产经营的具体问题。

（二）创造促进民营经济产融结合互为支撑的金融环境

以积极发展金融业、强化金融软环境建设、完善担保体系、落实金融扶持政策、推动产业资本与金融资本融合发展等为重点，为民营经济发展营造良好的金融环境。

1. 积极发展金融业

推动产业金融服务体系建设，加大金融机构建设力度，创新金融产品，推动银企对接，增强服务民营企业能力。推进“白塔金融街”和忠旺金融大厦建设，构筑金融集聚区。疏通金融进入中小企业的通道，支持民间资本在本市兴办民营银行、民营投资公司、消费金融公司等金融机构。到 2019 年，金融机构建设力度加大，服务企业能力增强，基本完成“白塔金融街”和忠旺金融大厦建设。

2. 开展多元化金融服务

完成金融服务中心组建工作，打造政府、企业、机构三位一体，线上、线下同步运行，全方位的金融综合服务平台；推动市国有资产经营（集团）有限公司设立科技小贷公司、融资担保公司；加大融资环境专项整治力度，着力整治金融机构抽贷、断贷、贷款费用高等问题；强化金融软环境建设，疏通金融支持民营企业的通道，有效降低企业融资成本。促进企业盘活存量资产，推进资产证券化，支持市场化法治化债转股，发展多层次资本市场，加大股权融资力度。到 2019 年，金融服务能力、水平和质量大幅提升，有效降低民营企业融资成本，更好地助力实体经济振兴发展。

3. 积极规范发展融资担保

培育发展政府性融资担保机构，积极争取更多的融资担保机构纳入以辽宁政融担保中心为核心的省再担保体系，通过开展直保、再担保、分保等多种业务，明显提升担保增信服务能力，推动建立由银行机构、信用评级机构和融资担保机构共同参与的商业化银担合作新模式，创新担保业务。到 2019 年，融资担保机构创新发展、提升质量，不断扩大小微企业担保业务规模。

4. 加大金融政策扶持力度

市政府设立产业发展引导基金，重点支持芳烃及精细化工、铝合金精深加工两个千亿元产业基地，高端装备制造，新能源汽车产业，汽车配套和零部件产业集群，投向新兴产业和产业结构优化升级项目。做优做强国资公司平台，通过发行公司债等多种方式直接融资。发挥“中小企业转贷资金”“助保贷”资金的作用。推进国家知识产权质押融资试点市建设，出台政策文件，推动专利质押贷款、科技与金融相结合等政策的落实，推进专利质押融资，解决科技企业融资难题。到2019年，通过扩大“中小企业转贷资金”“助保贷”资金规模、推进专利质押融资，进一步缓解小微企业融资难、融资贵问题。

5. 落实企业上市、挂牌奖励政策

通过财政奖励鼓励民营企业利用多层次资本市场，提高直接融资比重，拓宽融资渠道。充分利用国家优先支持东北地区企业上市，中国证监会对东北地区符合上市条件的企业落实优先反馈、优先审核、优先发审、优先发行政策支持的契机，按照培育一批、备案一批、申报一批的工作推进机制，重点推动企业的上市进程。支持企业在“新三板”、区域股权交易市场挂牌，支持发行企业债、公司债。

6. 推动产业资本与金融资本融合发展

推进具有法人资格的商业银行与忠旺集团、三三工业等重点企业设立金融租赁和融资租赁公司，鼓励企业设立产业投资基金。到2019年，争取设立1家金融租赁和融资租赁公司。

（三）构建增强民营企业创新发展动力的创新环境

以引导民营企业制度创新、推进创新载体建设、促进成果转化、打造创新高地、出台支持企业自主创新的政策举措等为重点，为民营经济发展打造良好的创新环境。

1. 引导民营企业制度创新

推动有条件的民营企业按照建立现代产权制度的要求进行股份制改革，建立科学的企业决策机制和制衡机制。支持民营企业实行相互参股、收购兼并、外资嫁接等多种途径加速发展。引导延续家族式经营的企业，在保留原有产权结构的基础上，创新治理结构。到 2019 年，引导民营企业创新治理结构，推动有条件的民营企业建立现代企业制度。

2. 实施创新载体建设工程

研究有利于推动本市创新创业培育机构成长的政策，出台鼓励科技企业孵化器建设的政策文件，鼓励推动大型孵化机构在本市设立创新创业培育机构，建立完善的“双创”全链条服务体系。实施忠旺集团铝型材深加工产业专业技术创新平台、三三工业盾构机/TBM 隧道掘进机专业技术创新平台等一批重大科技项目和创新工程。加快建设忠旺集团“国家高端工业铝合金型材加工重点实验室”、奥克集团与大连理工大学共建“辽阳精细化工中试基地”和“精细化工国家重点实验室辽阳实验中心”等一批产业技术创新平台。到 2019 年，建立完善的“双创”全链条服务体系，建立或引进综合孵化器 5 家、专业孵化器 1 家。

3. 促进科技成果转化

进一步丰富“成果转化项目库”，搭建科技成果转化综合服务平台。贯彻落实本市支持创新创业发展的知识产权政策，优化专利申请激励政策，进一步完善企业和个人创新专利申请费减免政策和资助政策，加强知识产权创造、运用、保护、管理。推进汽车轻量化复合材料和新能源汽车电控的研发和成果转移，支持推进围绕新能源、新材料、新技术，在德国、意大利建立海外研发中心，鼓励企业引进先进技术和开展海内外并购。推动关键技术攻关和新产品开发，引导企业走“专精特新”发展道路。到 2019 年，累计认定省“专精特新”产品（技术）达到 15 种以上。

4. 努力打造创新高地

推进高新技术产业园区、经济开发区、农产品加工集聚区建设，支持高新区、经济开发区体制机制创新，鼓励现有园区建设研发、设计、检测等公共服务平台以及“众创空间”等创业服务平台，加快高新区国家新型工业化示范基地建设，争取国家实验室、大科学装置等重大创新基础设施在本市布局。到 2019 年，发展 3 个创新型产业园区，辽阳经济开发区、辽宁（辽阳）铝合金精深加工产业基地争创国家级高新技术产业开发区。

5. 多渠道增加科技创新投入

研究制定合理的、差别化的激励政策，强化收益分配对技术创新的激励作用。设立科技创新券、科技型中小微企业贷款风险补偿资金，激发中小企业科技创新能力和产学研合作协同创新的积极性。支持本市重点企业成为产业与技术创新联盟成员单位。面向国家投向，推进一批重点项目，争取中央预算内投资东北地区创新链整合专项支持。到2019年，多渠道增加科技创新投入，强化收益分配对技术创新的激励作用。

6. 着力培育创新型企业

深入实施“双百”工程，大力发展高新技术企业，实现数量质量双提升。深化产学研合作，推动企业与大连理工大学、北京理工大学、中科院等高校和科研院所无缝对接，提高企业科研实力。推动重点创新企业搞好上下游配套，推进爱神州等企业研发电缆机器人等重点项目。到2019年，培育3家国家级技术创新示范企业。

（四）推动民营经济转型升级和结构调整

突出辽阳特色，结合供给侧结构性改革，全面贯彻省工业八大门类产业发展政策，以补齐产业发展短板、化解过剩产能、降低企业成本等方面为重点，促进芳烃及精细化工、工业铝材深加工、钢铁精深加工、装备制造等行业转型升级，提高民营经济质量和水平。

1. 全面落实《中国制造2025辽阳行动纲要》

结合本市发展实际情况，积极同国家、省对接智能制造、创新中心、工业强基、绿色制造、高端装备创新5项重大工程，跟踪推进落实发展服务型制造和促进制造业质量品牌提升2个专项行动，突出抓好各类试点示范项目建设，引导民营企业与江苏省相关城市先进装备制造业进行对接，积极营造舆论氛围，推动本市制造业向中高端发展。到2019年，本市制造业实现向中高端发展迈进。

2. 引导民营经济集聚发展

以芳烃及精细化工、铝合金精深加工两个千亿元产业基地和装备制造及汽车零部件产业集群为重点区域，以俄油加工优化增效改造、特大高精铝及铝合金加工材料等重点项目建设为突破口，做大做强优势产业，壮大一批民营企业。到2019年，为建成芳烃及精细化工、铝合金精深加工两个千亿元产业基地打下坚实基础。

3. 培育发展新兴产业

发展壮大精细化工、新材料、先进装备制造等一批有基础、有优势、有竞争力的战略性新兴产业，力争在“十三五”末期，战略性新兴产业主营业务收入占工业比重由“十二五”期末的12%提升到20%。到2019年，战略性新兴产业实现跨越式发展。

4. 大力发展先进装备制造业

做优做强轨道交通装备、工程机械、汽车零部件等优势装备制造产品。实施新能源汽车电机、电控、电驱动等一批先进装备制造重点项目。发挥市产业发展引导基金作用，投向带动本市产业结构转型升级的重点装备制造项目。到2019年，新能源汽车变速箱、电动机、航空发动机机械密封等一批装备制造产品项目建成投产达效。

5. 积极发展消费品工业

加快调整产品结构，延伸产业链条，以佟二堡皮装裘皮集聚区为重点发展区域，打造集养殖、加工、销售、购物于一体的皮装裘皮产业链条。建设灯塔市纺织服装工业区，重点发展自主知名品牌的童装加工业。规划建设家纺产业工业园，重点发展床上用品、袜业、鞋业、衬衫业等特色轻工产品。到2019年，做大做强本市特色轻工产品，延伸产业链条。

6. 积极稳妥化解过剩产能

加快淘汰钢铁、水泥行业落后产能，全面清理取缔“地条钢”生产。提升原材料产业精深加工水平，推进石油化工、钢铁加工及铁矿采选、非金属矿产建材等传统产业转型升级。到2019年，有效化解过剩产能，基本完成钢铁、水泥等传统产业转型升级。

7. 推动区域发展合作

落实国家、省关于“走出去”的政策，鼓励开展境外投资和工程承包，支持银盛水泥、瑞兴化工等重点企业、优势产业、骨干产品走出去，深入开展国际产能和装备制造合作，努力培育开放型经济新优势。到2019年，主动融入“一带一路”战略，全面推动产能合作。

8. 落实“互联网+”行动计划

加快信息化和工业化深度融合，着力发展“互联网+”工业集聚，推进信息产业园规划建设，力争组建辽阳市“互联网+”产业战略联盟，开展“互联网+”试点示范工作，促进工业互联网、云计算、大数据在企业中的应用。到2019年，基本完成信息产业园规划建设，组建辽阳市“互联网+”产业战略联盟。

9. 积极发展电子商务

力争把辽阳河东电商基地建成省级电商基地。促进辽联集团和辽阳久森经贸、第地嘉电子商务有限公司等电子商务交易平台发展。推动企业实施上网工程。到2019年，力争建成1个省级电商基地。

10. 实施“质量强市”战略

引导企业公开发布质量信用报告，实现产品标准自我声明公开，充分发挥“市长质量奖”激励引领作用，加强质量、品牌和标准建设。推进商标战略工程，加强驰名商标、省著名商标、市著名商标梯队建设。到2019年，力争“市长质量奖”获奖企业达到15家以上。

11. 转变农业发展方式

以农业产业园和农产品加工聚集区建设为载体，鼓励专业合作社、家庭农场向农产品加工企业转变。大力培育农产品加工龙头企业，强化质量管理，实施农产品品牌战略。

十一、盘锦市促进民营经济发展的政策措施

为深入推进民营经济发展改革示范工作，进一步加大对民营经济的支持力度，营造促进民营经济发展的良好环境，拓宽民营经济发展渠道，鼓励民营企业做大做强，促进民营企业健康发展，2017年7月18日，盘锦市制定了《盘锦市促进民营经济发展的若干政策》。

（一）大力鼓励民间投资

鼓励民营企业通过实施技术改造、转型升级等方式新上项目扩大投资，对本市现有企业新上技改项目、异地搬迁改造项目以及通过招商引资等方式引进的项目，符合国家产业指导目录中鼓励类，且通过《盘锦市人民政府办公室关于印发盘锦市招商引资项目准入评估指导办法（试行）的通知》（盘政办发〔2017〕72号）评估合格的项目，享受同等招商引资优惠

政策。

（二）鼓励民营企业做大做强

每年安排一定资金用于鼓励和扶持民营小微企业上规模，对当年进入统计部门规模以上名录库的民营小微企业予以奖励。对民营小微工业企业，次年每户予以5万元奖励；对其他类型民营小微企业（房地产、建筑业除外），次年每户予以2万元奖励。对年主营业务收入首次突破10亿元的民营企业（房地产、建筑业除外），次年每户予以10万元奖励。

（三）支持民营企业开拓市场

积极组织民营企业参加国内外大型展览展销、投资洽谈、网上展销会等经贸活动，鼓励民营企业通过多种形式开拓国内外市场。对参加境外展会的民营企业在省补贴基础上再予以不超过30%的展位费补贴；对参加境内展会的民营企业予以每户企业每年不超过1万元的展位费补贴。在同等条件下，政府采购和市属国有企业采购要优先安排向本地民营企业购买商品或服务，除本地民营企业无法提供的商品和服务外，预留给本地民营企业的比例额度不低于30%。

（四）鼓励民营企业加大研发投入

对研发投入超过国内行业平均水平且主营业务收入增长率超过10%的民营企业，采取后补助方式，对其承担的技术水平达到国内领先或填补国内空白的重大科技项目，予以研发投入奖励。“小巨人”企业单个企业奖励总额最高不超过50万元，大型企业单个企业奖励总额最高不超过100万元。

（五）着力培育民营高新技术企业

加大高新技术企业和创新型领军企业培育力度，强化高新技术产业对经济转型和产业升级的支撑作用，提高民营企业自主创新能力。全面落实高新技术企业税收优惠政策，鼓励民营企业申报高新技术企业，对当年新获批的民营高新技术企业，次年一次性予以 10 万元奖励。

（六）支持民营企业发明专利创造

对民营企业申请国内发明专利并得到国家知识产权局受理，每件予以补贴 2000 元；首次获得中国发明专利权的企业，按照每件 1 万元标准予以资助。对获得中国专利金奖和优秀奖的专利权人分别予以 30 万元和 10 万元奖励。对新获批的国家级知识产权贯标达标企业，予以适当补贴；对新认定的国家和省级知识产权优势企业，分别一次性予以 5 万元和 3 万元奖励。

（七）鼓励建设各类创业创新基地

完善民营企业创业创新服务体系建设，鼓励建设各类科技孵化器、众创空间、创业创新示范基地、新型工业化示范基地等创业创新基地。对认定的国家级创业创新基地，每年予以运营单位 30 万元补贴；对认定的省级创业创新基地，每年予以运营单位 20 万元补贴；对认定的市级创业创新基地，每年予以运营单位 10 万元补贴。

（八）鼓励民营企业多渠道融资

依托多层次资本市场体系，拓宽投资项目融资渠道，支持民营企业在境内外证券交易所、股转系统、区域板块上市挂牌融资。对成功在沪深证券交易所上市的民营企业，予以 400 万元奖励；对在全国中小企业股份转让系统挂牌并实现融资的民营企业，予以 130 万元奖励；对在辽宁股权交易中心融资交易板挂牌的民营企业，予以 60 万元奖励。各奖励资金按上市、融资进度分阶段予以奖励。

（九）大力推进民营企业产融合作

建立应急转贷机制，设立民营企业应急转贷资金池，资金池规模为 2 亿元。对列入诚信企业名单，且符合银行信贷条件、具备后续还贷能力、还贷出现暂时困难的民营企业优先使用应急转贷资金，为民营企业按期还贷、续贷提供短期周转资金，解决民营企业过桥资金问题。

（十）奖励贡献突出的企业

大力支持企业上规模，不断提升企业核心竞争力和社会贡献能力，对为地方经济社会发展作出突出贡献，且上一年度纳税总额排名前十位的企业予以奖励，重点支持以制造业为主体的实体经济。对纳税总额排名前两位的企业，各予以 50 万元奖励；对纳税总额排名第 3～5 位的企业，各予以 30 万元奖励；对纳税总额排名第 6～10 位的企业，各予以 20 万元奖励。

十二、阜新市促进中小微企业健康发展的措施办法

（一）多措并举，拓宽企业融资渠道

第一，设立中小微企业融资服务中心，引进银行业金融机构、小额贷款公司、担保机构、投资机构、设备租赁机构，集中联合开展融资业务，创新融资方式，推进民营企业融资难问题的不断缓解。

第二，加大对民营经济的信贷支持力度，进一步强化融资担保。鼓励金融机构探索创新适合本市中小微企业特点的融资产品和服务方式，通过提供动产、股权、林权、土地承包经营权、知识产权、提单仓单抵押质押等方式融资贷款，积极发展商圈融资、供应链融资、助保贷融资等特色信贷产品。大力推进中小微企业贷款扶持工程，鼓励银行业金融机构为民营企业提供 1 年期以上的中长期贷款，对有足额抵押物或由担保机构提供足额担保的贷款，贷款利率给予适当优惠。建立对金融机构支持民营经济融资的量化考核制度，对在扶持民营经济发展中成绩突出的金融机构，各级政府要予以奖励；建立中小微企业贷款担保风险补偿机制，选择服务业绩优秀的担保公司，由政府出资入股担保公司，充分发挥财政资金的导向作用和放大效应，对中小企业信用贷款担保机构发生的代偿损失给予部分补偿，支持中小企业信用担保机

构加大对民营经济、中小微企业的担保力度。

第三，大力推进企业上市。充分利用阜新市鼓励和扶持企业上市优惠政策，推进企业境内、外上市，实现直接融资，帮助企业解决上市过程中遇到的实际问题，加快推进企业上市进度。加大新三板及辽股交登记挂牌的宣传和培育力度，推进更多适合条件的企业实现登记挂牌。

第四，创新融资手段。一是积极推进本市财政资金通过资本注入设立中小微企业贷款续贷过桥应急资金（基金），同时引入民间资本，实行市场化运作，为中小微企业在贷款续贷过桥上提供帮助。二是大力推动 P2P 网贷、众筹等互联网金融融资手段服务本市中小微企业，满足中小微企业的多元化需求。

第五，加强与域外投融资机构的合作。继续加大与上海远东国际租赁公司、辽宁瀚华融资担保公司等行业领先的投融资机构之间的联络，为阜新中小微企业量身打造金融产品，加大对阜新中小微企业融资支持。

第六，推进金融精准服务企业库建设。配合省局实施“百千万”工程，开展“融资顾问专家团队服务千企”活动，认真组织企业填写“金融精准服务目标企业统计表”，随时更新企业融资需求信息，及时将企业融资需求通过省级融资平台对外发布。

（二）抢抓机遇，引导企业转型升级

转型升级是影响中小微企业生存与发展的关键因素，由于成本上涨、缺乏品牌、创新不足等原因，本市中小微企业的发展陷入困境。中小微企业要想发展和壮大，就必须加速企业转型升级。

一是强化政策扶持。为扶优扶强，加快转型升级，增强核心竞争力，政府要制定扶持中小微企业转型升级的相关政策，引导中小微企业高端发展、集群发展、创新发展。

二是通过项目建设促进转型升级。制定工业项目推进工作方案，建立联系领导、牵头责任单位和属地责任单位三方联动的工作推进制度，定期深入项目一线，帮助解决项目建设瓶颈问题，确保项目建设持续推进。同时，要充分发挥招商小分队专业招商优势，实施精准招商，提升招商项目的产业契合度。鼓励本土企业与央企、省属企业、知名民企合资合作。

三是对落后产能、低端产业、低产企业进行全面摸底调查，重点关注破产风险企业，采取“一企一策”的方式，实施并购重组，将有限的资源配置给有实力、有潜力的企业。

四是按照实现“转型升级”的要求，鼓励企业引进智能化生产设备，用新装备、新技术提高劳动生产率。

五是加大清理闲置土地力度，鼓励民间资本投资建设标准化厂房项目，引导小微企业租赁购买标准化厂房。

六是大力发展电子商务，引导工业品网络化销售，推进工业和信息化深度融合，促进工业经济平稳增长。

（三）大力开拓市场，提升企业创新能力；提升管理水平，打造守法诚信企业

1. 大力开拓市场，提升企业创新能力

积极引导企业实施品牌战略。以企业产品和服务品质为基础，全面提高企业综合品质并凝聚成为企业优秀的品牌标志符号。积极引导企业境内外上市、并购和区域性股权融资市场挂牌。探索建立健全资产与分配公开透明制度，促进企业有形资产与企业无形资产的有机融合。积极引导企业利用中小企业阜新网发布信息，推荐和介绍产品。建立和完善信息网络服务体系，为全市中小企业提供快捷的信息服务。积极鼓励和引导企业参加各类展会、高峰论坛，积极开拓国内外市场，拓宽产品销售渠道，促进信息产业发展。为中小微企业与大企业、大集团开展协作配套搭建合作平台，延伸产业链，提升竞争力。帮助企业建立企业网站，打造“互联网+”模式，促进企业的健康发展。

成立中小微企业科技创新服务平台。整合现有社会资源与辽工大、科技局合作成立该平台，为全市中小微企业服务；推进全市中小企业“专精特新”工程。积极培育“专精特新”自主品牌，组织申报中小企业“专精特新”产品技术项目的评比工作，推进本市中小企业“专精特新”产品（技术）再上一个新台阶；深入企业开展调查研究，编制《中小企业技术难题汇编》；促进科技成果转化。联系省内外大专院校及科研院所，建立产学研合作关系，促进科技成果转化，做好科技成果需求及科技成果的转化的基础

工作。

2. 提升管理水平，打造守法诚信企业

一是加强企业管理制度创新，鼓励引导具备条件的企业积极落实阜新市民营企业建立现代企业制度工作实施方案，建立健全现代企业制度。二是加强企业人力资源管理创新，坚持以人为本的管理创新，提升企业组织能力和效率。三是加强企业研发管理和技术管理创新。紧紧围绕市场需求开展企业研发管理和技术管理创新。四是加强企业市场开拓和商业模式管理创新。坚持适应市场与引领市场相结合，开展市场开拓创新和商业模式管理创新。五是加强企业文化管理创新。坚持塑造融入企业恒久生命的文化创新力。六是加强企业信息化管理创新，积极运用信息技术提高企业信息化管理创新水平。积极学习和采用适合企业实际的信息技术，提高企业管理水平。七是加强企业电子商务管理创新。主动适应现代经济“互联网+”的革命浪潮，进行企业电子商务管理创新。八是加强企业品牌管理创新。坚持以企业优秀综合品质为核心的企业驰名知名品牌管理创新。九是加强企业智库管理创新。积极开展企业内部建立和借助外部智囊的智库管理创新。

（四）强化政策出台的时效性，不断加大宣传督查力度

《国务院关于鼓励和引导民间投资健康发展的若干意见》《中共中央国务院关于全面振兴东北地区等老工业基地的若干意见》《辽宁省人民政府关于印发辽宁省发展民营经济实施方案的通知》《中共辽宁省委办公厅辽宁省人民政府办公厅印发〈关于优化投资环境的意见（试行）〉的通知》等有关文件下发后，市经信委（中小企业局）通过举办培训班、企业家座谈会、阜新日报、阜新电台访谈等，广泛开展对相关文件的宣传活动。同时联合国税、地税、工商等部门共同举办小微企业宣传服务月活动，为小微企业送政策、送服务，帮助企业解决落实政策中的问题，促进各项政策真正落到实处，有效地扩大企业对政策的知晓率，积极营造有利于民营经济、中小微企业发展的社会氛围。

十三、铁岭市发展民营经济实施方案

为认真落实党中央、国务院支持东北振兴发展战略举措，主动适应和引领经济发展新常态，牢固树立创新、协调、绿色、开放、共享的科学发展理念，以扩大规模、优化结构、提档升级为重点，以转变发展方式为主线，着力打造大众创业、万众创新“双引擎”，着力优化发展环境，着力推动转型升级，着力改善服务，实现民营经济平稳健康发展。2016 年 6 月 29 日，铁岭市制定了《铁岭市发展民营经济实施方案》。

方案提出，到 2020 年，全市民营经济总体规模进一步扩大，民营企业创新发展动力进一步增强，转型升级取得显著成果。民营经济单位达到 9 万家以上，工业企业法人单位达到 4000 家以上；民营经济增加值年均增长 12% 以上，占地区生产总值比重达到 55% 以上；规模以上民营工业企业达到 500 家以上；重点培育年营业收入 10 亿元及以上企业 10 家，亿元及以上企业 100 家。

方案提出的主要措施有：

（一）加快推进民营经济发展体制机制创新

（1）参照省内先行先试成功经验，抓紧制定推出本市非公有制经济综合配套改革方案，以开原市为试点，推进各项民营经济发展体制机制创新，为企业营造良好、公平的发展环境。

（2）进一步加大简政放权工作力度。认真落实国务院、省政府关于取消调整行政审批事项的工作部署，推动权力清单管理制度化、规范化、法制化，建立权责清单的动态管理机制。重点抓好投资领域负面清单管理，制作完善投资项目审批事项清单和流程图，优化审批流程，简化办事程序，提高办事效率，为民营投资提供高效便捷服务。

（3）进一步放开民营资本投资领域，坚持“法无禁止即可为”，最大限度地拓展创业领域。以国家发展改革委《基础设施和公用事业特许经营管理办法》为依据，抓紧制定和落实全市民营企业进入特许经营领域的具体实施办法，消除投资隐性壁垒。选择一批基础设施、教育、养老、金融服务领域项目，采取PPP模式与民营资本合作经营。

（4）引导国企实施改组改制、主辅分离、服务外包等股份制改造，支持民营企业通过并购、控股、参股等形式参与国企股份制改造。支持民营资本参与国企改革，鼓励国有资本投资项目吸收民营资本参股，推进各类资本交叉持股、相互融合。

（5）推动民营资本参与金融创新，通过创新服务模式、丰富信贷品种，完善租赁体系，满足企业的资金需求。着力促进金融资本与实体经济相结合，鼓励民间资本进入消费金融领域。支持有条件的民营企业发起或参与设立融资租赁公司等新型金融机构。

（二）着力引导民营企业做优做强

（1）增强企业核心竞争力，全面落实国家及省鼓励企业技术创新、科技创新相关政策，研究本市鼓励科技创新政策，全面构筑以战略创新为先导、产品创新为牵引、技术创新为支撑、管理创新为手段的企业创新体系。重点鼓励海外先进技术引进、科研成果就地转化、填补国内装备空白和产品研发、智能产品开发等，提升企业自动化、信息化、智能化水平。

（2）加快重点领域重大项目研究开发，推进产业园区、龙头企业与高等院校、科研院所开展产学研合作，共建产业技术创新联盟，重点支持高端装备、汽车及零部件、石油装备、煤机装备、换热设备、起重机械、阀门设备、通信材料、农业机械等重点领域重大项目研究与开发，精心组织科技创新攻关活动，推进产业转型升级。

（三）重点扶持科技型小微企业加快成长

（1）重点支持科技型小微企业建设研发中心、开发新产品、推动产品智能化、促进科技成果转化等。加大金融保险支持力度，建设高新技术企业信用贷款试点、国家知识产权质押融资试点以及专利保险试点，对拥有专利和独立知识产权的科技型企业和个人给予优先支持。

（2）加强面向企业的科技服务，推进和加强中科院技术转移中心铁岭中心和铁岭市生产力促进中心建设，搭建和完善技术交易平台、知识产权交易平台、技术信息服务平台、科技创新网上服务平台，加强与高校和科研院所的合作，为民营企业提供制定技术发展战略、新技术转化、新产品研发、经营管理模式创新、技术人才培训等专项服务。

（3）支持创办科技型企业，对科研院所、科研人员创办科技型企业，经有关部门认定的高新技术企业、软件企业，符合国家规定的高新技术产品出口企业，按照相关规定享受财税优惠政策。相关部门要采取多种形式加强相关政策内容的宣传培训，使政策落到实处。

（四）加大对小微企业创业的支持力度

第一，营造宽松便捷的创业环境，全面落实注册资本认缴登记制度，推行工商营业执照、组织机构代码证、税务登记证“三证合一”；完善和推进“一照一码”制度，逐步实现电子营业执照和全程电子化登记管理。建立工商、税务、人力资源社会保障部门之间的数据信息共享系统，实现信息共享，缩短审批时限。

第二，加大减税降费力度，施行涉企收费清单管理制度和创业负担举报反馈机制。全面清理涉企行政事业性收费、政府性基金、具有强制垄断性的经营服务性收费、行业协会商会涉企收费，切实减轻企业负担。严格执行国家、省支持民营企业税费减免政策，符合条件的个体工商户、个人独资企业可依法享受税收减免政策。

第三，推进科技创业孵化平台建设，鼓励在重点工业园区或者利用各类设施建设一批高标准科技创业孵化平台，为民间资本投资创业提供全程服务、免费服务。重点支持银州区“1 +1 大手拉小手”模式孵化器以及铁岭市科技创新创业中心、铁岭市大学生电子商务创业园、铁岭银冈创客咖啡等重点孵化平台建设。鼓励大中型企业带动产业链上的小微型企业，实现产业集聚和抱团发展。

（五）着力推进传统产业转型升级

第一，支持企业技术中心及新产品（新技术）研制，加大对企业研发新产品、新技术的支持力度，对被认定为国家级和省级的工程技术中心、工程技术研究中心、技术中心的企业分别给予相应政策奖励。

第二，支持企业利用信息技术集成创新应用，加快推进信息技术与制造技术、互联网与制造业的融合创新，重点抓好管理信息化应用、产品智能化提升、物联网应用推广、互联网应用示范等工程。鼓励创建“两化融合”“互联网＋”示范项目和平台，引导企业建立协同设计、协同制造、协同服务的网络创新模式。对获得省级“两化融合”集成创新应用项目、“互联网＋”示范项目、智能制造工程重点示范项目的企业，给予相应政策奖励。

第三，鼓励支持民营企业持续进行技术改造，开发和应用新技术、新材料、新工艺、新装备，提升创新能力。加大政府投入和政策引导力度，建立健全公共技术服务平台，为民营企业提供技术服务支撑。

第四，实施民营企业知识产权战略推进工程，培育具有自主知识产权优势的民营企业，提高民营企业在知识产权保护、运用、管理等方面的水平，促进民营企业专业化、精细化、特色化和新颖化发展。

第五，促进企业走“专精特新”发展道路，支持引导中小微企业提高专业化生产、服务和协作配套的能力，实施精细化生产、管理、服务，发展特色产业、产品、技术工艺，开展技术、管理及商业模式创新。

第六，实施品牌发展战略，引导民营企业建立健全质量管理、产品溯源管理制度，实行质量管理体系认证，严格执行企业标准化体系规范。围绕研发创新、生产制造、质量管理和营销服务全过程，夯实品牌发展基础，积极争创国家级和省级质量奖。加强诚信体系建设，完善企业质量信用档案，建立质量信用评价标准，实施信用评级和分类管理，打造一批特色鲜明、竞争力强、市场信誉好的区域品牌。对首次获得中国驰名商标、省长质量奖和市长质量奖的企业给予相应政策奖励。

（六）大力开拓国内外市场

1. 积极引导企业实施“走出去”战略

借助国家实施“一带一路”“亚投行”等重大战略机遇，重点组织优势产品、技术和服务开拓新兴国际市场，打响铁岭制造和服务的国际知名度。以铁岭物流保税中心建设为核心，加快跨境电子商务发展，推进贸易平台和国际营销网络建设。加强对外交流合作，鼓励引进国内外优质资源和先进理念，提升企业对外竞争力。支持外贸企业参加国内外重点展会，并对取得成果的给予适当补助。

2. 支持企业开展营销模式创新，大力发展电子商务

鼓励民营企业利用“互联网+”等新技术、新载体，创新营销模式。推广网络销售成功经验，引导企业依托互联网发展新兴产业，大力推广企业产品线上线下网络销售模式。

（七）加大金融支持力度

第一，鼓励创新金融服务模式，促进金融与产业深度融合。鼓励支持海内外具有一定实力的创投机构，对初创期民营科技企业进行股权投资，扶持拥有自主知识产权、产业前景好的民营科技企业发展。

第二，鼓励支持民间资本多渠道融资，落实扶持企业上市挂牌的奖励政策，支持民营企业在境内外证券交易所和场外交易市场上市挂牌融资。推动中小企业在全国中小企业股份转让系统、辽宁股权交易中心以及区域性资本市场挂牌融资。鼓励符合条件的民营企业通过发行公司债、企业债、私募债和非金融企业债务融资工具等进行直接融资。充分发挥铁岭金融广场的企业上市挂牌孵化基地作用，助推民营企业上市挂牌融资。

第三，加大信贷支持力度，加强市、县两级中小企业信用担保机构建设，多渠道提高机构资本金规模，加快发展以民间资本为主体的商业性担保公司，鼓励企业间开展互助性担保。推动各银行业金融机构加快完善和创新小微企业贷款服务，鼓励银行业金融机构为民营企业提供1年期以上的中长期贷款，对有足额抵押物或由担保机构提供足额担保的贷款，贷款利率给予适当优惠。

（八）培育高素质的企业家队伍

一是建立人才培养和引进机制，整合教育、服务机构资源，进一步推进职业教育与企业实训基地融合发展，培养一批高端实用型技术人才。加强与国内经济管理专业院校合作，着力培养一批站在时代前沿的企业家，促进企业家开阔视野，提升素质。积极引进海外研发团队，吸引国际高层次人才和海外留学人员来铁岭创业创新。支持企业引进高级专业技术人才。

二是积极培育“创二代”健康成长平台，通过创业沙龙、青年企业家成长俱乐部等形式，为“创二代”健康成长和企业健康发展传授经验、解疑释惑。着力健全教育培养机制，建立“创二代”培训研究基地，促进“创二代”健康成长。完善创业创新扶持政策，鼓励引导“创二代”在改造提升传统产业和培育发展新兴产业、新型业态中创业发展。营造政治关爱环境，多渠道提高“创二代”的政治地位，塑造铁岭“创二代”的良好形象。

（九）营造民营经济发展良好环境

第一，规范市场秩序，依法惩处不正当竞争行为，坚决打击侵犯知识产权和制售假冒伪劣产品行为，保障公平、公正、公开的市场竞争环境。加强民营企业信用平台建设，公开和共享工商注册登记、行政许可、税收缴纳、社保缴费等信息，制定守信激励和失信惩戒机制，建立企业“黑名单”共享信息库，助推政府部门和银行、证券、保险等专业机构提升服务水平。

第二，强化行政权力制约，全面推进行政权力运行制度系统、公共资源交易系统、行政绩效管理系统、行政权力电子监察系统、民意诉求反馈系统建设，切实解决在发展民营经济上的不作为、乱作为、慢作为等问题。加强兜底服务体系建设，着力解决好民营企业发展过程中遇到的资金、人才、科技、软环境等问题，促进民营企业健康发展。

第三，加强维护企业合法权益的普及宣传工作。全面贯彻落实《辽宁省中小微企业权益保护条例》，发挥民营企业维权投诉中心作用，设立电话、短信、微信平台等多种维权监督途径，依法保护民营企业家合法权益。整合法律服务资源，设立涉企直通车，为民营经济提供高效法律服务。

十四、朝阳市发展民营经济实施方案

为积极推进民营经济发展改革各项工作，切实解决民营经济发展中存在的问题，促进全市民营经济快速健康发展，朝阳市出台了《发展民营经济实施方案》。

方案提出，要主动适应和引领经济发展新常态，推进支持民营经济发展政策落到实处，以改革激发活力、以创新驱动发展，着力打造大众创业、万众创新“双引擎”，着力优化发展环境，着力推动结构调整和转型升级，着力改善服务工作，实现民营经济平稳健康发展。

方案提出民营经济发展的总体目标：（1）民营经济总体规模进一步扩大。到 2020 年年底，全市民营经济单位数达到 13 万家，企业法人单位达到 9000 家；民营经济增加值实现年均增长 10%，总体规模达到 1000 亿元，占地区生产总值比重达到 75%。（2）民营企业创新发展动力进一步增强，转型升级取得显著成果。到 2020 年，全市规模以上民营工业企业突破 1000 家。重点培育年营业收入超百亿企业 2 家、超 50 亿企业 4 家、超 10 亿企业 30 家。发展民营经济的主要措施如下：

（一）大力推进民营经济发展体制机制创新

一是加快行政审批制度改革。推行权力清单、责任清单制度，建立并公布市政府工作部门权责清单。

二是拓展民营经济发展领域。坚持“非禁即准、非禁即入”的原则，凡符合市场化运作条件的行业或领域，除国家法律法规明确禁止进入的以外，一律对民间资本开放，任何部门不得对民间资本单独设置禁入条件。

三是支持民营资本参与国有企业改革。支持国有资本投资项目吸收非国有资本参股，鼓励支持民营企业在推进国企改组改制、主辅分离、服务外包过程中，通过并购、控股、参股等形式参与国企股份制改造。

四是推动金融创新。支持有条件的民营企业发起或参与设立民营银行、村镇银行、融资租赁公司等新型金融机构。鼓励民间资本进入消费金融领域。

（二）鼓励引导民营企业做大做强

贯彻落实《中共朝阳市委、朝阳市人民政府关于加快民营经济发展的若干意见》《朝阳市人民政府办公室关于印发朝阳市支持个体工商户转型升级为企业工作实施方案的通知》，不断增强民营企业的竞争能力、发展活力和综合实力，引导民营企业持续健康发展。

1. 支持个体工商户转企升级

个体工商户转型升级为企业后，凡实行定期定额征收方式（达到增值税一般纳税人标准除外）的纳税人，2 年内税收标准不变，并对所增加的地方财政贡献给予 50% 的奖励。2 年内仍按个体工商户的相关规定办理社会保险业务。转型升级为企业的，土地、房屋、机动车辆等不动产和动产过户按照变更登记对待，不再征收过户税费。

2. 鼓励小微企业发展为“四上”企业

各县（市）区要积极引导小微企业走“专精特新”之路，支持创新型、创业型、成长型小微企业加快发展，努力实现转型升级。各县（市）区要确保规模以上工业企业、规模以上服务企业和限额以上批零住餐企业的户数年增长 10% 以上，推进三级资质以上的建筑企业规范发展、提档升级。

3. 支持骨干企业上台阶

对年营业收入首次超过 10 亿元的民营工业企业，以企业上年度为基数，由税收受益财政按当年新增增值税、企业所得税地方留成额度的 20% 对企业予以奖励，以后营业收入每上一个 10 亿元台阶，当年按上述办法和额度予以奖励。对新进入全国民营企业 500 强、全省民营企业 100 强的企业，分别给予一次性 100 万元、30 万元的奖励。

4. 鼓励民营企业集合发展

支持民营企业集群发展和小微企业进入产业链发展，加快特色产业园区、特色专业市场建设，努力形成一批国内知名、省内称雄的产业集群；支持民营企业跨区域、跨行业兼并联合，组建企业集团，打造行业航母；鼓励商贸流通企业通过连锁经营、加盟经营等形式实现规模化、集约化发展。

（三）推动民营企业实施科技创新发展战略

1. 支持科技型小微企业加强产学研合作

通过开展多种形式的产学研对接会，搭建产学研合作平台，促进企业与科研院所合作，推动科技成果转化。重点围绕产业园区、骨干企业和高新技术企业建设一批高水平的产学研示范企业。

2. 推动科技企业孵化器和创新平台建设

推动建设投资主体多元化、运行机制多样化、组织体系网络化、创业服务专业化、服务平台标准化的科技企业孵化器建设。积极推动以企业为主体、市场为导向、产学研相结合的创新体系建设。鼓励民营企业建立多种形式的研发机构，对于被新认定为国家级或省级企业技术研发机构的，由受益财政分别给予不低于 50 万元和 10 万元的一次性资金支持。

3. 支持民营企业科技创新

鼓励以民营企业为主体，通过产学研合作等方式申报各级各类科技计划项目，对民营企业承担的国家和省级重大科技项目，由受益财政给予一定数额的配套资金。对民营企业获得国家授权发明专利的，市政府给予适当补助。对具有自主知识产权的发明专利产业化产值达到 1000 万元以上的，受益财政给予不低于 10 万元的支持。

4. 支持实施技术标准战略

鼓励民营企业和行业协会推行先进标准体系建设，将拥有自主知识产权的专利技术转化为标准，通过标准转化为生产力；支持民营企业主导或参与国际标准、国家标准和行业标准的制定，抢占标准话语权，对民营企业独立完成或牵头完成国家级以上标准制定的，由市财政奖励 30 万元；鼓励民营企业采用国际标准，提高应对国外技术性贸易壁垒的能力。

5. 加强质量品牌建设

引导民营企业建立健全质量管理制度，实行质量管理体系认证，严格执行企业标准化体系规范。鼓励民营企业创建自主品牌、著名商标和驰名商标，争创名牌产品。对以自主品牌出口的民营企业，在境外获得专利、商标注册、产品认证的费用给予 70% 的补助；对获评“中国驰名商标”的民营企业奖励 50 万元；对获评“省名牌产品”“省著名商标”的企业，分别奖励 5 万元。

6. 实施人才支撑战略

鼓励民营企业引进高端人才，对引进院士、博士、硕士、省级以上专家和研发团队以及聘请高级管理人员的，其补助和奖励按《朝阳市人民政府办公室关于印发朝阳市鼓励企业引进、培养和使用人才若干意见（试行）的通知》执行。加大人才培养培训力度，按照民营企业发展需求调整本市大中专学校和职教中心专业设置，量身定制人才培养计划，实现人才培养和企业需求的有效对接。

（四）持续加大对小微企业创业发展的支持力度

全面落实《朝阳市人民政府关于全面开展大众创业万众创新工作的意见》，充分激发大众创业积极性，促进小微企业稳定健康发展。

1. 加大财税支持力度

市财政每年拿出2000万元，作为大众创业创新发展专项资金，并形成逐年增加的长效机制。重点用于扶持小型企业贷款担保和贴息、创业孵化基地建设、众创空间建设、创业培训基地建设、创业服务体系建设、小额贷款贴息及场地租金补贴等。实施更加积极的促进就业创业税收优惠政策，推进大众创业、万众创新。

2. 营造宽松便捷的创业环境

进一步深化商事制度改革，推进市场主体准入便利化，全面推行“一照一码”登记制度，有效降低创业门槛。住所及经营场所不能提交房屋产权证的，提交社区证明即可办理登记注册。取消企业年检费和个体工商户验照费，暂停征收企业注册登记费、个体工商户注册登记费，降低市场主体设立成本。

3. 鼓励各类社会主体创业

扶持大学生创业创新，引导离乡打工人员回朝创业，吸引域外高端人才和团队来朝创业创新，扶持复转军人、职业学校毕业生和专业技术人员创业，扶助广大农民置业创业，支持机关事业单位人员及其他各类人员创业就业。对于机关事业单位工作人员经批准辞职创业的，辞职前的工作年限视为机关事业社保缴费年限，辞职创业后可按机关事业保险标准自行续交，退休后享受机关事业单位保险相关待遇。对返乡农民工等人员创办的新型农业企业，符合农业补贴政策支持条件的，可按规定同等享受相应的政策支持。对农民工等人员返乡创办的企业，招用就业困难人员、毕业年度高校毕业生的，按规定给予社会保险补贴。

4. 加强创业孵化基地建设

支持各县（市）区通过盘活商业用房、闲置厂房等资源，建设创业孵化基地（园区），并积极引导社会资本投资建设创业孵化基地。到2015年年底前，每个县（市）区至少建设一个使用面积不低于3000平方米，吸纳企业20家以上的创业孵化基地（园区），2016年1月底前投入使用。为创业者提供低租、廉租的经营办公和生产服务场所，并提供创业信息、创业咨询、创业培训、创业策划、创业指导、小额贷款、税费减免、政策咨询等一条龙服务，用好创业创新技术平台。

5. 积极拓展创业空间

引导各类创业主体在第一、第二、第三产业开展创业创新活动。鼓励大众利用“互联网 +”创业创新。积极搭建创业载体，把各类产业园区、旅游景区、服务业集聚区和新市镇作为创业创新的主战场，形成创业创新集聚区；把各类创业孵化器、大学生创业园、青年创业园等作为创业创新的活力区；把创客空间、创业咖啡、创业驿站、创意坊等众创空间作为创业创新的新载体；把各类技术研发平台、知识产权转化平台、产业加速器等作为创业创新的高端平台。

（五）着力推进传统产业领域企业加快转型升级

1. 推动民营经济结构调整及重点产业建设

在转型升级中做大做强传统产业，形成多点支撑的产业格局。大力发展战略性新兴产业和高新技术产业。重点调整冶金产业、做大做强汽车零部件产业、加快新能源产业建设、大力发展非金属矿业及设备制造业和农产品加工业。

2. 支持企业技术中心及新产品（新技术）研制

重点对企业开展的重大新产品、新技术研制项目，以及企业技术中心新产品（新技术）研制项目和企业创新平台建设给予支持。

3. 支持企业利用信息技术集成创新应用

推动互联网产业应用示范，提高“两化”融合服务能力和水平，培育信息化和工业化相融合的新兴业态。

4. 支持企业通过“互联网 +”电子商务转型升级

加快电子商务园区和平台建设，为企业发展运用电子商务搭建平台。支持企业探索创新网上销售和网上服务业营销模式，重点推动朝阳特色优势产品的网上销售，把更多的企业推到网上去。鼓励企业通过自建平台或与知名平台合作等多种模式推动“O2O”网上商城建设。培育壮大农村电子商务企业，加大电子商务培训力度。

（六）大力开拓国内外市场

1. 推动民营经济新一轮对外开放

支持民营企业参加国内外展洽会，促进民营企业对外合作交流。鼓励企业引进国内外优质资源和先进理念，鼓励企业产品和技术大规模走出去。

2. 支持企业开展营销模式创新

鼓励民营企业利用电子商务等新兴载体，创新营销模式，整合线上、线下渠道，拓展国内外营销网络。

3. 强化政府采购扶持

各级政府要及时公布政府采购信息，鼓励民营企业参与政府采购活动。有关部门要定期公布本市民营企业生产的自主创新、环境保护、节约能源等产品名单，为政府采购提供信息。政府采购货物、工程和服务时，在技术、性能、价格、服务水平等指标符合采购标准、不违背有关规定和政府采购程序的前提下，向民营企业倾斜。

（七）加大对民营企业的金融支持力度

1. 创新金融服务模式

探索建立科技金融服务新模式，鼓励金融机构开展科技小额贷款、科技保险和科技担保业务，为产业技术创新活动提供全程金融支持。

2. 推动民营企业多渠道融资

建立民营企业上市资源库，实施“择优培育一批、辅导储备一批、申报上市一批”的民营企业上市梯度培育工程。大力拓宽融资渠道，扶持中小企业到辽宁股权交易中心、上海股权托管中心、新三板、创业板、中小板等多层次资本市场进行融资。支持符合条件的民营企业依法发行企业债券、短期融资券和中期票据，积极开展股权融资、项目融资、信托产品融资和典当拍卖融资等。

3. 切实加大信贷支持力度

鼓励金融机构探索创新适合本市中小企业特点的融资产品和服务方式，通过提供动产、股权、林权、土地承包经营权、知识产权、提单仓单抵押质押等方式融资贷款，积极发展商圈融资、供应链融资、助保贷融资等特色信贷产品。大力推进小微商贸企业贷款扶持工程，鼓励金融机构加大对服务业贷款支持力度。

4. 进一步完善金融服务体系

积极引进各类银行、小额贷款公司、担保公司、信投公司、创投公司、基金公司和资产管理公司等金融企业。对各类银行在朝阳设立总部的，由所在地政府补助开办费300万元；设立分行的，补助开办费100万元。对在朝阳设立注册资金3亿元以上（含3亿元）的小额贷款公司或担保公司，由所在地政府给予50万元的开办费补助。同时对年缴纳营业税200万元以上的新设立金融机构，给予年100万元补助，时限2年；对新设立金融机构所缴纳的所得税，按地方留成额度标准补贴给企业，时限3年。

5. 健全信用担保体系

完善民营企业信用体系，对分散在公安、社保、环保、金融、保险、税务、工商、质监、法院、统计等有关方面的企业信息进行采集整合，实现资源共享，充分发挥信用体系对服务政府、辅助银行、规范企业的作用。加快担保体系建设，积极推动财政出资控股或参股的政策性信用担保机构建设，大力发展法人资本、社会资本和民间资本投资设立的商业性信用担保机构。支持为信用担保机构提供保证服务的信用再担保机构建设，增强信用担保机构的再担保能力。建立融资担保风险补偿机制，增强担保机构抵御风险能力。

6. 加大对小微企业的金融服务力度

实行创业创新小额贷款贴息政策，凡符合条件的自主创业人员，均可申请最高不超过10万元的小额贷款贴息支持。对当年新招用下岗失业人员达到企业现有在职职工总数30%（超过100人的达到15%）以上，并与其签订1年以上期限劳动合同的企业，可申请最高不超过200万元的贷款贴息补贴。加大创业创新融资担保力度，对为创业创新提供贷款担保的各类机构，由市大众创业创新发展专项资金按其担保业务实际发生额的万分之五比例给予奖励。鼓励金融机构创新金融产品，鼓励银行业金融机构向创业企业提供结算、融资、理财、咨询等一站式系统化的金融服务。

（八）培育高素质的企业家队伍

1. 加大人才培养和引进力度

通过整合高校、服务机构资源，组织开展民营企业家培训。定期选送企业家到高校进修培训，通过邀请专家来朝讲座以及邀请成功企业家同民企负责人进行座谈等形式提高企业管理人才的素质。积极引进海外研发团队，吸引国际高层次人才和海外留学人员来朝创业兴业。

2. 积极推动“创二代”健康成长

围绕民营企业代际传承，积极开展“创二代”培育计划，帮助企业接班人掌握现代化企业管理知识，转变“家族式管理”思维，引导建立现代企业制度，增强社会责任感和依法经营意识。

（九）营造民营经济发展良好环境

1. 规范市场秩序

依法惩处垄断行为和不正当竞争行为，保障公平竞争。依法保护各类知识产权，坚决打击侵犯知识产权和制售假冒伪劣产品的行为。加快推进社会信用体系建设，建立守信激励和失信惩戒机制，促进信用信息的利用。

2. 坚持依法行政

全面推进行政权力运行制度系统、公共资源交易系统、绩效管理系统、行政权力电子监察系统、民意诉求反馈系统建设，切实解决行政不作为、乱作为、慢作为等问题。

3. 保护合法权益

全面贯彻落实《辽宁省中小微企业权益保护条例》，建立民营企业维权投诉、处理和反馈机制，依法保护民营企业家合法权益。

4. 切实减轻企业负担

按照建立负面清单制度的要求，认真清理涉企收费项目。按照法律法规收取的行政事业性收费一律按收费标准的下限执行。严肃查处乱收费、乱摊派、乱罚款、乱检查和吃拿卡要等损害企业经营环境的行为，对违反规定的要追究有关单位领导的责任。行政执法部门一律不得下达定额罚款指标。进一步清理、规范和简化涉企年检。

十五、葫芦岛市鼓励民营经济发展措施办法

2016 年 11 月葫芦岛市人民政府制定了“关于进一步鼓励民营经济发展的若干意见”。意见指出：

（一）优化民营经济营商环境，提高服务效率

一是研究设立“代办服务中心”，为企业提供兜底式服务。及时调查整理企业需求信息，为企业协调生产要素并提供代办服务。同时，对各地区、各部门帮助、服务企业情况进行监督、考核。

二是支持民营企业成立协会、商会、产业联盟等组织。为部分商会悬挂“招商分局”牌匾，并给予经费支持，鼓励其依托自身优势，在本市招商及企业服务工作中发挥更大的积极作用。

三是进一步简政放权。民营企业到相关部门办理手续，除国家法律法规及省有关规定外，不再设置地方性前置审批项目。加快各级行政审批服务中心建设，简化审批手续，实行限时办理制度。

四是规范行政执法，减轻企业负担。进一步清理和规范对民营企业的各种收费和检查，政府部门到企业检查要实施登记卡制度。任何单位和个人不得干预民营企业依法进行的生产活动。

五是加强知识产权保护和质量品牌建设。加大专利行政执法力度，健全知识产权维权援助体系，形成保护、创新、发展的良性循环。建立健全产品质量和产品溯源管理制度，积极开展产品质量提升活动，支持民营企业争创名牌。

（二）放宽市场准入，鼓励民营经济创新创业

1. 扩大民间资本投资领域

鼓励民营资本通过 PPP 等多种方式参与政府相关项目建设。除国家明令

禁止的以外，所有领域一律对民间资本开放。

2. 加快创新创业载体建设

集中力量重点打造孵化器大平台，构建一批低成本、便利化、全要素、开放式的众创空间。通过整合资源，积极打造创新创业集聚区。

3. 推进登记注册便利化

进一步提高“一站式”登记服务效率；放宽注册登记条件，企业登记允许一址多照，一照多址，持续推进先照后证改革；实行“三证合一、一照一码”，加快推行电子营业执照和全过程电子化登记管理，企业设立推行“一表申报”。

（三）加速五大服务平台建设

1. 为民营经济搭建融资平台

建立政府、银行、企业三方联席会议制度，积极开展银企对接活动，帮助民营企业解决融资难题。强化融资担保，政府出资入股担保公司，充分发挥财政资金的导向作用和放大效应，让更多的民营企业获得贷款担保支持。

2. 为民营经济搭建协作平台

引导民营企业与驻葫央企开展协作配套，拓展延伸上下游产业链。加强与企业联盟、商会的沟通，发挥代办服务中心和中小企业服务中心联系作用，组织企业参加“大小企业配套对接会”等各类对接活动，帮助民营企业开拓市场，做大做强。

3. 为民营经济搭建科研平台

发挥驻葫央企和央企科技人才优势，建立完善产学研用合作机制，推动科技成果转化。对拥有自主知识产权，通过省级以上软件产品和软件企业认证、获得专利、著作权、软件登记产品、新产品、新技术、“专精特新”产品并在本地成果转化和技术转移的企业，给予一定的支持。

4. 为民营经济搭建信息服务平台

完善中小企业公共服务云平台功能，大力推广“惠企通”手机 APP，以线上和线下相结合的形式，为民营企业提供法律咨询、政策法规、技术创新、市场营销等服务。构建民营企业信用体系，委托绿盾全国企业征信系统对全市重点民营企业进行免费信用信息服务。

5. 为民营经济搭建对接平台

充分发挥工商联和各级商会协会作用，建立政府与民营经济对接沟通机制，为民营经济排忧解难。通过民营企业之家微信公共号、主要领导及民营企业家加入的微信群，畅通民营企业家诉求反映渠道，将民营企业反应的问题及时通报各相关部门，并将处理结果反馈给企业。

（四）加大财政资金扶持力度

一是设立创新创业企业投资基金，加大领军人才引进及创新创业项目支持，鼓励企业开发自主知识产权产品。相关支持政策执行《葫芦岛市人民政府办公室关于大力推进创新创业的实施意见》（葫政办发〔2016〕7号）。

二是鼓励民营企业做强做大。民营企业首次进入规模以上企业的，给予一次性奖励10万元，之后连续3年，纳税增幅不低于全市一般预算收入增幅的，一次性奖励50万元；首次进入营业收入超亿元行列的，给予一次性奖励50万元；首次进入营业收入超10亿元行列的，给予一次性奖励100万元。

三是鼓励民营企业结构调整。设立工业企业结构调整专项资金，支持民营工业企业转型升级、节能降耗和淘汰落后产能、海外先进技术引进等。同时帮助符合条件的民营企业申报各类国家、省级专项资金。

四是加大对中小企业服务机构的支持力度，根据服务业绩，每年选取部分优秀中小企业创业基地、孵化器、服务中心（平台）等服务机构，对其建设支出和服务性支出予以一定比例的补贴。

五是支持民营企业开拓市场。鼓励民营企业实施“走出去”战略。民营企业参加国家、省、市组织的各类会展活动，按当次展会一个标准展位费用的50%给予补助，原则上对同一企业每年支持不超过两次。

六是大力推进企业上市。充分利用国家及省、市鼓励和扶持企业上市优惠政策，推进企业境内外上市，帮助企业解决上市过程中遇到的实际问题。加大新三板及辽股交登记挂牌的宣传和培育力度，推进更多适合条件的企业实现登记挂牌。

七是扶持发展本市跨境电商平台。抓住本市作为电子商务跨境出口试点城市机遇，把单一泳装电商跨境拓展到多品类多产业电商跨境出口；鼓励传统商贸流通企业转型电子商务，促进传统服务业线上线下融合发展。

八是加大中小企业服务中心服务力度。以政府购买服务的方式引进优质服务机构入驻，积极拓展“互联网+”服务模式。民营企业与入驻服务中心的服务机构签订服务合同，可享受合同总额30%的补贴（每家企业每年补贴额最高5000元）。

（五）加强民营企业人才队伍建设

一是实施人才奖励。民营企业人才平等享受政府在人才培养、吸引评价、使用方面的各项政策。对在民营企业发展中做出突出贡献的高技能人才，市、县（市）区两级政府予以适当奖励。

二是鼓励和支持民营企业与高校、科研院所合作开展人才培养，积极组织中小微企业管理人员参加工商管理等方面的培训。

附录　关于推进东北地区民营经济发展改革的指导意见

发改振兴〔2016〕623号

辽宁省、吉林省、黑龙江省、内蒙古自治区发展改革委、经信委（工信委、工信厅）、工商联、开发银行：

为贯彻落实《中共中央国务院关于全面振兴东北地区等老工业基地的若干意见》（中发〔2016〕7号）和《国务院关于近期支持东北振兴若干重大政策举措的意见》（国发〔2014〕28号）文件精神，深入推进东北地区民营经济发展改革，健全和完善促进民营经济健康发展的体制机制，优化民营经济发展环境，将民营企业培育成为增强经济活力、推动振兴发展的重要力量，制定本意见。

一、总体要求

（一）指导思想。全面贯彻落实党的十八大和十八届三中、四中、五中全会精神，深入学习贯彻习近平总书记系列重要讲话精神，坚持“四个全面”战略布局，按照党中央、国务院决策部署，紧扣东北发展基础和发展特色，围绕充分发挥市场在资源配置中的决定性作用，更好发挥政府作用，强化制度创新、领域拓展和发展方式转变，着力转变政府职能，形成推动民营经济发展的政策合力；着力保障民营企业平等获得生产要素，营造公平竞争的市场环境；着力支持民营企业提升核心竞争力，培育新的增长点。

（二）主要目标。经过五年左右时间，通过推动民营经济发展改革方面的锐意创新，初步形成具有东北地区区域特色的民营经济发展新模式，以“亲”“清”为主要特征的新型政商关系基本建立，促进民营经济健康发展的体制机制和政策体系进一步完善，民营企业的市场经营和投资环境显著改善，民营企业家大量涌现，民营经济规模不断壮大、活力和创造力明显提升。

二、主要任务

（三）探索完善有利于民营经济长足发展的政策环境。加快推进行政审批制度改革，加大简政放权力度，优化行政审批流程，提高审批效率。支持有关地方政府探索建立在民营经济领域的权力清单、责任清单和负面清单，切实维护民营企业合法权益，清理和修改制约民营经济发展的地方法规、规章和规范性文件，取消各种形式的不合理规定。整合支持民营经济发展的各类专项基金，设立支持创新创业的公共平台。在基础设施、公用事业、公共服务等领域推出一批政府和社会资本合作（PPP）项目，支持引导民间资本平等参与。落实扶持小微企业有关税费优惠政策，清理和减少涉企行政事业性和经营服务性收费，切实减轻企业负担。有效整合公共服务资源，推进民营企业公共服务平台建设。

（四）探索营造有利于民营经济公平发展的市场环境。鼓励民营企业进入法律、法规未明确禁止的领域，取消股比、经营范围等限制，切实降低准入门槛，打破区域行政壁垒。推出一批鼓励民营企业和民间资本参与的重大工程和重大项目，在招标投标、政府采购、用地指标等方面对民营企业一视同仁。加快推进“三证合一”改革，提高商事登记便利化程度。健全归属清晰、权责明确、保护严格、流转顺畅的现代产权制度，依法保护非公有制财产权。保证各种所有制经济主体依法平等获取生产要素，公开公平公正参与市场竞争，同等受到法律保护，积极营造有利于保护产权的舆论环境和社会氛围。积极扶持培育行业协会、商会、产业联盟等产业中间组织，发挥他们在政策宣传、行业自律、信息共享、人才培养、协同创新、权益维护等方面的作用。

（五）探索创造有利于民营经济产融结合互为支撑的金融环境。鼓励依法合规设立主要服务于本地民营企业的民营银行、村镇银行、消费金融公司，鼓励符合条件的重点装备制造企业发起设立金融租赁公司。在防范风险的前提下，推动民营企业依法设立投资公司，搭建产融结合的投资运作平台。培养壮大创业企业，引进和培育天使投资人、创业投资基金、股权投资基金，鼓励有条件的地方设立中小企业发展基金。鼓励民营企业加大资本市场直接融资力度，扩大市场融资规模。支持民营企业通过应收账款、知识产权等动产和权利进行质押融资，鼓励金融机构发放信用贷款。推动银行依法合规落实民营企业无还本续贷政策。鼓励东北中小企业信用再担保股份有限公司加大对民营企业的支持力度。开发性金融机构和政策性金融机构要积极支持东北地区民营经济发展。加快建立金融服务信用信息共享平台。

（六）探索构建有利于民营企业增强创新发展动力的创新环境。推动民营企业建立健全现代企业制度，引导民营企业进行股份制改革，优化股权结构。鼓励民营企业通过出资入股、收购股权、认购可转债、股权置换等多种方式，参与国有企业混合所有制改革。支持民营企业与中央企业开展深度合作，探索民营企业与中央企业合作发展的途径和模式。支持民营企业设立院士专家工作站、重点实验室、工程（技术）中心等研发机构，牵头承担重大科技项目，组建产业与技术创新联盟。与高校和科研机构推进协同创新，鼓励有实力的民营企业与科研院所合资建设关键技术、核心产品的研发中心，促进科技成果转化与产业化发展。引导民营企业树立品牌意识，积极申请专利、注册商标。切实加强知识产权运用、服务和保护，集聚创新资源，完善知识产权归属和利益分享机制，充分激发民营企业创新的内在潜力。大力发展众创空间，建立公共技术服务平台，鼓励和支持民营企业参与产业联盟。

（七）探索完善有利于民营经济转型升级的支持举措。推动民营企业改造提升传统产业数字化、网络化、智能化水平，引导民营制造企业智能、绿色、低碳发展。鼓励民营企业加入高端装备制造产业链，支持民营企业和国有企业围绕产业链实现融合发展。鼓励民营企业承接先进军用技术成果转化项目。推动民营企业提升农产品、矿产资源等原材料产业精深加工水平。以“互联网+”为驱动，加快培育电子商务、研发设计、互联网金融等新产业新业态。重点培育一批特色优势明显、技术水平先进、主营业务突出、具有较强竞争力的现代民营企业集团和以民营企业为龙头的产业集群。组织引导有条件的民营企业全方位融入“一带一路”建设，积极稳妥“走出去”。鼓励有实力的民营企业并购国外科技型企业。鼓励开展全产业链投资合作，建设境外产业集聚区、经贸合作园区、农业经济合作区。

（八）探索加强有利于民营经济可持续发展的人才队伍建设。各级政府应树立全方位服务理念，为民营企业提供信息发布、项目策划、财税代理、商标专利、政策法律咨询、人力资源、创业辅导等公益性服务，营造亲商安商惠商的发展环境。大力培育企业家精神，加强民营企业家队伍建设，拓宽培训渠道，将民营企业管理人员培训纳入各级人才发展规划。培育壮大职业经理人队伍，提高经营管理人员整体素质。借助各类平台，引导企业家参与国际交流合作。结合民营企业核心技术需求，大力培养和引进工程技术人才。鼓励民营企业通过产教融合、校企合作等方式举办或参与举办职业院校，培育高素质劳动者和技术技能人才。加大对创新创业的扶持力度，培育壮大创业者群体。

三、保障措施

（九）强化组织指导。加强顶层设计和整体谋划，国家发展改革委会同工业和信息化部、全国工商联、国家开发银行等有关部门建立东北地区民营经济发展改革工作组织协调机制，统筹研究部署改革相关事项。充分利用现有政策手段支持民营经济发展改革，及时协调解决改革过程中遇到的困难和问题。注重加强上下联动，强化地方政府主体责任，充分发挥地方首创精神，支持各地探索优化本地区民营经济发展环境的有效途径，定期进行总结评估，及时形成可复制、可推广的经验。

（十）鼓励试点先行。针对制约东北民营经济发展的瓶颈问题，选择若干城市开展试点，突出特色、重点推进。辽宁省可着重在机器人及智能制造、新能源装备、纺织服装、现代金融、电子商务等领域，吉林省可着重在汽车零配件、农产品加工、特色资源、健康养老、文化创意等领域，黑龙江省可着重在农产品加工、林下经济、生物医药、现代物流、生态旅游等领域，内蒙古自治区可着重在畜牧业、新能源等领域，选择若干产业特色鲜明、发展基础良好、改革意愿较强的城市开展试点。试点工作方案由申报城市编制，力争做到具特色、有突破、可操作。有关省（区）发展改革委会同经信委（工信委、工信厅）等有关部门结合实际对申报城市的试点方案进行指导，于 2016 年 4 月 29 日前将试点方案报国家发展改革委，抄送工业和信息化部。有关部门组织专家对试点方案进行全面指导和完善，选择若干城市开展民营经济发展改革试点工作。

（十一）狠抓贯彻落实。有关省级人民政府及相关部门要高度重视民营经济发展改革工作，加强对本省（区）试点工作的统筹指导，做好沟通协调，出台配套支持政策措施。有关城市要建立健全组织领导体系，认真落实各项工作任务。结合自身实际，在整合支持民营经济发展各类专项基金、设立创新创业平台、推动有条件的民营企业建立现代企业制度等领域进行探索创新。

（十二）营造改革氛围。坚持改革的市场化导向，尊重市场主体的改革意愿，广泛调动各方面积极性，形成改革合力。积极搭建跨区域交流合作平台，推动东北地区与国内其他地区建立民营企业交流合作机制。充分发挥媒体舆论宣传作用，进一步解放思想，破除制约民营经济发展的思维桎梏，最大限度凝聚改革共识，积极营造全社会支持改革、促进民营经济发展的良好氛围。

国家发展改革委　工业和信息化部　全国工商联　国家开发银行

2016 年 3 月 24 日